교회가 뭐
어때서!

교회가 뭐 어때서!

2020년 8월 14일 초판 발행

지은이 안재홍
펴낸이 정사철
편집인 유정훈
표지디자인 장윤주
내지디자인 서다운
발행처 (사)기독대학인회 출판부(ESP)
서울시 강북구 덕릉로 77
02)989-3476~7 | esfpress@hanmail.net

ISBN 978-89-89108-98-6 03230

기독대학인회(ESF: Evangelical Student Fellowship)는 사도행전 1장 8절에 근거하여
캠퍼스복음화를 통한 성시한국, 세계선교를 주요목표로 삼고 있는 대학생 선교단체입니다. www.esf21.com

ESP(Evangelical Student Fellowship Press)는 기독대학인회(ESF)의 출판부입니다.
기독대학인회 출판부(ESP)는 다음과 같은 마음을 품고 기도하면서 일하고 있습니다.
첫째, 청년 대학생은 이 시대의 희망입니다. 둘째, 하나님 말씀인 성경을 사랑합니다.
셋째, 문서사역을 통하여 성경적 세계관을 정립해 나갑니다. 넷째, 문서선교를 통하여 총체적 선교에 도움을 주고자 합니다.

나는 교회를 믿는다.
이 세상에서 믿을 것은 그래도 교회밖에 없다.
교회가 부패하고
사람들 눈에 허물투성이인 것처럼 보일 때도 있지만
그래도 믿을 것은 교회밖에 없다.

윌리엄 바클레이
William Barclay

추천의 글

건설회사에 다니는데 책을 썼다고? 무슨 책인데? 건설 공사에 관한 이야기가 아니다. 논문도 아니고, 소설도 아니고, 생활 이야기다. 그런데 글이 참 재미있다. 한자리에서 다 읽을 정도로 끌어당기는 뭔가가 있다.

무슨 글이기에 재미가 있는가? 먼저 작가의 해학이 있다. 작가의 어머니 한윤옥 권사는 좌중을 두세 시간 끝없는 이야기로 끌어가는 입담가다. 작가의 피 속에 문학 DNA가 흐르고 있나 보다. 그의 문학 성향은 복잡하지 않으며, 독자들과 괴리감이 있는 것은 피하고, 신윤복의 그림과 같이 독자들과 함께 웃고 즐기며 공감하는 글을 지향하고 있다. 그의 글에는 유머가 있고 소박한 인간미가 넘쳐흐르고 있다. 그래서 그의 글을 읽으면 박장대소하는 것이다.

그의 글은 인위적으로 깎고 다듬은 인공미보다는 투박하지만 전혀 질리지 않는 자연석으로 꾸민 정원과 같은 친밀감이 넘친다. 그는 광주 토박이의 사투리를 쓴다. 코를 톡 쏘는 홍어회와 같다. 그에게는 솔직담백하고도 따뜻한 인간미가 넘친다.

그가 교회 장로이기에 좀 더 진지하면서도 신앙의 깊이와 위대함을 느끼게 하는 고백이 나오는지 살폈으나, 그런 기대를 저버리고 평범한 삶 속에서 맛보는 즐거움에 관심을 두면서 은근히 신앙인의 빛과 그림자를 그리고 있다. 웃음이 메마른 시대에 사는 현대인들에게 따뜻한 인간미와 웃음을 선사하는 이 책을 읽어보기를 권한다.

문흥장로교회 담임목사 **한의수**

이 책은 저자가 주인공이 아니다. 잔잔히 주변 사람들의 이름 하나하나를 언급하며 그들의 삶을 써 내려간다. 평범한 사람들의 비범한 이야기다. 마치 히브리서 11장 같다. 저자는 좋은 관찰자요, 격려자요, 참여자다. 읽으며 감동을 만난다. 기록된 사람들의 삶에서, 그리고 기록하는 사람의 글에서.

이 책은 꾸미지 않는다. 아니 꾸미지 않는 게 아니라 너무 솔직하다. 교회를, ESF 선교단체를, 심지어 목사에게도 솔직한 기본형 단어로 직격한다. 양념 없이 원재료로 글을 담갔다. 그런데 정말 맛있다.

이 책은 글을 참 잘 썼다. '하와를 유혹한 뱀' 이라는 단락에서는 끝부분을 읽고 입이 떡 벌어졌다. 네 글자의 간략하고 재미있고 해학적인 이런 엔딩으로 단락을 마치다니. 나는 그의 글쓰기 팬이 되었다. 안재홍 작가는 영화감독을 해도 잘했을 것이다.

이 책은 끝 페이지가 없다. 왜냐하면 지금도 그리고 앞으로도 하나님 나라 이야기는 계속될 것이기 때문이다. 마지막 장을 덮은 후에도 이야기는 계속된다. 마치 우리에게 기록이 맡겨진 사도행전 29장처럼.

ESF 대표 **정사철**

이 책을 읽고 오래전에 20%가 넘는 시청률로 인기리에 종방되었던 드라마 '동백꽃 필 무렵' 이 생각났다. 충남 옹산 게장 시장 골목에서 벌어지는 사람 사는 이야기로 로맨스, 휴먼, 스릴러가 담긴 드라마이다. 시장 골목 상인들 안에서 사람의 정과 사랑을 느끼며, 까불이라는 살인범을 잡아가는 내용이다. 세상이 험하고 더럽고 힘들지라도 소소한 사람들이 세상을 기적처럼 바꾸어 가듯, 이 책에는 주님의 사랑을 받고 변화된 E맨(ESF 선교단체회원)들이 각자 삶의 자리에서 주님의 일꾼으로 세상을 변화시키고 있는 내용이 담겨있다. 드라마는 허구이지만, 이 책은 꾸밈이 없고, 진실된 감동이다. 세상은 교회가 무너졌다고 말한다. 하지만 삶의 자리에서 작은 예수의 제자로 살아가는 내용을 읽게 된다면 하나님 나라를 이 땅에서 누리는 참된 기쁨이 무엇인지 알게 될 것이다. 저자를 통해 전달된 E맨들의 소식을 통해 나 또한 도전과 용기를 받고, 삶의 자리에서 예수의 흔적을 남겨보고자 한다.

병무청 공무원 **정경민**

이 책에는 성령이 거하신다는 교회를 사모하는 따뜻한 시선이 있다. 저자와 광주의 한 개척교회 목사의 감동적인 천방지축 목회 이야기! 건강한 자보다 더 나은 모습을 보여주는 지적장애인의 귀한 섬김 이야기! 축구답지 않은 축구에 얽힌 이야기! 일생을 목포와 광주에 바친 선교사를 기념하기 위한 교회 중고등부 연극 이야기! ESF 선교단체 사람들의 좌충우돌 내지 감동적인 빛과 소금으로서 세상을 밝히고 맛을 내는 이야기!

심각하면서도 순간순간 빵빵 터지는 유머 속에 어떤 교회가 주님께서 기뻐하실지 생각거리를 던져준다. 90년대 대학생 시절의 예수 사랑 이야기가 내내 추억에 젖게 하고 눈가를 촉촉하게 해준다. 하나님이 기뻐하실 것이 분명하다.

광주첨단병원 의사 **최하영**

저는 가장 순수했던 대학시절에 기독교 공동체(ESF)에서 성경을 배웠고, 새로운 깨달음을 추구해서인지 이때 만난 여러 선후배와 지금도 변함없이 피를 나눈 형제처럼 특별한 만남을 이어가고 있다.

이 책은 저자가 평소 교회와 직장 생활을 하면서 겪은 사실을 그때그때 놓치지 않고 현장감 있게 글을 썼기에 글을 읽은 독자로 하여금 책에 몰입하게 만들 것이다. 이 책에는 웃음이 가득하지만, 그렇다고 마냥 웃음만 주는 것은 아니다. 때로는 동성애, 교회 세습 등 사회, 종교적인 문제에 대해 평범한 성도가 느끼는 기독교인의 고민에 대해 피력하기도 한다.

책에 나오는 이노호 목사, 정일선 교사, 최정희 약사, 송호준 교수, 허미경 교사, 최창옥 약사, 최승범 목사 등은 겸손으로 공동체를 섬기는 존경할 분들이다. 이와 같이 낮아진 분들의 이야기를 통해 그리스도인으로서 어떻게 공동체를 섬기며 살아가야 할지 다시 한번 생각하는 기회가 되었으면 한다.

국민건강보험공단 근무 **황규진**

나는 ESF 출신이지만, 학생 때는 행정고시 준비로 끝까지 헌신하지 못했고, 졸업 후에도 마찬가지였다. 하지만 친구인 저자 권유로 뒤늦게 ESF의 일원으로 기도회, 세빛 축구회, 독서클럽, 마라톤, 여름수양회에 참여했다. 그곳에서 작지만 강한 E맨들과 ESF 출신의 목사님들이 섬기는 교회를 봤다. 특히 이 책을 통해 지적장애인들과 좌충우돌하는 개척교회 목사님의 섬김 이야기, 섬마을에서 사역하는 목사님과 다양한 E맨들의 이야기가 잔잔한 감동으로 다가온다. ESF 광주지구의 자서전과 같은 이 이야기를 통해 많은 성도님들이 교회의 희망을 보았으면 좋겠다. 이 책이 많은 사람들에게 읽혀서 참 크리스천, 이 땅에 존재하는 하나님 교회의 전형을 볼 수 있기를 간절히 기도한다.

조선대학교부속 여자고등학교 교사 **김용안**

저자는 연륜 있는 설교자도 아니고, 그렇다고 평신도 사역자도 아닌데 무슨 책이냐는 생각이 들었다. 그런데 이 책에는 설교자도, 사역자도, 지도자도 아닌 분들의 작은 마음들이 담겨 있다. 작은 성령의 감동으로 쓰인 이 글들은 재료 준비 시간을 거쳐 맛있는 음식이 나오듯 우리에게 맛있는 음식으로 갈 수 있는 방향을 제시해 주는 귀한 고백들이다. 여호와 신실하신 하나님이 원하시는, 심령이 가난한 자로 만들어져 천국을 소유하는 기쁨을 이 한 권의 책에서 나나 여러분이 누리기를 기대한다.

비손전력 대표 **조상훈**

·이야기 순서·

·이야기 순서·

프롤로그

직장 동료에게 제가 쓴 책 '바알에 무릎 꿇지 않는 120 E맨 이야기'를 선물하였습니다.

"그런데 부장님은 왜 본인 이야기는 안 쓰세요?"

"내 이야기! 쓸 필요가 있을까?"

그렇게 해서 다시 펜을 들었습니다. 쓰다 보니 모두가 교회 이야기뿐입니다. 젊은 시절에 예수님을 알았습니다. 예수님이 좋았고, 교회가 좋았습니다. 좋아하는 이유가 있어요. 그곳에는 상한 갈대를 꺾지 아니하고, 꺼져가는 심지도 끄지 않는 상한 마음이 있었습니다. 한 영혼을 천하보다 귀히 여기는 사랑이 있었어요.

그런데 세상의 빛과 소금인 교회가 교회 세습, 헌금 횡령, 불법 교회 건축, 부동산 투기, 교회분열, 성폭행 등으로 이제는 세상의 조롱거리가 되고 말았습니다.

여기 다른 교회가 있어요. 이 땅에는 예수님의 사랑과 진리가 살아있는 무수한 교회가 있습니다. 다른 교회가 있다는 것을 말하고 싶었어요. 또 한국의 많은 교회가 다른 교회, 달라진 교회가 되기를 바라는 마음에서 글을 썼습니다.

글을 쓴 또 하나의 계기가 있습니다.

"여보! 귀차니즘 테스트 한 번 해봐요!"

아내가 종이를 내밀었습니다.

"싫어. 귀찮게 이것을 뭐 하려 한당가?"

"아니, 교회 유초등부 아이들에게 테스트를 했는데, 넘 재미있어요. 당신은 아마 높은 치수가 나올 것 같아서 그래요."

20문제 귀차니즘 테스트를 했어요. 무려 19개에 동그라미를 쳤습니다. 아내가 결과를 보고 박장대소를 하더군요. 제가 진정한 귀차니스트라고 합니다. 맞아요. 저는 성격이 내성적인 데다 천성적으로 게으릅니다. 남의 일에 참견을 잘 하지 않습니다. 제 일도 귀찮은데, 남의 일에 관심을 갖고 싶은 생각이 별로 없어요.

그런데 재작년에 광주 양림동 선교사 사택 철거 문제로 삼사일 동안 기독병원, 남구청, 전남일보에 거친 항의 전화를 하였습니다. 전혀 저 답지 않는 행동이었어요. 독서클럽 영향이었죠. 책을 많이 읽었거든요. 책이 저에게 그런 행동을 하도록 만들었어요.

독서클럽에서 오방 최흥종에 대해 알았습니다. 감동적인 삶을 산 그리스도인입니다. 광주에 '오방로' 라는 거리가 있습니다. 서울 강남의 한 거리를 기독교인들이 '칼빈로' 로 추진하려다가 시민들의 반대에 부딪쳐 무산된 반면에, 광주에서는 최흥종 목사를 기념하기 위해 그의 호를 따서 '오방로' 를 추진하자, 시민단체를 포함하여 많은 비기독교인조차도 환영하였다고 합니다.

최흥종에 대해 궁금했어요. 그런데 그에 관한 책이 절판되어 심히 낙심하던 차에 갑자기 출판사가 생각이 났습니다. 인터넷을 검색

해보니 다행히 주소가 광주 금남로이더군요. 전화를 했어요.

"출판사죠? 혹시 〈성자의 지팡이〉라는 책을 구할 수 있을까요?"

"그 책은 몇 년 전에 절판되었는데요. 죄송합니다."

"우연히 최흥종 목사님에 대해 알게 되었는데 감동적이더군요. 그분에 대해서 알고 싶어 그렇습니다. 어떻게 안 될까요?"

"그래요. 증정본이 있는지 창고에서 찾아볼게요."

그렇게 8권을 구매했어요. 출판사에서 이 책을 갖고 나오는데 그 기분이 하늘을 날아다니는 것 같았습니다. 직장 생활을 하면서 책 읽기를 싫어했어요. 그런데 책을 읽고 싶어 출판사까지 찾아가는 제 모습이 웃기기도 하고, 아무튼 바뀌어 가는 저를 발견했어요. 이렇게 책을 읽으면서 글을 쓰게 되었네요.

이 책은 가장 사랑하고 존경하는 두 여인에게 바칩니다.

한윤옥 권사님! 어머니입니다.

고등학교 때입니다. 열병으로 몹시 아팠어요. 새벽에 목이 말라 일어났는데, 어머니가 옆에서 기도하고 있었습니다. 시장에서 온종일 장사하여 피곤했을 것인데, 아픈 아들을 위해 밤을 지새웠어요. 젊은 시절 방황할 때면 항상 어머니의 기도를 생각했습니다.

다음은 허영애 사모님!

지금은 하늘나라에 있습니다. 사모님이 몹시도 보고 싶네요. 항상 교회에서 웃는 모습으로 다정하게 제 이름을 불러 주었습니다.

"안재홍 형제님!"

"안재홍 선생님!"

"안재홍 집사님!"

제가 교회 장로가 되었다고 하면 가장 좋아했을 것입니다.

"안재홍 장로님!"

결국 이렇게 저를 부르는 사모님의 웃는 모습을 더 이상 볼 수 없어서 너무나 아쉽네요. 사모님! 사랑합니다.

아! 이 책을 읽기 위해서는 등장하는 사람들을 소개할 필요가 있을 것 같네요. 모두 제 주위의 평범한 사람들입니다. 그 평범한 사람들이 만들어가는 교회, 하나님 나라를 소개하려고 합니다.

먼저 개척 교회 문영천 목사입니다. 조금 유별난 목사인데, 30년 전에 그를 만났어요. 같은 교회에 다녔습니다. 그는 축구 선수이자, 유명한 학원 강사였어요. 교회에서 성도로 시작하여 집사, 장로, 신학생이 되었습니다. 그리고 목사가 되어 예수사랑교회를 개척했습니다.

다음은 기독대학인회(ESF) 사람들입니다. ESF는 성서한국과 세계선교를 목표로 하는 복음주의적 대학생 선교단체입니다. 그 사람들이 교회와 세상에서 활약하는 이야기가 담겨 있습니다.

마지막으로 제가 섬기는 문흥장로교회 중고등부입니다. 교사와 학생들의 이야기를 만나보세요.

2020년

코로나 19 바이러스가 종식되기를 바라며

안재홍

·첫 번째 이야기·

목사님!
특수목회 하시나요?

"주의 성령이 내게 임하셨으니
이는 가난한 자에게 복음을 전하게 하시려고
내게 기름을 부으시고 나를 보내사
포로 된 자에게 자유를,
눈 먼 자에게 다시 보게 함을 전파하며
눌린 자를 자유롭게 하고
주의 은혜의 해를 전파하게 하려 하심이라 하였더라"

누가복음 4장 18-19절

교회가 재미있어요

"목사님! 어디세요?"

예수사랑교회 문영천 목사에게 전화를 하였다.

"옥자 이가 아파서 치과병원에 데리고 가는데, 왜?"

"그럼, 내일 점심 어떠세요?"

"어쩌지. 옥자가 내일 회사 면접시험을 본다는데, 아마! 하루 종일 걸릴 것 같아."

"아니 목사님이 옥자 보호자세요?"

"옥자를 양녀 삼겠다고 말로만 떠들고 옥자가 실제 필요할 때에 도와주지 않으면 안 되잖아. 미안해!"

며칠 후에 문 목사에게서 전화가 왔다. 어렵게 잡았던 약속을 취소하겠다는 내용이다.

"워메! 미안해서 어쩔까? 내일은 급히 해남에 가야 할 일이 생겼어. 이번에 옥자가 취직한 곳이 장애인 근로시설인데 정말 좋더라고.

희영이 알제? 믿음이 좋은 지적장애인인데, 광주 직장에서 짤려 해남으로 내려갔지 뭐야! 희영이도 옥자가 취직한 곳에 면접을 한번 보게 하려고."

희영이가 오는 날

"목사님! 축구 하다가 도중에 가시면 어떡해요?"

축구 가방을 메고 어디론가 황급히 뛰어갔다.

"미안해! 오늘 희영이가 오거든."

"아~ 희영이요. 얼른 가셔야죠."

문 목사에게 있어서 희영이는 언제나 최우선이다. 오늘은 희영이가 광주에 오는 날이다. 그가 희영이를 초청하였다.

"목사님! 죄송해서 어짜요? 늘 요렇게 폐만 끼치부네요. 희영이가 워낙 광주에 가고 싶어 해서라."

희영이 엄마이다. 장애인 아들을 둔 희영이 엄마는 사람들에게 늘 죄송한 마음이 가득하였다.

"어머님! 아무 걱정 마세요. 저희 집에서 재우고, 내일 교회에서 함께 예배드린 후에 해남 집에까지 잘 데려다 주겠습니다."

희영이가 광주에 오는 날은 예수사랑교회 잔칫날이다. 예수사랑교회에 다니는 지적장애인 7명 모두가 모였다. 점심은 문영천표 김치찌개로 시작하였다. 그리고 '후드' 라는 영화를 보았다. 저녁은 베트남 쌀국수를 먹었다. 노래방에도 갔다. 2시간 넘게 노래를 불렀더니 배가 고팠다. 교회에 와서 마지막으로 통닭을 먹었다.

"맨날 희영이 오빠가 왔으면 좋겠어요."

효은이와 필순, 예준이와 명출이, 상웅이와 진수, 그리고 옥자 이녀석들 모두가 신났다. 주인공 희영이가 환하게 웃었다.

문 목사는 희영이를 밤늦게 재우고서야 문자를 확인했다. 문자가 무려 9개나 왔다.

"목사님! 오늘 정기이사회입니다. 참석 부탁할게요."

"헉! 어쩔까! 오늘 이사회였구나. 드르렁! 드르렁!"

재미있고 행복한 하루였다. 눕자마자 깊은 잠이 들었다.

목사님은 빵점

"이름이 뭐죠?"

부드럽게 물어 봤는데, 돌아오는 대답은 아주 무뚝뚝하였다.

"희영이요."

"못 들었는데, 다시 한 번 말해 줄래요?"

문 목사는 다시 물었다.

"아따! 희영이랑께요. 최희영!"

"아! 최희영 형제님, 근데 어떻게 교회에 왔나요?"

"그냥 왔어라."

느낌이 왔다. 정상인이 아니라는 것을. 희영이는 교회에서 엎드리면 코 닿을 곳인 원룸에서 살았다. 시골에 사는 엄마가 아들이 다니기 편하도록 가까운 교회를 알려주었다. 희영이는 주일 예배는 물론이고, 주말은 새벽기도회도 빠지지 않고 교회에 잘 나왔다.

"다윗이 간음죄를 범했습니다."

설교를 듣던 옥자가 갑자기 큰소리로 "아멘!"을 외쳤다. 옥자는 어디서 아멘을 하는지 잘 모른다. 지적장애인들이 거의 다 그렇다. 간혹 외부에서 온 선교사나 목사가 설교할 때에 당황하는 경우가 많다.

그런데 희영이는 다르다. 지적장애인이지만, 아멘을 할 때와 하지 않을 때를 잘 구분한다. 주일 아침에는 일찍 교회에 나와서 혼자 성경을 읽고 기도하고 큰소리로 찬송가를 불렀다.

"희영아! 왜 고향에서 예배를 안 드려?"

"여기 교회가 재미있어요. 목사님 설교도 참 좋아요!"

문 목사는 눈물이 핑 돌았다. 어찌나 힘이 나고 기쁘던지 울컥하였다. 원래 희영이는 엄마와 약속하기를, 격주로 고향 시골교회에서 예배를 드리기로 하였다.

"목사님! 수고하셨어요. 은혜 많이 받았습니다."

설교를 끝내고 강단 위에서 내려오니 희영이가 앞으로 재빠르게 다가와 고개를 꾸벅인다.

"목사님, 여기에 앉으세요. 여기는 목사님 자리야! 너희들 저리 비켜! 비키란 말이야."

점심시간마다 보게 되는 희영이의 모습이다. 목사를 잘 섬기는 엄마의 신앙을 그대로 이어 받았다.

"협동 목사님! 왜 새벽기도회에 나오지 않으셨어요? 목사님은 빵점! 빵점입니다."

빵 터졌다. 문 목사는 두 손으로 웃는 입을 막느라고 혼났다. 협동 목사가 새벽기도회에 빠지면 어김없이 희영이가 내뱉는 말이다. 문 목사는 희영이가 이런 말을 직접 해주니 마음이 시원하고, 감사하였다. 그 말이 꼭 하나님의 음성처럼 들렸다.

실직 그리고 면접

어느 날 희영이 엄마가 시골에서 왔다.

"목사님! 어쩌지라? 희영이가 실직을 했구만요. 냉중에 직장을 얻을 때까정 고향에 내려갈 생각이어라. 희영이가 여기 교회를 엄청 좋아했는디 너무 맴이 아프당게요."

"희영이로 인해서 저희 교회가 굉장히 힘을 얻고 위로를 많이 받았는데, 무척 아쉽네요."

결국 희영이가 예수사랑교회를 떠났다.

옥자가 '사회적 기업'에 합격을 했다. 면접 볼 때에 코딱지를 팠다. 더러운 계집애이다.

"야! 옥자야! 코딱지 좀 파지 마라!"

"뭐가 어때서 그래요?"

계속 코딱지를 팠다. 문 목사는 그런 옥자가 합격할 줄은 꿈에도 생각하지 못했다.

사회적 기업의 책임자에게 전화를 했다.

"제가 아는 장애인이 있는데, 혹 면접을 볼 수 있을까요?"

"한 번 데려와 보세요."

문 목사는 기쁘고도 설레는 마음을 안고 해남까지 단숨에 내려

갔다. 희영이를 데리고 사회적 기업으로 갔다. 그 회사는 장애인들만 일을 할 수 있다.

"멀리서 오셨는데 안타깝네요. 인지 능력이 많이 떨어져요. 그리고 나이가 너무 많습니다. 죄송합니다."

문 목사는 옥자가 합격을 했기에 당연히 희영이도 합격할 줄로 생각하였다. 희영이 엄마에게 미안했다. 괜히 일을 벌여서 희영이 가슴에 바람만 넣어 주는 꼴이 되고 말았다.

희영이 엄마

희영이 엄마는 매년 시골에서 추수한 곡식 중 가장 좋은 것을 예수사랑교회에 보내주었다. 쌀을 몇 가마씩이나, 그리고 고구마도 보냈다. 항상 그것으로 추수감사예배를 드렸다. 문 목사는 감사하고 미안해서 희영이를 광주로 가끔씩 초청하였다. 희영이가 시골에만 계속 있으면 답답해하였다.

희영이가 광주에 왔다. 함께 예배를 드렸다. 문 목사는 희영이를 직접 고향까지 데려다주고 싶은 마음이 들었다. 혼자 버스를 태워 보내는 것이 마음에 걸렸다. 지적장애인 애들과 함께 해남까지 내려갔다. 그런데 도착하자마자 곧바로 후회하였다. 희영이 엄마가 돼지고기와 명태국을 준비해 놓았다. 기어이 저녁을 먹고 가라는 것이다. 그냥 희영이만 데려다 주려 했었는데…….

헤어지면서 희영이 엄마가 쌀 한 가마니를 실어주었다.

"이것은 교회에 가져가덜 마시고 목사님 가정만 드시쇼. 잉!"

저도 안아 주세요

이름 김필순. 지적장애 3급 큰애기이다. 손을 유달리 많이 떤다. 그래서인지 물이나 국을 먹을 때에 흘리는 경우가 많다. 입에 들어간 음식이 다시 나오는 경우도 있다. 삐쩍 마른 체구의 계집애인데, 엄청 많이 먹는다. 대식가이다.

필순이가 변했다

예수사랑교회 주일 점심시간에 심순덕 사모 앞자리에 필순이가 앉았다. 손을 떨며 젓가락으로 김치를 잡았다. 불안 불안하다. 밥을 뜬 수저가 분명히 입으로 들어갔는데, 밥의 일부를 흘렸다. 먹을 때마다 "헐! 헐!" 이상한 소리를 낸다. 숨을 쉴 때 내는 소리 같은데, 콧소리와 합쳐져 기묘한 소리가 났다. 사모는 식사 중에 필순이를 쳐다보지 않으려고 애썼다. 그런데 그럴수록 필순이가 자꾸 신경이 쓰였다. 사모는 비위가 약해 도저히 함께 밥을 먹을 수가 없었다. 차라리 굶는 것이 낫겠다고 생각했다.

"필순아! 미안해. 내가 저쪽으로 갈게."

심 사모를 100% 이해한다. 나도 비위가 워낙 약하다. 그런 장면을 생각만 해도 헛구역질이 나오는데, 보고 있으면 감당 못할 정도로 탈이 나고 만다.

새벽 축구 후에 아침 국밥을 먹었다. 필순이가 먹다 흘린 음식을 문영천 목사가 집어 먹었다. 진수가 먹다 남긴 국밥도 그가 마저 먹었다. 그릇을 깨끗이 비웠다. 경악을 금치 못했다. 맛있게 국밥을 먹고 있었는데……. 토할 것만 같았다. 잠시 밖으로 나와 깊이 심호흡을 하였다. 다시 자리로 돌아가려다가 포기했다.

"목사님! 그걸 왜 드세요?"

"아깝잖아."

"아이 진짜~~ 다음부터는 애들 데려오지 마세요."

"지그들이 좋아서 오는 것을 어떡해!"

솔직히 문 목사가 데리고 다니는 지적장애인들을 별로 좋아하지 않는다. 가급적 만나기를 꺼려하였다. 적어도 예수님을 믿는 사람이라 자부했는데, 내 뜻대로 마음대로 되지 않았다. 특히 필순이가 심했다. 필순이와 알고 지낸 지가 벌써 3년이 넘었지만, 얼굴을 정면으로 마주보고 이야기 한 적이 거의 없다. 뭐랄까? 그냥 싫었다. 뭐라 표현하기가 어려울 정도로 거부감이 찾아드는 것은 어쩔 수 없었다. 눈빛이 싫었다. 영화에 나오는 마치 마약에 찌든 사람들의 눈빛과도 같았다. 그렇다고 살기어린 눈빛은 아니고, 싸늘한 느낌인데 표현하기가 어렵다. 충혈이 되어 초점이 없는 그런 눈빛이었다. 그 눈빛과 마주치면 얼른 회피하였다. 어쩔 때는 소름이 돋았다. 아무튼 의지적이라도 대화를 시도해보려고 나름 노력했지만, 쉽지가 않았다.

그런데 깜짝 놀랐다. 꽤 오랜만에 만난 필순이의 눈빛이 완전 달라졌다. 전혀 무섭지가 않았다. 오히려 따뜻했다.

"야! 어른에게는 두 손으로 악수를 해야지."

"예! 죄송해요."

나에게도 놀랐다. 필순이에게 감히 이런 말을 하다니. 꽤 긴 시간 동안 손을 잡고 악수를 했다. 필순이는 내 말에 그저 빙그레 웃기만 하였다. 신기했다. 가깝게 느껴졌다. 이 큰애기에게 그동안 무슨 일이 생긴 걸까?

교회 오는 목적

예수사랑교회의 수요예배가 끝난 후에 성도들이 모여 간식을 먹고 있으면 어김없이 필순이가 왔다. 그리고 앉아서는 간식을 사정없이 먹어 치운다. 주일 예배가 끝나고 점심을 먹고 있을 때에도 필순이가 온다. 필순이가 옆에 앉으면 성도들이 다 싫어한다. 몸에서 냄새가 많이 났다. 어찌나 냄새가 지독하던지, 사람들은 알 수 없는 불안을 느껴야만 하였다. 음식을 많이 흘려서 그런 걸까? 필순이가 교회 오는 목적은 오로지 먹기 위해서이다. 어떻게 아는지 먹는 시간을 정확히 맞추어 교회에 온다.

필순이가 예수사랑교회에 온 뒤로부터 돈이 없어졌다. 상품권도 없어졌다. 심증은 있는데 물증이 없다. 문 목사가 교회에서 추석 보너스로 받은 돈이 사라졌다. 순천에 사는 오기창 집사가 선물한 10만원 상품권을 책상 속에 넣어 뒀는데 그것도 사라졌다. 노회에서 받은 후원금 10만원을 양복 주머니에 넣어 놨는데 그 돈도 없어졌다. 라면을 사려고 했던 10만원 상품권! 문 목사가 아무리 찾고 찾아도 도무지 보이지 않았다.

'혹시 내가 다른 양복 주머니에 넣어 뒀는가도 몰라.'

다른 양복의 주머니를 뒤져 보았으나 찾을 수가 없었다.

"목사님이 잃어 버렸으니 목사님이 당연히 책임져야죠."

교회 회계 담당인 사모는 무려 10만원이나 떼고 문 목사에게 한 달 월급을 지급하였다. 잃어버린 노회 후원금 10만원을 뺀 것이다. 야속하였다. 교회에서 정말 많이 지급하는 한 달 사례금은 겨우 40만원이다. 문 목사는 잠이 안 왔다. 금쪽같은 상품권과 후원금을 잃어버렸으니 억울하고 분하였다.

교회에 안 왔으면 좋겠다

필순이가 자랑스럽게 웃으며 들려준 말이 가히 충격적이다.

"목사님! 제가 차량정비소에 세워져 있는 택시를 훔쳤어요. 4시간 동안 영업을 해서 45,000원을 벌었는데, 그만 경찰에 잡혀 버리고 말았네요. 그래서 면허증이 취소가 되었어요. 헤헤헤!"

필순이는 아무렇지도 않다는 듯이 이야기했다. 전혀 죄의식을 느끼지 않았다. 그 이야기를 듣는 순간 문 목사는 소름이 돋았다. 필순이는 손을 심하게 떨었다. 그 손으로 핸들을 잡았다고 생각하니 끔찍하였다. 큰 사고가 나지 않는 것에 감사하였다.

문 목사는 술에 취한 사람에 관한 설교를 하였다.

"여러분, 술에 취해서는 안 됩니다. 성경은 방탕한 것이라고 말합니다. 여러분 인생이 한 방에 훅 가는 수가 있습니다."

"목사님! 저도 술에 취한 적이 많아요. 길을 가는 데 아저씨들이 오라고 손짓을 해서 따라 갔어요."

"필순아! 앞으로는 절대 그런 거리로 지나가지도 말아라."

"예! 그리고 하루에 65만원을 다 써버린 적도 있어요. 이상한 나이트클럽에 혼자 갔거든요. 술을 많이 줘서 다 먹었어요."

문 목사는 사람들을 좋아하고, 사람들을 차별하지 않는다. 그러나 필순이만은 싫었다. 은근히 필순이가 교회에 오지 않기를 바랐다. 다른 사람은 껴안아 주는데, 필순이만은 껴안아 주지 않았다. 그도 혐오감을 느꼈던 것이다.

'필순이가 교회에 안 왔으면 좋겠다. 그러면 전화도 심방도 하지 말자. 자연히 교회에 안 나오겠지.'

교회에 억지로 나오는 어느 성도의 하소연이다. 절규에 가깝다.

"목사님! 필순이 같은 애들은 교회에 못 오게 좀 하세요."

필순이의 변화

필순이가 변하였다. 예배를 잘 드렸다. 목소리가 커서 사도신경이나 주기도문, 찬양을 할 때에 거의 필순이 목소리만 들렸다. 문 목사는 차량봉사 운행을 할 때마다 필순이를 일부러 데리고 다녔다. 필순이가 좋아했다. 그래서인지 주일에는 교회에 빨리 왔다.

"어, 필순이 일찍 왔네. 목사님이 설교를 준비해야 하니까 잠깐 기다리고 있어."

문 목사는 필순이가 무엇을 하는지 넌지시 살펴보았다. 세상에 성경을 혼자 읽고 있었다. 공장에서 일을 하는 엄마와 함께 새벽 1시까지 야근을 했음에도 불구하고, 주일 예배에 늦지 않으려고 잠깐 자고 아침 일찍 교회에 나왔다. 몸에서 냄새가 난다고 살짝 말했더니, 교회 오기 전에 꼭 목욕을 하였다.

수요예배 끝나고 필순이가 감동적인 말을 하였다.

"목사님! 저 오늘 일 끝나고 엄마와 맛있는 족발을 먹기로 했는데, 교회에 오고 싶어서 그냥 왔어요."

세상에 그 먹기 좋아하는 필순이가…….

"필순아! 왜 집에 안 가냐?"

필순이가 문 목사 주변을 어슬렁거렸다. 집에 갈 시간이 훨씬 지났는데도 말이다.

"목사님이 저를 껴안아 주지 않았잖아요?"

필순이가 '헤헤헤!' 웃으면서 하는 말이었다. 필순이의 말을 듣는 순간 문 목사는 가슴이 뭉클해지면서 눈물이 나오려고 했다. 필순이에게 마음의 문이 활짝 열렸다. 꽉 껴안아 주었다.

"미안, 목사님이 깜박했네."

필순이가 갑자기 교회에 나오지 않았다. 6개월이 훨씬 넘었다. 아무리 전화를 해도 받지 않았다. 그러던 어느 날 전화가 왔다.

"목사님! 저 필순이에요. 강원도 산골입니다."

"왜, 거기 있어?"

"엄마가 보내 버렸어요. 제가 몰래 엄마 차를 몰고 가다가 사고를 내버렸거든요."

산골에서 필순이가 나왔다. 다시 교회에 왔다. 2개월 정도 교회를 잘 다녔다. 그리고 또 갑자기 사라졌다. 전화가 왔다.

"어디냐?"

"어딘지 모르겠어요. 주위가 다 산이에요."

"왜? 또 갔어?"

"엄마 카드를 훔쳐 나이트클럽에 가서 술 먹고 놀아 버렸어요. 목사님! 나 답답해요. 이곳에서 나가고 싶어요."

그로부터 2개월 정도 흘렀다. 필순이가 산골에서 나왔다.

"필순아! 산 속에 또 가고 싶냐?"

"안 가고 싶어요."

"그럼, 내 말을 잘 들어. 예배를 잘 드려야 한다. 너! 나하고 약속하자. 예배 안 빠지고 꼭 드리기로. 알겠지? 너는 충동을 이겨야 돼."

"예! 저도 그러고 싶어요. 충동이 생기면 이길 수가 없어요."

정말 필순이가 약속을 잘 지켰다. 예배를 빠지지 않았다.

"목사님! 이번에 월급을 탔어요."

엄마 심부름으로 한 달에 50만원을 받았다.

"그 돈으로 뭐 할래?"

"나이트클럽에 한 번 가려고요. 술도 먹고, 또……."

"필순아! 그 곳에 가지 마라. 하나님께 죄를 짓고, 돈도 아깝고, 나중에는 허망하고 후회 밖에 안 남는다."

"저도 안 가고 싶은데 몸이 말을 안 들어요."

"우리 기도하자."

마침내 나이트클럽에 안 갔다. 그리고 그 돈의 일부를 교회에 헌금하였다. 문 목사는 눈물이 났다.

"필순이를 통하여 하나님의 살아계심을 느낄 수가 있어요."

"야! 필순이 눈빛이 좋아졌다. 전과는 전혀 달라. 어떻게 사람이 이렇게 변할 수가 있다냐?"

또 어느 날 갑자기 사라질지 모르지만, 필순이에 대한 교회 성도들의 평가이다.

장애인 학대로 경찰에 신고당하다

새벽 6시! 동강대 축구장!

"진수야! 안녕!"

평상시 진수가 아니었다. 온갖 인상을 쓰면서 전화를 하고 있었다. 두 손을 흔들며 반갑게 인사를 해주었는데, 축구를 시작할 때까지도 전화를 하였다. 새벽 6시에 저렇게 길게 전화를 하다니 이상하였다. 틀림없이 무슨 일이 생긴 모양이다. 궁금했지만 공을 차느라고 까맣게 잊고 있었다.

축구 시합이 갑자기 중단되었다. 경찰관 두 명이 축구장으로 들어왔다. 사람들이 경찰관 주위로 순식간에 몰려들었다.

"여기 문영천 목사님이 누구시죠?"

경찰관들은 목사를 찾았다. 그가 데려온 지적장애인 진수가 그를 장애인 학대로 신고한 것이다. 모두 깜짝 놀랐다. 경기는 중단되고 사람들은 웅성거렸다.

"진수야! 이리 와봐!"

진수를 크게 불렀다. 진수는 고개를 숙이고 두 손을 만지작거렸다. 경찰관에게 자세히 설명하였다. 지적장애인 진수의 몸 상태가 정상이 아니다. 몸이 엄청 비대해져 위험수치를 이미 넘었다. 배를 보면 심각할 정도이다. 아기를 품은 캥거루가 연상된다. 그래서 목사는 진수에게 운동을 시켰던 것이다. 운동장 주위를 계속 걷도록 하였다. 그런데 진수는 운동이 싫었다. 움직이는 것이 힘들었다. 자꾸 운동을 시키는 목사가 미웠다. 싫은 것을 억지로 시켜서 귀찮았다. 그래서 전화를 한 것이다. 경찰에 신고했다. 경찰관이 진수의 모습을 보고 금방 수긍하였다.

"대체나 운동을 꼭 시켜야겠네요."

경찰서에서는 처음에 장난전화로 여겼다. 진수의 말이 불분명하고 횡설수설하였다. 그렇지만 출동하지 않을 수 없었다. 워낙 끈질기게 신고했기 때문이다. 전화를 하고 또 하였다. 30분 이상을 주절거렸다.

곧바로 경찰관이 돌아갔다. 원성의 소리가 여기저기서 들리기 시작했다.

"목사님! 뭐 하러 저런 애들을 축구장에 데려옵니까? 다음에는 데려오지 마세요."

"알았어. 안 데려 올게."

문 목사는 고개를 떨어트렸다. 함께 축구를 하는 사람들에게 미안하고 창피하였지만 가장 큰 충격은 진수로부터 받은 심한 배신감이었다. 해프닝으로 끝났지만 그에게는 커다란 상처로 남았다.

"진수야! 내일 새벽에 운동하러 가자!"

"목사님! 아침이 힘들어요."

"어허! 고통 없이 어찌 살을 뺄 수가 있다냐?"

새벽에 목사는 진수와 함께 동강대 축구장으로 왔다.

"목사님! 집에 가고 싶어요."

목사는 대꾸할 가치가 없어서 계속 축구를 했다. 그리고 경찰이 축구장에 왔다.

"진수야! 너를 위해서 운동을 시킨 것인데, 어떻게 목사님을 신고할 수가 있냐? 목사님은 배신감과 충격, 당혹감을 감출 수가 없다. 그리고 앞으로 교회 안 다닌단 말 하지 마라. 니가 부러뜨린 교회 의자만도 8개가 넘는다."

"죄송해요. 제가 잘못 했어요."

"나 정말 너 땜시 목회할 기분이 안 난다. 전에도 너 땜시 내가 경찰서를 얼마나 많이 다녔냐? 목사님을 어찌 신고를 하냐?"

진수가 눈물을 뚝뚝 흘렸다.

"목사님! 죄송해요. 제 몸이 내가 아닌 것 같아요."

길을 가다가 진수가 가슴을 치며 소리친 적이 있다.

"나가라! 나가라!"

목사는 얼른 걸음을 멈추고 진수 머리에 손을 얹으며 간절히 기도했다. 감사하게 바로 진정이 됐다. 진수가 불쌍하였다.

"할머니! 목사님을 경찰에 신고해 버렸어요."

"저런! 얼른 목사님한테 죄송하다고 그래라."

하루에도 몇 번씩 울리던 진수 전화가 뚝 끊겼다.

'하나님! 저 속상해 죽겠어요. 진수 얼굴이 보기 싫어요. 가룟 유다가 예수님을 팔았을 때 예수님 마음이 이랬나요?'

'마음을 풀어라! 네가 양자 삼겠다고 하지 않았느냐?'

문 목사는 기도 중에 주님의 음성을 들었다.

"진수야! 5시 30분까지 교회로 와라."

"왜요?"

"오라면 올 것이지 뭔 말이 그리 많아."

영화 '해리포터'를 4D로 보여주고 싶었다. 매진이었다. 할 수 없이 다른 영화를 봤다.

"진수야! 교회 오기 싫은데, 억지로 교회 오라고 했다고 또 신고해라."

"아이! 목사님도! 저 무지 회개했다고요."

그러더니 세상에 그 야밤에 진수가 지나가는 사람들에게 심지어 외국인에게도 전도지를 나누어 주었다.

"예수사랑교회에요. 참 좋아요. 우리 교회 나오세요."

"저는 무슬림입니다."

신기하였다. 문 목사는 진수가 전혀 밉지 않았다. 하루라도 안 보면 왠지 허전하였다. 매일 보고 싶었다. 진수와 함께 있을 때 가장 행복하였다. 행복감이 스르르 밀려왔다.

'제가 좀 싫은 소리를 들으면 어때요? 제가 고소 좀 당하면 어때요? 경찰서 좀 가면 어때요?'

문 목사는 기도 중에 감사해서 눈물이 나왔다.

지적장애인들, 개척 교회 오다

"목사님! 특수목회 하세요?"

문 목사가 자주 듣는 말이다.

"아닌데요. 어쩌다 보니 지적장애인들이 많아져 버렸어요."

그렇다. 그는 장애인 돌보는 일을 전혀 생각해본 적이 없다. 진수가 교회에 오고, 교회가 좋다고 전도를 했다. 누구를 했겠는가? 그렇게 지적장애인들이 7명까지 늘었다. 상웅이는 예수사랑교회가 처음은 아니다. 큰 교회를 다녔다. 그런데 장애인 부서인 '사랑반'이 없어졌다. 점차 교회에 안나가기 시작했다. 하지만 찾아온 사람들이 아무도 없었다.

진수는 문 목사에게 날마다 전화를 하였다.

"목사님! 오늘 무슨 모임 없으세요?"

문 목사는 차마 거짓말을 할 수가 없었다.

"응! 오늘은 독서클럽 모임이 있다."

"금방 갈게요."

이 사람, 저 사람의 눈치를 보았다.

"목사님! 이번에는 진수 안 데려 올 거죠?"

"차마 거짓말을 할 수가 없어서 데리고 가려고."

"에이~ 대충 둘러대면 되잖아요."

"애들은 내가 자기들에게 절대 거짓말을 하지 않는다는 것을 알아. 근데 어떻게 거짓말을 하겠어?"

거지대장 닥터 카딩턴

"따르릉! 따르릉! 따르릉! 따르릉~~"

"아빠! 누구인데 전화를 안 받아요?"

"김진수! 너도 알지?"

요즘 진수가 부쩍 전화하는 횟수가 많아졌다. 안되겠다 싶어서 일부러 전화를 받지 않았다.

"아빠를 좋아하는 오빠잖아. 혹시 우리 교회에 오는 것 아냐?"

"설마. 그리고 문영천 목사님이 진수를 우리 교회에 보내 주겠어? 아닐 거야!"

막내딸의 말을 듣고 갑자기 궁금해졌다. 확인하고 싶었다.

"목사님! 궁금한 것이 있어서요!"

"뭔데?"

"진수가 저희 교회에 온다고 하면 보낼 의향이 있으세요?"

"데려가!"

그의 간단명료한 대답에 빵 터졌다. 단 1초도 고민하지 않고 바로 대답을 하였다. 어찌나 웃기던지 도저히 운전을 할 수 없었다.

그런데…….

"아빠! 진수 오빠가 우리 교회에 정말 오면 어쩌지?"

막내딸의 걱정에 동감하였다. 진수가 오면 지적장애인 친구들도 통째로 우리 교회에 올 확률이 높기 때문이다. 그러면 그 지적장애인 아이들 뒷감당을 누가 할까? 교회가 순식간에 아수라장이 되고 말 것이다.

'진수를 데려온 당신이 책임지세요!'

갑자기 성도들의 비난소리가 크게 들렸다.

다시 전화를 했다.

"목사님! 진수 안 데려갈랍니다. 없던 일로 할게요."

진수 전화를 받지 않았더니 계속 카톡이 왔다. 환장하겠다.

"안재홍 장로님! 지금 뭐 하고 지내요?"

"광주에는 언제 내려와요?"

"내일은 뭐 하세요?"

진수 카톡에 무응답으로 대응하면서 그런 생각을 해보았다. 예수님은 가난하고 약한 사람을 잘 섬기라고 했는데, 실제 그렇게 사는 것이 얼마나 힘들고 어려운 일인가? 머리는 알고 있는데 몸이 따르지 않는다. 예수사랑교회 지적장애자들도 마찬가지이다. 잠시 만나는 10분 정도는 따뜻하게 대해줄 수 있다. 그런데 장시간 그 애들과 함께 한다는 것은 현실적으로 불가능하다. 내가 그렇다는 것이다. 그런 면에서 문 목사가 새삼 존경스럽다. 지적장애자들과 친구처럼 지낼 수 있는 사람은 많지 않다.

'거지대장 닥터 카딩턴' 이 책을 읽으며 깊은 감동을 받았다.

"사람이 선을 행할 줄 알고도 행하지 아니하면 죄니라" (야고보서 4:17)

카딩턴의 일생을 사로잡은 말씀이다. 미국인 카딩턴 선교사는 한국에서 25년간 사역한 후에 방글라데시에서 또 무려 25년간 사역하였다. 그가 방글라데시로 떠날 때 나이가 무려 55세였다. 그는 방글라데시 빈민촌 흙벽돌로 된 진료소에서 가난한 사람들을 위해 헌신하였다. 1960년대 카딩턴이 광주 기독병원 원장일 때에 결핵으로 입원한 환자의 62%가 무료 환자였다고 한다. 가난한 사람들이 찾아갈 수 있는 유일한 병원이자, 유일한 사람이었다.

예수님을 닮고자 그렇게 살아갔던 카딩턴의 삶을 통해 참다운 복음이 어떤 것인지 알게 되었다. 나는 비록 카딩턴처럼 살지 못하더라도 마음만은 활짝 열고 싶었다.

"따르릉! 따르릉!"

"안재홍 장로님! 뭐 하세요?"

"기차에서 자고 있다. 끊어!"

"네! 잘 올라가세요."

김진수 전화를 드디어 짧게나마 받아 주었다.

포기하고 싶다

'하나님! 애들을 포기하고 싶어요. 인격도 안 된 것이……'

매일 반복되는 문영천 목사의 기도이다. 그는 지적장애인들과 매일 부딪치면서 극복할 수 없는 한계를 수없이 느껴야만 했다. 특수선교도 아니고, 큰 교회도 아니고, 개척 교회 주제에 이 많은 아이들을 품다니 그 자체가 욕심이었다.

"목사님! 오늘 어디 가세요?"

변함없이 아침마다 진수 전화가 시끄럽게 울렸다.

"오늘은 어디 안가고 교회에만 있다."

"그럼 토요일은요?"

"섬에 간다. 이노호 목사님 위임식이 있거든."

"몇 시까지 교회로 갈까요?"

"이노호 목사님 위임식에 애들 데려가도 되겠지?"

"목사님! 당연히 안 되죠. 아니 애들을 왜 데려가요? 누구 잔칫집 망칠 일 있어요? 이건 상식입니다."

"아니 애들이 왜 망쳐?"

"근데, 목사님! 궁금해요? 왜 꼭 ESF 행사에만 애들을 데려가십니까? 초등학교 동창회는 안 데려가잖아요?"

ESF는 대학생 선교단체이다. 정일선 장로, 송호준 장로, 황선엽 장로, 김현주 권사, 이용호 집사 등은 모두 ESF 출신이다.

"동창회장 그 자식이 나에게 엄청 뭐라고 그러더라고."

"그럼, 목회자 모임은요?"

"목사님들이 엄청 싫어해. 눈치도 보이고."

"그럼, 애들을 양자로 삼았으니 가족모임은요?"

"뭔 소리야! 가족모임에 애들 데리고 가면 집에서 난리가 나부러. 나는 이상하게 ESF 사람들이 좋더라고."

문 목사는 이노호 목사 위임식을 축하하러 섬 교회를 방문하였다. '김효은, 안예준, 김진수, 박명출, 박상웅' 지적장애인을 5명이나 데리고 왔다. 결국 사건이 터졌다. 상웅이와 진수가 싸웠다. 상웅이가 고래고래 소리를 질렀다. 성난 상웅이를 제어할 수 없었다. 아무도 말리지 못했다. 잔칫집이 엉망이 되고 말았다.

나의 사명

정성천 집사의 어머니 양길순 권사가 하늘나라로 갔다.

문 목사와 애들이 상갓집에 왔다는 소리를 듣고 벌떡 일어났다. 집에서 쉬고 있을 수가 없었다. 역시나 난장판이었다. 애들은 돌아다니고, 상에는 먹다 남은 음식들이 가득 널려 있었다.

"목사님! 이제 가시죠?"

"왜? 이제 겨우 두 그릇밖에 안 먹었어. 우리 애들이 아직 배가 고프다는데. 효은아! 갈래?"

"아뇨. 더 먹을래요."

"봐! 애들이 아직도 배가 고프다잖아."

명출이는 여자 조문객들 틈에 들어가 뭐라고 큰소리로 계속 떠들었다. 명출이는 특이하게 말을 많이 하는 장애를 갖고 있다. 한시도 가만히 있지 않는다. 이해할 수 없는 말들을 많이 한다. 그 말들을 들어주는 것은 여간 곤혹스러운 일이 아니다. 이 녀석들을 밖으로 빼내는 것이 나의 사명이라는 생각이 들었다. 먼저 명출이를 불렀다. 문상객들을 고통 속에서 구출해야만 했다.

"명출아! 너 애들 데리고 밖으로 나와라. 빨리 나와!"

"싫어요. 여기서 놀래요."

"야! 너 내 말 안 들을래? 좋은 말을 할 때에 나와라."

명출이에게 인상을 썼다. 애들을 모두 데리고 밖으로 나왔다. 나의 소임을 다했다는 생각에 뿌듯했다.

"목사님! 서거정 집사가 CCM콘서트에 초대했어요. 애들이랑 같이 가게요?"

"싫어! 난 찬양 별로 안 좋아해."

"알죠. 목사님은 축구만 좋아하잖아요. 그런데 찬양집회 데려가면 애들은 진짜 좋아할 겁니다. 가시게요?"

"싫다니까. 왜 자꾸 말해!"

"너무하시네요. 다른 사람들 폐 끼치면서 좋아하는 곳만 애들 데리고 다니고, 정작 애들이 좋아할 곳은 싫다고 하면 안 되죠."

"에이~ 짜증나! 애들은 좋아하겠구만."

서거정 집사가 기다리고 있었다. 빵과 음료를 주었다. 무료티켓도 감사한데, 이렇게 간식까지 준비해주다니 참 감사했다.

"목사님! 오길 잘하셨죠?"

"와~ 정말 재밌네. 애들과 배꼽 빠지도록 실컷 웃었네."

참석한 우리 모두는 행복했다. 마음껏 웃었고, 마음껏 찬양했다. 한 사람의 작은 섬김으로 천국의 기쁨을 맛보았다.

"우리 목사님도 이렇게 큰 교회에서 설교하면 좋겠다."

예준이가 혼잣말로 중얼거렸다. 처음에 무슨 말인지 잘 몰랐다. 예준이는 말을 잘 못한다. 많이 더듬는다. 예준이 엄마가 임신 중에 계단에서 넘어졌다. 탯줄이 끊겨진 큰 사고였다. 의사들은 태아가 살기 힘들다고 진단하였다. 기적적으로 소생했지만, 그 영향으로 7살까지 예준이는 말을 전혀 못했다.

"예준아! 뭐라고? 다시 말해봐."

"우리 목사님도 이런 큰 교회에서 설교하면 좋겠다고요."

깜짝 놀랐다. 예준이에게 이런 마음이 있을 줄은 몰랐다. 얼른 문 목사를 보았다. 좋아 죽겠다는 표정이었다.

"오빠! 우리 목사님이 이런 큰 교회의 목사님이 되면 절대 안 돼. 생각을 해봐. 큰 교회 목사님이 되면 우리 같은 애들과 어떻게 놀아 주겠어? 노래방도 못 가고, 영화도 못 보고, 결혼식장도 못 간단 말이야!"

효은이었다. 예준이의 말에 두 손을 저으며 큰 소리로 말했다. 깜짝 놀랐다. 효은이가 이런 말을 하다니 의외였다. 또 문 목사를 보았다. 두 눈에 눈물이 가득 고였다.

장로님! 장로님!

"장로님~ 장로님~~"

창피하게 누군가 뒤에서 고래고래 소리를 질렀다. 상웅이다.

"야! 임마! 내가 너에게 장로님이라고 부르지 말라고 했어? 안했어? 나는 집사야! 집사! 너 장로님이라고 또 부르면 혼난다."

"네 장로님! 다음부터는 집사님이라고 부를게요."

"또 장로라고 부른다. 집사라고 집사!"

"알았다니까요. 아~ 짜증나! 내가 애도 아니고 도대체 몇 번이나 말하세요. 그리고 화 좀 내지 마세요."

한두 번이 아니다. 상웅이는 만날 때마다 "장로님!"이라고 큰 소리를 부르며 뛰어왔다.

문 목사가 그랬다.

"여기에는 하나님의 뜻이 있지 않을까! 지적장애인 상웅이를 통해 하나님이 말씀하시는 것 같아. 하나님은 상웅이 같이 마음이 순수한 사람을 통해 말씀을 하시거든. 생각해봐. 상웅이가 생각보다 똑똑해. 그런데 만날 때마다 장로님이라고 부르잖아?"

교회에서 장로 선임 문제로 담임 목사의 말에 순종하기가 어려웠다. 마음이 답답하였다. 혹자는 이 좋은 것을 왜 안하냐고 반문을 했지만, 싫은 것은 싫은 거였다.

"올해 교회에서 장로를 세울 예정입니다."

"목사님! 저는 안 됩니다. 장로감도 안 되고요. 저 아시잖아요? 새벽기도도 못하고 성도님들에게 본이 안 됩니다."

그러던 중에 두 사건을 접하면서 마음이 극적으로 돌아섰다. 그것은 하나님이 내게 주신 마음이었다. 상웅이가 자꾸 생각났다. 도망가려고 할수록 상웅이가 나를 자꾸 불렀다.

'장로님! 장로님! 어디 가세요?'

도저히 도망갈 수가 없었다.

또 하나의 사건은 설은희 권사이다.

"여보! 요즘 설은희 권사님이 안보이시네?"

"고령에 기력이 쇠하셔서 교회 나오시기가 힘들대요."

"오메~ 그 정도인 줄은 몰랐네."

"근데 설은희 권사님이 당신을 무지 좋아하대요."

"그게 무슨 소리야?"

"아니, 몸이 아프고 그 힘든 와중에도 장로 선거 때에 교회에 나오셨잖아요. 안 선생을 장로 되게 해야 한다고 기어코 오셨어. 본인의 한 표를 안 선생에게 꼭 줘야한다고 말이야."

91세인 설은희 권사를 통해 나의 완악한 마음이 움직였다. 조용히 장로를 하지 않으려고 궁리 중이었는데, 더 이상 물러설 곳이 없었다. 그녀를 실망시킬 수는 없었다. 죄를 지은 기분이었다.

"문 목사님! 장로장립식에 애들 데려 오세요. 쑥스러워서 아무도 초대하지 않았어요. 그런데 애들만큼은 초대하고 싶네요."

"희한하네. 뭔 일이다냐? 맨날 애들 데려오지 말라면서. 아무튼, 애들이 무지 좋아하겠네."

실종신고

"목사님! 옥자를 축구장에 데려오시면 어떡해요?"

"그래도 축구장에 왔는데, 어떡해? 옥자에게 가만히 앉아서 구경만 하라고 할게."

옥자는 2급 지적장애인이다. 지적장애인인데도, 아는 것이 다방면에 의외로 엄청 많다. 걸어 다니는 백과사전이다.

"헝가리의 수도가 어디인지 아세요?"

"베트남이 어떤 나라인지 아세요?"

모르는 것이 없다. 옥자의 입에서 술술술~ 계속 흘러나온다. 혼자 말하며 피식피식 웃기도 한다. 그런데 절제하지 못하고 말하는 정도가 지나치다 보니 사람들에게 가끔 피해를 준다. 듣고 있으면 괜히 짜증이 난다. 그러니 옥자는 주위 사람들로부터 구박을 많이 받았다. 상처를 받은 옥자는 자기보다 약한 장애인들과 싸우거나 자기학대를 자주 하였다.

그런데 곰곰이 생각해보니 옥자가 새벽에 축구장을 온 것은 이번이 처음이었다. 왜? 궁금하였다.

옥자는 사회적 기업에 다니고 있다. 여름휴가를 받았다.

"따르릉! 따르릉!"

"목사님! 혹시 우리 옥자 어디 있는지 아세요? 점심시간이 훨씬 넘었는데, 집에 여지껏 안 들어와서요."

옥자 할아버지이다. 고령에 옥자와 단둘이 살고 있다. 손녀가 걱정이 되어 문 목사에게 전화를 하였다.

"걱정 마세요. 제가 찾아볼게요."

옥자를 찾았다. 영화관이었다. 옥자는 갑갑한 집에서 나와 무작정 밖으로 나갔다. 날씨는 무덥고, 에어컨이 나오는 시원한 영화관에서 사람들 오가는 모습을 구경하였다. 여기 상점을 기웃거리고, 저기 상점을 기웃거리면서 시간을 보냈다. 휴가를 얻었지만, 막상 함께 놀 친구가 없었다. 놀 방법도 몰랐다.

"옥자야! 교회로 오지 그랬어?"

"목사님! 정말 교회 가도 돼요? 목사님이 없는 줄 알았어요."

옥자는 신났다. 드디어 놀 곳이 생겼다. 하루 종일 교회에 있었다. 다음날도 교회에 있었다. 저녁에는 문 목사를 따라 상갓집에 따라갔다. 그리고 밤늦게 집으로 돌아갔다.

"경찰서죠? 우리 손녀가 사라졌어요. 옥자 찾아주세요."

옥자 할아버지는 112에 울면서 신고를 하였다. 밤 늦게 들어온 손녀가 또 밖으로 나가더니 새벽 3시가 넘어도 집으로 들어오지 않았다. 이런 경우가 없었다. 할아버지는 불안하였다. 혹 손녀가 잘못되지는 않았는지 걱정하였다.

잠잠하던 경찰은 할아버지의 신고에 갑작스레 총비상이 걸렸다. 옥자의 신원이 확인되었기 때문이다. 지적장애인이었다. 경찰은 조은누리 양 실종사건으로 초비상 상태였다. 언론은 연일 뜨거울 정도로 떠들썩하였다. 군과 경찰, 심지어 소방당국까지 수천 명을 동원하여 실종된 조은누리의 수색작업을 벌였다. 조은누리도 옥자와 마찬가지로 2급 지적장애인이었다. 경찰에서 초비상이 걸린 이유가 바로 이것이었다. 즉시 옥자의 핸드폰 추적 작업이 들어갔다. 월산동 성북상가였다. 경찰차 두 대는 긴급하게 성북상가 지하 1층 노래방을 급습하였다. 운영 중인 노래방은 난리가 났다. 새벽까지 남녀가 뒤섞여 음주가무를 즐기는 퇴폐노래방이었다. 그러니 반라의 손님들은 서둘러 옷을 입고 화장실에 숨기 바빴고, 사연이 많은 사람은 과감하게 경찰 방어막을 뚫고 계단 위 입구 쪽으로 도망치려 하였다. 그 모습들이 참으로 우스꽝스럽고 가관이었다. 갑작스런 경찰의 급습에 노래방은 한바탕 소동이 벌어졌다. 경찰이 노래방을 단속하기 위해 급습한 것으로 착각하였다.

경찰은 노래방에 옥자가 없는 것을 확인하고 급히 2층 교회로 정신없이 뛰어 올라갔다. 헉! 교회 문을 열고 들어간 경찰관들은 놀라운 장면에 잠시 숨을 죽이고 멈추었다. 그 순간은 그래야만 했다. 옥자가 두 손을 모으고 기도하고 있었다. 경찰관들은 기도를 방해해서는 안 될 것 같았다. 용기를 내어 사뿐히 다가갔다.

"김옥자 양! 여기서 뭐하는 겁니까?"

"죄, 죄, 죄송합니다. 밤에 커, 커피를 많이 먹었더니 잠이 너무너무 안와서 교, 교회로 왔어요."

옥자는 갑작스레 나타난 경찰관을 보고 두렵고 떨렸다.

"자! 갑시다. 상황종료입니다."

경찰관들이 떠난 예배당에 홀로 남은 옥자는 다시 두 손을 모으고 기도하였다. 잠이 안 와서 혼자 계속 중얼거렸다. 그러나 하나님께 기도한 것 같지는 않았다. 아무튼, 기도는 기도였다.

새벽 4시경에 문 목사가 새벽기도를 하려고 교회 문을 열고 들어왔다. 곧바로 옥자를 발견하였다.

"옥자야! 어쩐 일이냐?"

"오늘도 목사님하고 같이 놀라고요."

"워메~ 이 새벽부터! 그래! 그러자. 새벽기도 끝나고 축구장에 가자. 그런데 사람들이 너 데리고 왔다고 뭐라고 안 할란가 모르겠다."

책을 읽다

"야! 안예준! 김효은! 니그들 이리 와봐."

토요일 이른 새벽에 축구장에서 만났다. 운동장을 돌고 있는 애들을 불러 세웠다.

"무섭게 왜 그러세요?"

효은이가 몸을 비비 꼬았다. 예준이는 하늘만 쳐다보았다.

"너희들 독서클럽 올 거여? 안 올 거여? 말해봐."

"갈 건데요. 왜 자꾸 오지 마라고 그러세요?"

"오지 마. 절대 오지 마!"

큰 소리를 쳤다. 반복해서 말했다.

"아뇨. 갈 거예요. 가고 싶어요."

"독서클럽이 책 읽는 곳이지, 너희들 놀이터냐?"

"그럼 우리도 책을 읽으면 되잖아요."

한편으로는 잘 됐다고 생각했다. 기회였다. 두 녀석들을 독서클럽에 못 오게 만들 올가미가 완벽하게 준비되었다.

"독서클럽은 책을 읽어야 올 수 있는 곳이다. 책을 읽으면 와도 된다. 대신 책을 안 읽으면 절대 못 온다. 알았지? 약속해!"

"약속할게요."

효은이, 예준이와 새끼손가락을 걸고 단단히 약속을 하였다.

드디어 독서클럽 모이는 날!

"야! 너희들 독서모임 오지 말라고 했잖아."

"왜 그래요? 우리 책 읽었어요. 책 제목은 기적은 당신 안에 있습니다. 주인공은 이승복! 휠체어를 타고 다니는 의사입니다."

효은이와 예준이는 당당하게 독서모임 자리에 앉았다. 헉! 두 녀석들이 책을 읽었다.

'아이고~ 머리야!'

이 녀석들이 책을 읽다니 믿어지지가 않았다.

"효은이와 예준이처럼 독서모임을 사모해야 하는데……."

허미경, 김정숙, 손예빈 등 독서회원들의 열렬한 응원가이다.

저는 정상입니다

토요일 오후! 교회에서 천사 목장이 모이는 날이다. 천사 목장은 문 목사와 지적장애인 7명으로 구성되었고, 한 달에 한 번씩 모여 교회 청소를 하고, 소감도 쓰고, 찬양도 연습한다.

"똑! 똑!"

예배당 노크소리가 크게 들렸다. 토요일 이른 아침에 찾아올 사람이 없으므로 문 목사는 잡상인이라고 생각했다. 그래서 외면하였다. 지적장애인 애들이 집중해서 소감을 쓰고 있어서 다른 누군가에게 방해를 받고 싶지 않았다. 진동으로 계속 울려대는 핸드폰도 받지 않았다. 급한 전화라고 생각했지만, 문 목사는 그냥 외면하였다.

"똑! 똑!"

계속 노크소리가 들렸다. 목사는 짜증이 났다. 그래도 누구이든 교회에 찾아온 사람을 외면할 수가 없어 자리에서 일어났다. 문 앞에 서있는 사람은 멋진 옷차림의 40대 후반 아줌마였다. 말도 안했는데, 쑤욱 들어오더니 교회 안을 이리저리 살펴보았다.

"아주머니! 무슨 일이세요?"

"제 자동차가 자전거 때문에 크게 피해를 입었어요. 자전거가 넘어져 발생했는데, 사람들이 이 교회를 찾아가보라고 하더군요."

"그래요. 어디 사고현장에 가서 봅시다."

예배당 안에서 애들이 소감을 쓰고 있어서 방해하고 싶지 않았다. 문 목사는 아줌마를 얼른 데리고 밖으로 나왔다. 아줌마를 따라 사고가 발생한 장소로 갔다. 자전거가 완전히 내팽겨진 채로 자빠졌다. 겨울바람이 세차게 불었다. 그 세찬 바람에 자전거가 넘어져 자동차를 강타한 후에 옆으로 밀려 날아갔다. 그 자국이 자동차에 선명하게 남아있었다. 아줌마가 찾아 올만 하였다.

“이제 어쩌실 겁니까? 책임을 지셔야죠. 보상해주세요.”

품위가 있어보였던 아줌마가 갑자기 맹수로 돌변하였다. 어찌나 고함소리가 크던지 문 목사는 고개를 푹 숙였다. 갑자기 며칠 전 교회 청년의 말이 생각났다.

“목사님! 밖에 세워둔 자전거 보셨어요?”

“몰라! 근데, 왜?”

“교회 성도님 자전거 같은데, 세워둔 모양이 위험해 보여서요.”

“그래! 알았어.”

그렇게 말하고 문 목사는 까맣게 잊고 있었다. 교회 성도의 자전거가 틀림없었다.

“아주머니! 죄송합니다.”

그 말만 하고 침묵으로 일관하였다. 계속 쏟아지는 아줌마의 “따따따~~” 큰 소리가 멈추지 않았다.

“목사님!”

지적장애인 예준이었다. 라면을 사오다가 고개를 숙이고 있는 목사를 멀리서 보고 뒤뚱거리며 빠른 걸음으로 뛰어왔다.

“어! 내 자전거가 왜 넘어졌지?”

예준이가 쓰러진 자전거를 세웠다. 자전거의 주인이 누구인지 확실해졌다. 아줌마의 목소리는 더 의기양양하여 쩌렁쩌렁하게 울려 퍼졌다.

"어쩔거냐고요? 말을 하세요. 자전거를 여기에 두면 됩니까?"

'그럼, 자동차를 차도에 세워두는 것은 괜찮나요?'

아줌마의 사나운 말에 대꾸하고 싶었지만, 문 목사는 꾹 참았다. 최대한 미안하면서 짠한 표정을 짓고 고개를 숙였다. 여기서 괜히 말대꾸를 해서 이익 될 것이 없다. 차 문짝을 갈아달라고 해도 어찌할 수 없는 상황이었다. 심장이 '쿵쾅쿵쾅!' 조마조마하였다.

"아주머니! 우리 목사님에게 소리치지 마세요. 내 자전거니까 내 책임입니다. 나한테 전화번호를 남겨주세요."

예준이가 말을 심하게 더듬으면서도 분명하게 말을 하였다. 아줌마의 표정이 가관이었다. 예준이의 말을 듣고 무척 놀래는 표정이었다. 말보다도 아마 예준이의 얼굴을 보고 더 놀랐을 것이다. 덩치는 산처럼 큰데, 얼굴은 새까맣고, 콧물이 흐른 자국이 있었다. 또 입가에는 음식물 자국이 선명하게 보였다. 어눌한 말투가 아줌마에게는 공포 그 자체였다. 아마 혐오감이란 표현이 더 어울릴 것 같다. 예준이가 또렷이 말을 한 이후부터 아줌마의 목소리가 갑자기 급격하게 낮아졌다.

"목사님! 무슨 일이세요? 왜 여기 있어요? 저 아줌마는 왜 목사님에게 화를 내요?"

지적장애인 명출이다. 세 살 어린아이처럼 또박또박 말했다. 밖에서 나는 시끄러운 소리를 듣고 2층에서 내려온 것이다.

"목사님! 무서워요."

상웅이를 따라 내려온 옥자가 문 목사의 품에 안겼다.

이 장면을 지켜본 아줌마는 할 말을 잃었다. 목소리를 잊어버린 모양이다.

"목사니임~~"

130kg의 거구인 진수가 뒤뚱거리며 계단을 내려왔다. 아줌마의 두 눈이 동그래지며 매우 놀라는 표정이었다. 한 손으로 입을 가릴 정도였다. 5명의 지적장애인들이 문 목사 주위에 서서 인의장막을 쳤다. 문 목사는 최대한 짠한 표정으로 여전히 고개를 푹 숙였다. 그리고 기회다 싶어 고개를 잠시 들고 말했다.

"사모님! 놀라셨죠? 애들 모두가 지적장애인입니다. 이해해주세요. 참고로 저는 정상입니다."

아줌마는 길게 한숨을 지었다. 오래된 차였다. 이참에 보상비를 왕창 뜯어내려고 했는데, 이 상황에서 돈을 요구하는 것은 양심이 허락하지 않았다. 그랬다가는 하늘에서 천벌을 받을 것 같았다. 오히려 도와주지 못해 미안한 마음이 들었다.

"목사님이라고 하셨죠? 애들 관리 잘하세요. 그리고 앞으로 자전거를 아무렇게나 세워두지 마시고요. 에이~ 속상해!"

아줌마는 그 말을 남기고 몹시도 투덜거리며 갔다.

"예! 사모님! 알겠습니다. 사모님! 감사합니다."

문 목사는 아줌마의 뒤를 향하여 처음으로 크게 소리쳤다.

"아줌마! 전화번호 안주세요?"

예준이가 문 목사를 따라 더듬거리면서 크게 소리쳤다. 예준이의 말을 듣고 아줌마가 뒤를 돌아보더니 가던 발걸음을 더욱 재촉하였다. 문 목사는 두 손으로 입을 가리고 끼득끼득 웃었다. 웃음이 멈추지 않았다.

"예준아! 너 감사해야 한다. 오늘 참 좋은 분을 만났다."

지적장애인들을 데리고 다니는 이유

"문영천 목사님이 왜 지적장애인들을 행사장에 데리고 다니는지 납득할 수 있도록 설명 좀 해주실래요?"

누군가 나에게 물었다.

'그런데 그걸 왜 나에게…….'

나는 모른다. 그가 지적장애인들을 데리고 다니는 이유가 있을 것이다. 그중에 하나는 사람들에게 보이고 싶은 자기 과시일 수 있다. 워낙 자기과시를 극도로 좋아하는 사람이니까!

이노호 목사 위임식 예배 설교시간이었다. 애들이 설교 시작과 동시에 모두 엎드려 잤다.

'으이구~~ 창피해. 내 이럴 줄 알았어.'

마지막으로 문 목사의 축사시간! 애들이 갑자기 일사불란하게 벌떡 일어나더니 그가 말할 때마다 "아멘! 아멘!"을 합창하였다. 무슨 사이비 교주 같았다.

'이제 이 녀석들이 아주 쌩쇼를 하네. 쌩쇼를!'

아멘 부대를 데려왔다. 문 목사는 애들과 함께 축구할 때, 애들이 자기를 둘러싸고 있을 때, 애들과 함께 영화보고 노래할 때, 애들과 함께 차로 이동할 때 가장 큰 행복감을 느낀다. 정상인들은 문 목사를 별로 필요로 하지 않는다. 오히려 젊은 청년들조차 "이렇게 하게요. 저렇게 하게요." 가르치려고 한다. 그런데 지적장애인들은 다르다. 그를 100% 의지한다.

"문 목사님! 문상 함께 가게요. 경기도 화성에서 퇴근하고 출발하면 광주에는 저녁 10시쯤 도착할 것 같습니다."

한승희 집사의 부친상이었다. 함께 가자고 전화가 왔다.

"알았어. 천천히 와! 우리는 먼저 가서 기다릴게."

"목사님! 그런데 왜 우리이죠? 혹시 애들도 옵니까?"

"워메! 들켜브렀네. 입이 방정이지. 나도 모르게 말해부렀네."

"도대체 왜 그러세요? 밤늦게 애들 데려오면 실례입니다."

내 잔소리 때문이었을까? 문 목사는 상주인 한승희 집사에게 애들 데려오는 이유를 장황하게 설명하였다.

"한승희 집사님! 효은이가 오면서 눈물을 많이 흘렸어요. 소천하신 아버님에 대해서 말해주었더니 슬프다고 눈물을 주룩주룩 흘렸습니다. 장례식장에는 효은이처럼 슬퍼해주는 사람이 진짜 문상객입니다. 맞죠? 장례식장에 올 자격이 충분하죠?"

"네! 목사님! 잘 데려오셨어요."

한승희 집사는 천사다. 환하게 웃으면서 문 목사와 지적장애인들을 반갑게 맞아주었다.

"들었제? 상주가 좋다고 하는데, 왜 안 장로가 오라 마라 하는 거야! 애들아! 많이 먹어."

그렇게 말하더니 엄청 먹어대기 시작했다.

"워메~ 장례식장에 와서 이렇게 많이 먹어보기는 처음이네."

순전히 뻥이다. 이보다 많이 먹은 장면을 수없이 목격했다.

"목사님! 내일 축구하고 국밥 한 그릇씩 먹게요?"

"나 국밥 안 먹어. 내일 김충일 간사 결혼식이 있어서 점심은 뷔페 먹어야 돼."

"아침 국밥 간단히 먹고 점심 먹으면 되잖아요?"

"아냐! 뷔페 먹으려면 아침부터 굶어야 돼."

문 목사의 단호한 대답에 더 이상 권유하기가 어려웠다.

"예! 알았습니다. 그런데 내일은 진짜 애들 데려오면 안 됩니다. 뷔페 식사비가 적어도 35,000원입니다. 충일 간사 형편이 어려운데, 애들 잔뜩 데려오면 절대 안 됩니다."

"뭔 소리여? 우리 애들도 양심이 있어. 이제부터는 축의금 내기로 했어. 그럼 됐제? 결혼식도 하나의 예배야. 애들이 교회 예배만으로는 믿음이 성장할 수 없어. 결혼식, 장례식 예배를 통해 신앙이 성장하고 사람들과의 관계에 대해서도 배워. 맨날 지적장애인이라고 해서 남들에게 도움만 받아서는 안 된다는 것을 점점 깨닫고 있지. 그래서 자기들도 남들과 똑같은 대접을 받으려고 축의금을 내는 거야. 우리가 뭐 먹으러만 결혼식장에 가는 줄 알아!"

또 뻥이다. 먹으러 결혼식장에 가는 것이 맞다. 장황하게 말했지만, 변명이라는 것을 잘 알고 있다.

결혼예식이 다 끝났다. 문 목사와 애들이 몰려오더니 어느새 한

테이블을 독차지하였다. 궁금하였다. 축의금을 얼마 냈는지.

"필순아! 너 축의금 얼마 냈냐?"

"천원요."

헛웃음만 나왔다. 필순이는 당당했다. 축의금을 냈다는 것이다.

"효은아! 너는 얼마?"

"2천원요."

"상웅이는?"

"돈을 안가지고 왔는데, 효은이가 천원 빌려줬어요."

역시 그랬다. 내가 더 강력하게 못 오게 했어야 했는데, 괜히 가난한 ESF 간사에게 미안했다. 필순이가 벌써 두 접시 가득 담아서 먹고 있었다. 어찌나 밉던지 고함을 버럭 질렀다.

"야! 너 천원 어치만 먹어!"

워메! 이 녀석들이 들은 척도 안한다.

"목사님! 저 먼저 갈게요."

"응! 잘 가! 우리는 천천히 갈게."

워메! 잘 가라고 말하면서 쳐다보지도 않았다. 먹느라고.

문 목사는 지적장애인들을 양자 삼겠다고 하나님께 서원하였다. 진수부터 시작하여 양자들이 점점 늘어났다. 애들이 ESF 사람들을 무지 좋아한다. 애들은 늘 만나는 사람들이 한정되어 있다. 거의 만나는 사람이 없다고 볼 수 있다. 많은 사람들은 자신들을 꺼려하는데, ESF 사람들은 인격적으로 대해준다. ESF 사람들을 만나다 보니 실제로 애들에게 많은 변화가 있었다. 놀라운 변화였다.

명출, 효은, 옥자, 필순, 예준, 상웅, 진수는 모두 지적장애인이자, 예수사랑교회 성도이다. 정말이지 그 교회를 보고 있으면, 아니 문 목사를 보고 있으면 답답하다. 어찌 보면 교회도 경영이 필요한데, 작은 교회 목사가 이런 지적장애인들에게 힘을 쓰고 있는 것이 과연 잘한 일인지 의문스럽다. 교회 형편도 좋지 않은데, 시간과 물질을 쏟아 붓는 실정이다. 교회에 효은이나 진수 같은 지적장애인들이 있으면 과연 새로운 사람들이 교회에 잘 정착할 수 있을까?

그런데 이상하게도 나는 왜 예수사랑교회가 진짜 교회라는 생각이 드는 걸까? 교회는 부유한 사람도, 가난한 사람도, 그리고 지적인 사람도, 부족한 사람도, 권력자도, 약자도 함께 공존하는 곳이다. 가난하고 약한 사람을 교회에서 받아 주지 않으면 그들은 어디로 가야 하나? 예수님은 그들을 친구로, 형제로 여겼다. 그런 면에서 예수사랑교회와 문영천 목사는 진짜 교회, 진짜 목사인 것 같다.

진짜 목사라고 여기는 그도 인간적으로 흠이 많다. 많아도 너무 많다. 칭찬 받기를 좋아하고 자기 과시를 좋아하는 목사는 처음 보았다. 겸손을 도무지 찾아 볼 수가 없다. 어쩔 때는 어린 아이 같다는 생각도 든다. 환갑이 넘었는데도 말이다. 절제도 부족하다. 화도 자주 낸다. 목사로 인해 상처 받은 사람들이 많다. 고집이 세고 억지를 부려서다. 그런데 말이다. 묘하게 진짜 목사인 것 같다.

·두 번째 이야기·

목사님!
도대체 왜 그러세요?

"만일 우리가 죄가 없다고 말하면 스스로 속이고
또 진리가 우리 속에 있지 아니할 것이요
만일 우리가 우리 죄를 자백하면
그는 미쁘시고 의로우사 우리 죄를 사하시며
우리를 모든 불의에서 깨끗하게 하실 것이요"

요한일서 1장 8-9절

평신도 때에는 잘했는데

광주 ESF 밴드에 문영천 목사 회개의 글이 올라왔다. 이 글을 읽고 많은 사람들이 은혜를 받고 회개운동에 동참하였다.

"회개합니다. 그리고 고백합니다. 그동안 십일조를 전혀 하지 않았습니다. 주정 헌금도 하지 않았습니다. 집사, 장로일 때에는 잘했었는데 목사가 되어서 이렇게 돼버렸네요. 또 고백합니다. 6개월 동안 새벽기도회를 드리지 않았습니다. 지난 주일 예배 때에 성도님들 앞에서 고백하며 회개했습니다. 하나님 앞에서 너무나 죄송하고 부끄러워서 눈물이 펑펑 쏟아졌습니다. 목소리가 눈물에 잠겨서 말을 이을 수가 없었습니다. 한참 동안을 단 위에서 어찌할 바를 몰랐습니다. 얼굴은 웃고 있는데, 눈에서는 계속 눈물이 나왔어요."

문 목사의 글을 읽고 깜짝 놀랐다.

'아니 세상에 목사님이 십일조도 안했단 말이야! 항상 천일 새벽기도를 본인의 면류관처럼 자랑했었는데……'

그는 힘들게 이룬 1,000일 새벽기도를 자랑하였다. 누가 봐도 지나칠 정도였다. 워낙 자랑하기를 좋아한다고 익히 알았기에 겨우 이해할 수 있었다. 초청받은 교회마다 천일 새벽기도 경험을 간증하였다. 수많은 유혹을 이겨내고 어떻게 쌓은 천일 새벽기도인가! 새벽기도를 통해 하나님이 주신 은혜는 또 얼마나 많았던가! 문 목사는 10,000일 새벽기도를 반드시 하겠다고 호언장담하였다. 하나님도 아시고, 수백 명의 성도들이 증인이다. 그래서 놀랐던 것이다. 그런 새벽기도를 꽤 오랫동안 안 하고 있었다니, 사실을 알고 보니 왜 이렇게 허전한 걸까?

문 목사에게 따지듯이 물었다.

"목사님! 십일조는 얼마동안 안했어요?"

"한 8년 되었나? 교회 개척부터 지금까지 안했으니……"

이런 그를 아주 조금이라도 이해할 수 있는 부분이 있다. 일단, 한 달 사례비가 50만원이다. 차량 기름 값으로 20만원 사용하고, 교회 지적장애인 아이들 간식 사주고 그러면 남은 것이 없다. 교회 재정은 더 어려워져 사례비가 10만원이나 깎여 이제는 40만원이라고 한다. 개척 교회가 다 그렇지 않은가? 울어야 할지 웃어야 할지 모르겠다.

새벽축구 후에 문 목사를 만났다.

"으메! 코피가 나네. 잠을 조금 잤더니 피곤했나 봐."

"목사님! 어제 뭐하셨어요?"

"동창모임이 있었어. 아이고~ 모임이 새벽 2시에 끝났다니까. 오늘 어찌하든지 새벽기도를 하려고 새벽 3시 45분에 일어났으니 조금밖에 못 잤네."

"목사님! 다른 사람들에게는 절대 이런 말 하지 마세요. 덕이 안 돼요."

"왜? 동창모임인데."

"그럼, 물어 볼게요. 새벽 2시면 어디에 계셨어요?"

"노래하는 라이브맥주집!"

"당연하죠. 목사님이 그 시각에 그런 곳에 있으면 됩니까?"

"왜? 뭐가 어때서? 우리 동창들은 내가 술을 안 먹고도 분위기를 잘 잡아준다고 무지 좋아하던데, 이래 봬도 내가 동창모임에서 분위기 메이커야. 동창들이 내가 없으면 재미가 없대. 아내는 영양가도 없는 동창모임 자꾸 가지 말라고 그러는데, 언젠가 전도해서 교회에 나올 동창이 있을 거야."

"목사님! 제발 솔직해 보세요. 처음에는 선한 의도였겠지만, 지금은 즐기고 놀려고 그런지 다 알아요."

"어! 어떻게 알았어?"

솔직히 문 목사가 몹시도 부럽다. 나는 동창회에 안 나간다. 가고 싶은 마음이 많은데도 말이다. 오랜 친구들이 보고 싶은데도 말이다. 가면 뻔하다. 100% 술자리이다. 동창회 사진을 보면 모두들 술에 취한 모습뿐이다. 그래서 술을 전혀 못 마시는 나로서는 동창회에 나갈 엄두가 나지 않는다. 직장에서도 어쩔 수 없이 참석하는 술자리가 징해 죽겠는데, 자원해서 그런 자리를 갈 턱이 없다. 아니 안 간다. 그런데 그는 술을 먹지 않고도 더구나 목사 신분으로 동창모임을 주도하니 부러울 따름이다. 그곳에서도 선한 영향을 끼치는 것으로 알고 있다. 많은 동창들이 참다운 목사로 인정하니까 말이다.

새벽기도

"예준아! 너 오늘 새벽기도 했냐?"

"네에~~"

예준이가 콧물을 닦으면서 말하였다.

예수사랑교회에서 새벽기도회에 참석하는 사람들은 없다. 늘 문 목사 혼자였다. 그러니 차츰 새벽기도에 나갈 필요성이 사라졌다. 더구나 오전에 교회에서 1~2시간 동안 기도하기 때문이다.

교회에서 하나님과 성도들 앞에서 뜨겁게 회개했음에도 불구하고 여전히 문 목사 혼자였다. 새벽기도에, 회개기도에 동참하는 성도는 여전히 아무도 없었다. 애당초 기대하지 않았지만, 혹시나 하는 마음은 있었다. 그런데 그 회개눈물을 보고 동참하는 성도가 드디어 나타났다. 무려 2명이나 나왔다. 예준이와 효은이다. 두 아이는 지적 장애인이다. 세상에 예준이와 효은이가 빠지지 않고 새벽기도를 드리다니 문 목사는 눈물이 났다. 감사하였다. 목사의 회개눈물을 기억한 사람은 지적장애인들 뿐이었다. 열정 가득한 청년, 믿음이 굳센 성도, 마음이 따뜻한 교사, 기도를 잘한 신학생이 아니었다.

'주님! 이제 정말로 평생 새벽기도를 할 참입니다. 아무도 안 온다 할지라도 말입니다. 오늘도 아무도 안 나와 있을 것인데, 그냥 쉴까! 두 번 다시 이런 사탄의 유혹에 넘어가지 않을 것입니다. 감사하게도 효은이와 예준이가 함께 하네요.'

문 목사는 뜨겁게 회개하면서 평생 표어를 만들었다. 친척 결혼식 관계로 서울을 방문한 적이 있다. 규모가 큰 교회였는데, 교회입구에 크게 써진 표어 앞에서 걸음이 저절로 멈추었다. 교회에 붙여진 그 표어를 보고 가슴이 두근거렸다. 굶어도 십일조! 쓰러져도 새벽기도! 또…….

① 목숨 걸고 주일성수

② 쓰러져도 새벽기도

③ 굶어도 십일조

④ 힘들어도 복음전도

회개운동

1907년 평양대부흥은 회개운동으로부터 시작하였다. 맞다. 성령의 역사는 회개로부터 시작한다. 목사라고 해서 회개하지 않으면 안 된다. 장로라고 해서 회개하지 않으면 안 된다. 성경을 많이 알고 있다고 해서 회개하지 않으면 안 된다. 끊임없이 회개하지 않으면 안 된다.

"문 목사님! 이제 새벽기도는 잘 하고 계시죠?"

"……."

"목사님! 뭡니까?"

"으메~ 단 한 명의 성도만이라도 새벽기도회에 오면 기필코 할 것인데, 또 며칠 동안 못하고 있어."

"아니! 성도들 앞에서 눈물로 회개했잖아요? 회개한다고 동네방네 소문은 다 내놓고 부끄럽지도 않으세요?"

또 어기고 또 어긴 부끄러운 행동이지만, 또 회개해야 한다. 연약한 육신이기 때문이다. 간절하고 처절한 회개운동이 교회마다 널리 퍼졌으면 한다. 성령님! 역사하여 주시옵소서.

이탈리아 종마

예수사랑교회와 한 달에 한 번씩 정기적으로 축구시합을 하고 있다. 벌써 4년째이다. 중학생 준수가 교회대항 축구시합에 처음 참석한 것은 재작년 7월 말이다. 사상 최고의 폭염에 더구나 강렬하게 내리쬐는 햇볕에서 무려 2시간이나 뛰었다. 정말 무더웠다. 이런 날씨에 축구하는 것은 한마디로 미친 짓이다.

"비가 오나 눈이 오나 축구를 해야지. 빼먹으면 된 당가? 사람이 한 번 하기로 했으면 꾸준해야지. 안 그래?"

문 목사에게는 좀처럼 변명이 통하지 않는다. 유독 축구만 그렇다. 어쩔 수 없이 용산 축구장으로 무거운 발걸음을 옮겼다.

헉! 건장한 청년들로 구성된 예수사랑교회 멤버는 그야말로 화려하였다. 마치 골리앗처럼 보였다. 이 무더운 날씨에 굳이 축구를 하자는 이유가 따로 있었다. 문 목사는 씨~익 웃었다. 오랜만에 문흥장로교회를 완전히 격파할 태세였다. 그동안 8연패라니 축구선수 출신으로서 체면이 말이 아니었다.

반면에 문흥장로교회는 박찬희, 이강민, 이진형, 김준수, 하준 등 중학교 2학년이 주축이었다. 최동현 집사에게 연락 하려다가 그냥 포기했다. 지난 축구시합에서 엄청난 페인트 모션으로 상대팀 공격수를 속였다. 모두가 탄성을 질렀다. 끈질긴 추궁에 속임수가 아니라 헛발질임이 드러났다. 허망했다.

드디어 경기가 시작되었다. 역시나 예수사랑교회의 파상공격! 수비하기에 급급했다. 한마디로 역부족이었다. 문 목사가 중앙에서 중거리 슛으로 선취골을 넣었다. 분했다. 경기에 지는 것은 얼마든지 받아들일 수 있는데, 그에게 골을 허용하는 것은 참을 수 없다. 그를 겪어보는 사람들은 잘 안다. 살살 약을 올리는데 특별한 재능을 갖고 있다. 아마 짐작컨대, 그로 인해 상처받은 사람들이 헤아릴 수 없을 정도로 많을 것이다.

중학생들이 의외로 선전하였다. 무더운 날씨에 정말 열심히 뛰었다. 드디어 기회가 찾아왔다. 상대팀이 무더위에 지친 주축선수들을 교체하였다. 허술한 틈을 이용하여 세상에 중2 강민이가 수비수 공을 뺏어 동점골을 넣었다. 환호하였다. 그리고 어부지리로 중2 찬희가 곧바로 추가골까지 넣었다.

문 목사가 드디어 긴장하였다. 바로 선수교체를 하였다. 실수가 많았던 청년을 빼고 지친 문모세 전도사를 다시 기용하였다. 교체할 줄 알았다. 지고 있는데 가만히 있을 그가 절대 아니다. 그를 보고 있으면 배울 점이 참 많다. 축구를 못하면 누구든지 공평하게 가차 없이 빼버린다. 나도 그러고 싶은데, 그만한 용기와 배짱이 없다. 정말 저래도 될까 싶을 정도로 냉정하다.

"아빠! 이번만 쉴게요. 땀을 너무 많이 흘렸어요."

"모세야! 지금 그런 말이 나오냐? 우리가 지고 있잖아. 또 지고 싶냐? 넌 자존심도 없어? 무조건 뛰어."

문 목사의 고래고래 화난 목소리를 듣고 한 청년이 손을 살짝 들었다. 째려보는 레이저광선을 느꼈나 보다.

"목사님! 제가 쉴게요."

"그래! 힘들면 당연히 쉬어야지. 잘 생각했다."

손을 들어 자원한 청년은 그나마 다행이다. 어떤 청년은 가차 없이 강제로 퇴출당하였다. 그렇게 이기고 싶었나 보다.

"핸들링! 준수 핸들링! 페널티킥!"

어안이 벙벙하였다. 운동장이 떠나갈듯한 문 목사의 거센 고함에 순간 모두가 조용해졌다. 정적이었다. 지나가는 곤충도 놀라 멈추었다. 큰 목소리와 함께 그가 공을 들고 골대 앞으로 뛰어갔다. 준수를 보았다. 눈망울에 눈물이 가득 고였다. 의도치 않게 자신의 실수로 팀에 부담을 주게 되어 미안하였다. 얼른 나서서 항의하려고 했다. 분명히 핸들링은 맞다. 하지만 축구 규정상 고의적인 행동이 아니면 반칙으로 인정하지 않는다. 그런데 그가 상황을 워낙 강경하게 주도하고 있기 때문에 어쩔 수 없었다. 동점골을 허용했다.

끝나는 시간이 다 되어갔다. 조금만 버티면 무승부이다. 종료 직전에 엄청난 골이 터졌다. 축구를 못하는 중학생 진형이가 중앙에서 왼쪽공간으로 길게 패스를 하였다. 진형이 실력에 공을 잘못 찬 것이 분명하다. 달려 들어간 중학생 찬희가 공을 두 번 차고 들어가더니 가로막고 있던 장대 수비수들을 앞에 두고 바로 중거리 슛! 오른쪽 골망을 흔들었다. 놀라운 골이었다. 얼마나 기분이 좋던지, 서로 얼싸안고 기쁨을 나누었다. 목이 터질 정도로 환호성을 질렀다. 이길 수 없는 상황에서 이겨서 더 기뻤다.

"에이~ 씨~ 중학생 하나 막지 못하고!"

문 목사는 몹시 화가 났다. 이 말을 서너 번이나 반복하였다.

"선생님! 목사님이 화가 많이 나신 것 같은데, 어떡해요?"

결승골을 넣은 찬희가 걱정할 정도였다.

"괜찮아. 문 목사님은 내일 새벽기도 하시면 다 해결된다."

목사님은 나빠요

"삼촌! 축구하게요?"

토요일 저녁 9시가 넘어 준수에게서 전화가 왔다.

"야! 임마! 지금 몇 시인데 축구 하자고 전화질이냐? 느그 아빠한테 축구하자고 그래!"

"저희 아빠는 바빠요."

"그럼, 나는 한가하냐?"

"한가하신 것 같던데요."

"뭐라고! 이 자식이~~~"

그렇게 준수와 축구를 시작한 것이 다섯 달이 넘었다. 준수가 어쩔 때는 밤 10시가 넘도록 혼자서 축구 연습을 했다. 실은 준수가 축구를 별로 좋아하지 않는다. 일단, 못한다. 운동신경이 이렇게 없을까? 아주 꽝이다. 그러니 축구를 할 때마다 친구들로부터 놀림을 받았다. 그래서 부모는 아들을 축구를 많이 하는 것으로 유명한 시골 초등학교로 전학을 보냈다. 그렇지만, 역시 그곳에서도 유독 준수만 축구를 하지 않았다. 싫은 것을 어쩌겠는가?

그런데 준수가 축구광인 찬희와 친하게 지내다보니 자연스럽게 축구를 접하게 되었다. 그러면서 준수와의 축구연습이 시작되었다. 그런데 이놈이 축구가 재미있는지 시도 때도 없이 전화질이다. 피곤하였다. 확실히 준수가 달라졌다.

"저도 내일 축구하러 가면 안 될까요?"

준수가 ESF 새벽축구에 끼어달라고 졸랐다.

"안 돼! 너는 축구를 못하잖아. 지난 시합에서 다 이긴 경기를 네가 핸들링을 해서 비길 뻔 했잖아. 기억나지?"

"억울해요. 핸들링 반칙이 아닌데, 문영천 목사님이 막 우기셨어요. 문 목사님은 나빠요."

어떻게 알았는지 토요일 새벽축구에 나오겠다고 한다. 당연히 못 올 줄 알았기에 그러라고 했다. 준수는 아침잠이 많다. 주일 예배도 거의 지각한다. 그런 애가 토요일 새벽에 어떻게 나오겠는가? 그런데 나왔다. 깜짝 놀랐다. 빠지지 않고 계속 나왔다.

"준수가 목사님이 싫대요."

"오메! 왜?"

"저번 축구시합 때문에 그렇죠. 세상에 축구 축자도 모르는 애한테 핸들링을 했다고 페널티반칙을 부르면 어떡합니까? 맨날 복음축구 이야기하면서 시합만 했다 하면 돌변하시니 애들이 좋아하겠어요? 준수가 목사님 때문에 상처를 많이 받았어요."

"으메, 어쩔까? 얼른 준수에게 사과해야겠네."

축구가 끝난 후에 가난한 개척 교회 목사가 큰마음을 먹고 국밥을 샀다. 중학생 찬희와 준수가 엄청 좋아했다. 아침 운동 후에 먹은 국밥은 그야말로 꿀맛이었다.

"준수야! 목사님이 정식으로 사과할게. 그때 내가 왜 그랬는가 모르겠다. 잘못했다."

준수가 목사의 사과에 빙긋이 웃었다. 대답할 수가 없었다. 입에 국밥이 가득 있었기 때문이다. 환갑이 넘은 목사가 어린 학생에게 사과하는 모습이 참 아름다웠다.

준수가 축구에 잘 적응한 것에는 목사와 어른들의 배려가 있었다. 거친 어른들 축구시합에 어떻게 중학생이 참석할 수 있겠는가? 다칠 수 있다. 그리고 솔직히 시합에 방해가 된다. 그런데 뛸 수 있게 해주고, 어른들이 칭찬을 해주니 준수가 무지 좋아했다.

"저 애가 중학생인데, 세상에 2시간 동안 뛰고도 전혀 지치지 않나봐. 축구는 역시 뛰어줘야 해. 마치 이탈리아 종마 같았어."

시합이 끝나고 앞에 걸어가는 준수를 보고 정경민 총무가 과한 칭찬을 하였다. 얼른 준수를 봤다. 녀석이 그 이야기를 다 듣고 있었다. '이탈리아 종마' 라는 소리에 씨~익 웃었다. 짜아식~

"이탈리아 종마! 잘 가라! 오늘 잘 뛰었어."

답답했어요

준수가 경기도에 있는 대안학교로 전학을 갔다. 실은 준수가 공부를 썩 잘하지 못한다. 그리고 유달리 학원공부를 싫어했다. 어디 한 공간에 갇혀 틀 박힌 공부에 적응하지 못했다. 부모로서는 답답하였다. 고등학생이 되어서도 목표도 없이 이리 저리 끌려 다닐 준수가 불쌍해보였다.

준수를 위해 뭔가 찾은 것이 대안학교였다. 이곳은 주도적인 학습법이 특징인데, 준수가 스스로 선택했다. 준수 부모는 준수가 이렇게 새로운 일에 도전할 수 있게 된 것이 다 축구 때문이라고 하였다. 축구를 하면서 대인관계를 비롯하여 적극적이고 도전적인 성격으로 변하였다고 한다.

"준수를 보고 있으면 정말 답답했어요. 쉬는 주말에도 주구장창 집에만 박혀 있어요. 풀이 죽어있는 아들을 보고 있자니 짜증이 나고 속상했어요. 그런데 축구 하면서 준수가 확실히 달라졌어요. 감사하는 마음으로 대접하는 식사이니 많이 드세요."

준수 아빠가 새벽 일찍 축구장에 나왔다. 깜짝 놀랐다. 분명 축구를 하러 온 것은 아니었다. 준수 아빠로서 감사해서 조기축구회에 아침 국밥을 대접하였다. 무지 고마웠나 보다.

하와를 유혹한 뱀

준수가 경기도 화성에 있는 대안학교에 다니기로 하였다. 공교롭게 비슷한 시기에 화성으로 발령이 났다. 화성으로 발령받은 소식에 준수 엄마와 아빠는 하나님의 은혜라고 무지 좋아서 환호성을 질렀다. 나는 화가 나서 죽겠는데 말이다.

"준수에게 옷 좀 갖다 주세요."

"안경하고 책도 전해 주세요."

"이불 전해주시고요."

"수원역에서 준수 픽업하여 학교에 데려다 주세요."

워메~ 도대체 심부름이 끝이 없다.

늦은 가을날, 속옷을 전해주기 위해 준수 학교로 갔다. 대안학교는 시골이며, 모든 학생이 기숙사 생활을 매우 엄격하게 하고 있었다. 준수를 포함하여 주위에 4명의 중학생들이 있었다. 애들을 다 불러 모았다. 그리고 애들에게 조용히 속삭였다.

"애들아! 우리 땡땡이를 치자! 몰래 나가서 짜장면 먹고 오게."

"들키면 벌 받아요."

"애들아! 상상을 해봐. 모락모락 피어오르는 짜장면! 탕수육도 추가로 시켜줄게. 10분이면 얼른 먹고 올 수 있다. 가자!"

"안 들키고 나갈 수 있는 방법이 없어요."

두 명은 가고 싶은 마음이 약간 있는데, 소심한 준수가 가기를 두려워했다. 하지만 짜장면에 동요하는 마음을 금방 감지하였다. 대안학교 특성상 맨날 건강식이라고 풀만 먹었는데, 짜장면이 얼마나 먹고 싶겠는가?

"알았어. 그럼 다음에 올 때 통닭, 피자 사올까? 몰래 먹게."

"그것도 학교 규정상 안 되는데요. 들키면 벌 받아요."

"무슨 벌?"

"화장실 청소요."

"에이~ 나 같으면 통닭 먹고 화장실 청소를 하겠다."

내 말에 애들의 눈빛이 달라졌다. 서로의 얼굴을 쳐다보았다.

"좋아요."

"저도요."

"통닭은 흔적이 남으니까 피자가 좋겠어요."

준수가 한참을 생각하더니 마침내 동의했다.

"좋았어. 그럼 이번 주 금요일 오후 7시에 피자 사가지고 올게. 저쪽 구석지가 보이지? 차 안에서 먹도록 하자. 다 모여! 파이팅 한번 하자!"

5명이 손을 모았다.

"피자! 파이팅!"

속삭이는 말로 파이팅을 크게 외쳤다.

돌아오는 길에 성경에서 하와를 유혹한 뱀이 생각났다. 나는 아이들에게 학교 규정을 어기도록 유혹했다. 하지만 준수에게 추억을 만들어주고 싶었다. 엄격한 학교생활에서 작은 탈선이 준수에게는 학교생활을 더 재미있게 할 수 있는 추억이 될 거라고 생각하였다. 물론 내 생각과 방식이 학교 선생이나 부모하고는 다르겠지?

"애들아! 천천히 처먹어라. 체하겠다."

세상에 녀석들이 대형피자 한판을 불과 2분 만에 먹어 치웠다.

"그리고 너희들 먹다 걸리면 내가 사줬다고 절대 말하면 안 된다.

나도 사회적 지위와 체면이 있응께."

"그럼 누구라고 말해요?"

"준수 느그 아빠라고 말하면 되지."

"그건 힘들 것 같은데요. 우리 학교에서 삼촌 모르는 사람 아무도 없어요. 소문이 나서 다 알아요."

준수 엄마가 나에게 문자를 보내왔다. 대안학교에서 보내온 거라며…….

"준수 어머니! 대안학교 김영수 교사입니다. 조금 양해를 구하려고 연락을 드리게 되었습니다. 준수 삼촌 분께서 평일에 준수를 만나러 오시는 경우가 종종 있습니다. 저희 학교에서 면회는 일요일 오후에만 가능합니다. 학교입장에서는 다른 학생들과의 형평성을 고려하지 않을 수가 없어요. 너그러이 이해를 해주시고, 면회는 일요일에만 해주시길 부탁드립니다. 늘 평안하십시오."

들켰을까?

톰과 제리

ESF 학사여름수양회 둘째 날이다. 여기서 '학사'는 대학생 선교단체(ESF)에서 졸업생에게 붙여진 호칭이다.

"문 목사님! 계곡 안가세요? 어제 계곡 가신다고 했잖아요."

"어~~ 그냥 방에 혼자 있을래. 가기 싫어."

"설마 아침에 족구시합에 져서 그런 것은 아니겠죠?"

"어떻게 알았어? 지금 계곡에서 놀고 싶은 기분이 아니야."

"점심시간에 만회하면 되잖아요. 종래 선배도 왔어요."

"아! 종래가 있었지. 얼른 계곡 가게. 놀아야지."

그렇게 해서 땡볕이 쏟아지는 정오에 간사 팀과 족구시합을 하였다. 이종래 집사는 공격에 특화된 선수인데, 세상에 문영천 목사가 기꺼이 공격을 그에게 양보하였다. 문 목사가 승리를 위해서라면 뭐든 못할까? 아! 단 하나 못하는 것을 내가 해결하였다.

상곤이가 뒤에서 수비를 보겠다고 하였다. 어이가 없었다. 시합의 중요성을 모르는 것이 틀림없다. 족구에서 수비는 승부를 결정하는 중요한 자리이다. 상곤이가 교회 성도라 문 목사는 어쩔 수 없이 배려를 하였다. 상곤이의 눈치를 볼 수밖에 없었다.

"목사님이 오른쪽 수비 보시고, 제가 왼쪽 수비를 맡을게요. 그리고 상곤이는 앞으로 가!"

"선배님! 저는 수비 밖에 못하는데요."

"응! 알아. 일단 앞으로 가!"

상곤이의 대답을 단칼에 잘랐다. 뭐가 중요한가? 승리이다.

"네, 선배님!"

한 번 더 대꾸를 하면 과감히 빼버리려고 했다.

정말 박빙의 승부였다. 그래도 첫 세트는 이기고자 하는 열정이 강해 간신히 이겼다. 그리고 두 번째 세트! 역시 간사 팀은 강하였다. 김용수, 김진성 간사의 철벽수비! 김충일 간사의 공격이 와우~~~ 군대에서 한 족구 했다던데 사실이었다.

그리고 마지막 세트! 용호상박이었다. 거의 백중세였다. 승리의 추가 기울어지는 사건이 발생하였다. 공을 받았는데, 옆으로 빠지고 말았다. 순간 어렵다고 생각했다. 그런데 이종래 집사가 동물적인 반사 신경으로 빠진 공을 상대코트로 넘겼다. 구경한 모두가 환호성을 질렀다. 박빙의 승부에서 거의 결정타였다.

문 목사는 수양회 내내 행복해했다.

"푸하하하! 너무 행복해요. 족구가 뭐다고? 족구 한 게임 졌다고 만사가 다 귀찮아졌어요. 그런데 그 때 나타난 이종래! 희망이 생겼어요. 박빙의 승부에서 이기니까 그 기쁨은 정말 컸어요. 여태까지

종래가 이렇게까지 자랑스러운 적이 없었습니다."

문 목사에게는 인생 최대의 적이 있다. 이종래 집사이다. 둘이 만나면 늘 티격태격 싸운다. 두 사람을 보고 허미경 집사가 '톰과 제리' 라고 별명을 지어주었다. 딱 맞는 별명이다.

족구시합 대결

ESF 김진성 간사가 꽤 오랫동안 몸이 아팠다. 의사가 열심히 운동을 하라고 했다. 족구시합을 추진하였다. '문영천, 김진성' 대 '이종래, 안재홍' 톰과 제리의 대결이었다!

"저는 3년 넘게 첨단대교 다리 밑에서 학원장들과 매주 족구를 해왔습니다. 저는 볼에 대한 감각과 공간 감지 능력이 뛰어나고 상대방의 빈틈을 예리하게 파고듭니다. 그리고 진성 간사도 실수가 없고 족구를 참 잘해요. 이에 반해 종래는 실수가 많고, 유연성도 상당히 떨어집니다. 안재홍은 의욕과 패기만 앞섭니다. 한 마디로 프로와 아마추어의 시합입니다."

카톡방에 올라온 톰의 자신감이었다. 제리는 할 말이 없었다. 워낙 우습게 보는 바람에 자존심이 상했다. 승부욕이 불타올랐다.

드디어 결전의 날! 감사하게 김현우 집사가 심판을 보았다. 역시 문영천, 김진성 팀은 강팀이었다. 연속 6득점을 땄다. 막아낼 재간이 없었다. 이종래 집사가 계속 파이팅을 외쳤다. 한 점씩 따라갔다. 그러다 보니 어느새 역전을 하였다. 시합에 워낙 집중해서 이긴 줄도 몰랐다. 그렇게 첫 세트를 이겼다. 문 목사의 비통한 표정! 그의 승부

욕은 지상 최고를 자랑한다. 목사가 되고 교회를 개척하며 많이 순화되었지만, 사람의 본성은 어쩔 수 없다. 이종래 집사는 그 자리에서 크게 파이팅을 외쳤다.

다시 두 번째 세트를 시작했다. 톰은 좌우 코너로 때리는 제리의 공격을 도저히 막을 수 없었다. 우습게 보았던 제리가 이렇게 잘 할 줄 미처 몰랐다.

"목사님! 점심내기는 간단히 국밥으로 하시죠?"

"뭔 소리여! 유산슬에 팔보채 한번 먹어 보자고."

"지면 어쩌려고 그러세요?"

"나 돈 있어! 그리고 프로가 아마추어에게 지는 것 봤어?"

우하하! 문 목사의 큰소리가 생생하다. 기어코 제리가 중국집에서 먹어야 한다고 두 군데나 찾아갔는데, 아쉽게도 문이 닫혔다.

"목사님! 어쩌죠? 김현우 집사님이 그냥 칼국수 먹자네요."

"칼국수! 나야 좋제. 호호! 돈 벌었네."

칼국수를 먹으며 우리는 정말 행복했다. 이런 게 사는 재미이다. 좋은 사람들과 만나는 것이 얼마나 즐겁고 행복한 줄 모른다.

중고 TV 기증

이종래 집사는 의료기구 관련 일을 하면서 홀로 사는 노인들과 장애를 가진 사람들을 자주 만난다. 많은 사람들이 정말 어렵고, 외롭고, 고독하게 살고 있다.

하루는 이종래 집사가 독거 할머니 집에 방문하였다. TV의 소리는 잘 들리는데, 화면에는 아무 것도 보이지 않았다. 수리가 불가할 정도로 고장이 났다. 할머니에게 유일한 낙은 TV를 보는 것인데, 매우 안타까웠다. 그래서 외로운 할머니의 눈과 귀, 그리고 마음을 즐겁게 해줄 중고 TV를 기증할 사람을 찾고 있었다.

드디어 첫 번째 연락이 왔다. 이종래 집사는 ESF 선배의 전화를 받고 크게 감동을 받았다. 중고 TV가 없어서 현금으로 사주겠다는 연락이었다. 그것은 목적에 어긋나 정중하게 거절했다.

"포사이드 선교사 책을 읽었으니 독서클럽에서 기증합시다."

정일선 장로가 제안하였다. 포사이드 선교사는 선한 사마리아인으로 유명한 선교사이다. 죽어가는 나환자를 따뜻하게 안아준 사람이다. 독서클럽 모두가 동의했는데, 이번에도 그는 거절했다.

드디어 연락이 왔다. 독거 할머니 집에 중고 TV가 설치되었다.

"나 오늘 죽어불 뻔 했어. 죽다가 간신히 살았네."

"아니 왜요?"

이종래 집사에게서 전화가 왔다. 그의 말에 깜짝 놀랐다.

"아니 그 놈의 중고 TV 때문에 말이야. 좋은 일 한번 해보려는 것이 이렇게 힘들 줄이야. 숙호에게서 중고 TV를 받았어. 둘이 낑낑거리고 차에 실었지. 근데, 할머니 집에 설치할 때는 나 혼자 들어야 하잖아. 얼마나 무겁던지. 그런데 그 할머니 집에 있던 고장 난 TV는 훨씬 더 무겁대. 정말 힘들더라고."

"아니 저를 부르지 그랬어요?"

"다음에는 꼭 부를게."

상상이 간다. 그 무거운 TV를 들지는 못하고 낑낑거리면서 밀고

당기고 그랬을 것 같다. 실은 이종래 집사의 다리가 불편하다. 수술을 해야 할 정도로 불편하다. 그러면서도 그 일을 했으니 얼마나 힘들었을까! 오만 불평은 다했을 것이다. 안 봐도 삼천리이다.

'내가 뭐 하러 나서가지고 이 고생을 자처했을까!'

워낙 오지랖이 넓어서 그런 것을 어떡하나? 이종래 집사의 귀한 마음에 감사하였다. 하나님이 기뻐하실 것이다.

양림동 선교사

"양림 해설사업에 또 응모했는데, 이번에는 좋은 결과 있겠지?"

늦은 저녁 이종래 집사와 카페에서 만났다.

"이번에 선정이 안 되면 가만히 있지 않을 겁니다. 세상에 자발적으로 양림동 해설을 하는 단체가 우리 ESF 말고 어디에 있습니까? 이런 단체를 선정하지 않으면 공무원들이 문제가 있는 거죠?"

그런데 내 속마음은 솔직히 달랐다.

'선배님! 당연히 떨어지죠. 우리가 어떻게 선정되겠어요?'

벌써 4년째이다. 김태련 집사 등 다섯 명이 책을 읽어보자고 독서클럽을 만들었다. '조선을 섬긴 행복'이란 책을 읽었다. 서서평 선교사에 대한 이야기인데, 책장을 넘기면서 전율을 느꼈다. 1900년대 초 조선의 상황은 그야말로 최악이었다. 몹시도 가난하였고, 콜레라 등 전염병으로 많은 사람들이 죽었다. 서서평은 간호사로 일하며 조선인들과 똑같이 입고 먹으며 헐벗은 사람들 속으로 들어갔다. 걸인들을 집으로 데려와 씻어주었고, 환자가 버린 아이를 양자로 삼았다. 그렇게 데려다 키운 양자가 무려 14명이었다. 멸시받고 쫓겨난 여인들도 거두어 보살폈다. 그녀가 영양실조로 세상을 떠나며 남긴 유품은 고작 강냉이 가루 두 홉과 담요 반쪽뿐이었다. 그녀는 그렇게 예수님의 사랑으로 조선을 섬겼다.

책을 읽고 충격을 받았다. 성자와 같은 사람이 바로 내가 살고 있는 곳에 살았다. 그런데 더 충격적인 사실은 아무도 서서평 선교사를 모른다는 것이다. 그녀가 섬겼던 광주에서 20년, 30년이 넘도록 교회생활을 했지만, 그녀에 대해서 아는 것이 전혀 없었다. 말해주는 사람도 없었다. 장로도 몰랐고, 목사도 몰랐다. 그래서 부끄럽고 미안하였다.

그 후로 독서클럽에서는 거의 1년 동안 포사이드, 유화례, 오웬, 유진벨, 도마리아, 최흥종 등 양림동 선교사에 대해 집중적으로 책을 읽고 연구를 하였다. 그리고 책만 읽지 말고 뭔가 해보자는 의견들이 팽배하였다. 그때 짠! 이종래 집사가 양림동 해설사업을 들고 왔다. 광주 남구청 양림동 근대화 사업에 응모하였다. 사업제안서를 기가 막히게 잘 만들었다. 당연한 것이 누가 1년이 넘게 양림동 선교사를 연구하겠는가? 그 해설사업에 관심을 갖고 있는 단체는 우리 독서클럽 밖에 없었다. 그런데 갑자기 경쟁자가 나타났다. 결국 떨어졌다. 모든 면에서 뛰어났지만, 해설사업 특성상 인지도가 약한 것이 주요인이었다.

양림동 해설사업 응모에 떨어지고 실망이 컸다. 그래도 어쩌겠는가? 그러려니 하고 받아들였다. 그런데 이종래 집사만은 아쉬웠다. 남구청에 찾아가 항의하고 따지기도 하였다. 그만한 이유가 있다. 워낙 제안서가 탁월하고 준비를 오랫동안 많이 하였다.

"나 속 터져 미쳐블 것 같아! 넘 억울하고 분하구만."

내가 반응을 하였다.

"이런 씨~~ 누굽니까? 제가 가서 따질게요."

그런데 내 진짜 속마음은 달랐다.

'아니 떨어질 수도 있는 거죠. 남구청 입장에서는 더 큰 단체에 사업권을 주지 않겠어요? 당연한 것을 왜 화내세요?'

그렇게 말하고 싶었지만, 차마 그 말을 도저히 할 수 없었다. 그리고 이종래 집사가 누군가? 대학시절 나에게 처음으로 성경을 가르쳐준 목자이자 멘토이다. 무조건 이유를 따지지 않고 박자를 맞추었다. 옳고 그름을 떠나서 그래야 할 것 같았다.

이종래 집사는 멈추지 않았다. ESF 독서클럽 회원들을 중심으로 자발적으로 양림동 선교해설을 하였다. 블로그를 만들었을 뿐인데, 여러 곳에서 선교해설 요청이 들어왔다. 남구청과 아무런 관련도 없이 뜻있는 사람들이 모여 자원봉사로 해설을 하였다.

다 이유가 있다. 서서평, 오웬, 카딩턴, 유화례, 최흥종 등 수많은 양림동 선교사들이 이 땅 조선에 빛과 진리를 전해주었다. 그들의 삶은 정말 예수 그리스도의 삶 그대로였다. 선교사들의 복음정신을 다시 이 땅에 세우고자 간절히 기도하였다. 비록 작은 일이지만 꼭 그렇게 해야만 할 것 같았다.

그렇게 해서 드디어 양림동 해설사업에 선정이 되었다. 어찌 기쁘지 않겠는가?

섬마을 탁구 하는 목사

"이노호 목사는 왜 그런지 모르겠어?"

문영천 목사가 투덜거렸다. 무슨 일인지 불편했던 모양이다.

"아니 또 왜 그러세요? 앞으로 제 앞에서는 이노호 목사님 험담은 절대 하지 마세요."

"내가 뭘 어쨌다고 그래? 시작도 안했는데."

"뭘 어쨌다는 것이 아니고요. 제가 듣기 싫어서 그렇습니다. 이노호 목사님은 저의 스승이자, 멘토입니다."

"당연히 알제. 내가 사랑하니까 그런 거여."

이번에는 꼭 오세요

영천은 군대를 제대하고 삼수를 하여 28살에 대학에 들어갔다.

우연히 실의에 빠진 학과 여학생에게 인생 상담을 해주었다.

"영천 오빠의 이야기를 듣고 보니까 내가 인생을 잘못 생각한 것 같아. 오빠 말대로 열심히 살아볼게."

영천은 뿌듯하였다.

'역시나 내가 말은 설득력 있게 잘한단 말이야.'

"오빠! 고마워. 저 먼저 갈게요. 어디 갈 데가 생각났어요."

"어딘데?"

"실은 저에게 자주 성경을 말해준 사람이 있어요. 고맙기도 하고 미안해서 오늘은 그 사람이 초청한 곳에 한 번 가보려고요."

"나도 가면 안 될까?"

영천은 궁금했다. 그녀가 가고 싶어 하는 곳이 어딘지 궁금하였다. 그렇게 해서 간 곳이 허름한 방의 기독 동아리 'ESF' 였다.

"영천이 형! 어떤 사람이 형을 찾네요."

교실 밖에서 누군가 기다리고 있었다.

"안녕하세요, 저 이노호입니다. 저희 모임에 초대하려고요."

"네! 감사합니다. 이번에는 틀림없이 꼭 갈게요."

영천은 굳게 약속했다. 자주 찾아오는 4학년에게 미안했다.

'이 사람은 4학년인데 얼마나 바쁠까? 나를 위해 교실까지 여러 번 찾아왔는데, 예의상 한번이라도 가주자.'

그런데 묘하게 약속한 날에 항상 학교 행사와 겹쳤다. 체육행사라 영천은 도저히 빠질 수가 없었다. 축구 스타였기 때문이다.

그런데 또 이노호 4학년이 나타났다. 왜 약속을 지키지 않느냐고 따지지 않았다. 그저 밝은 미소로 환하게 웃고만 있었다.

"영천 형제님! 바쁘셨죠? 이번에는 꼭 오세요."

미안했다. 그렇게 영천은 'ESF' 에 갔다. 그 곳에서 성경을 공부하였고, 예수님을 영접하였다.

기도 응답

"집사님! 요즘 어떻게 지내세요? 학원 강사일이 힘드시죠?"

"이노호 목사님! 심방 감사합니다. 제 자랑을 쫌 해도 될까요? 현재 서울, 부산, 대구, 대전 등 전국 도시에서 유명 학원 강사로 바쁘게 살고 있습니다. '영천 국어' 라고 제 이름으로 된 책도 나왔고, 돈도 감당할 수 없을 정도로 많이 벌고 있습니다."

"아! 그러세요. 정말 감사하네요."

목사는 문 집사와 대화 중에 갑자기 떠오른 사람이 있었다.

"문 집사님! 죄송하지만, 부탁 하나 해도 될까요? 학비가 없어 등록을 못하고 있는 신학생이 있는데, 도와 줄 수 있을까요?"

갑자기 문 집사의 얼굴이 어두워졌다.

'에이! 이놈의 입이 방정이지. 뭐 하러 쓰잘데 없이 돈을 많이 번다고 했을까! 아! 짜증나! 대체 얼마나 도와달라고 할까?'

자랑했던 것이 후회스러웠다. 이미 엎질러진 물이었다.

"이노호 목사님! 그 신학생이 필요한 돈은 얼마랍니까?"

"부족한 돈이 30만원이라고 들었어요."

문 집사는 다행이라고 생각하였다. 등록금이라고 해서 은근히 걱정했는데, 생각보다 적은 금액에 안도의 한숨을 쉬었다.

"안녕하세요? 문영천입니다. 등록금이 부족하다는 이야기를 들었습니다. 그 부족한 금액 내가 줄 테니 오전 10시에 만나요."

전화를 받은 사람은 신학생의 아내였다. 남편의 등록금으로 걱정하였다. 그런데 할 수 있는 일이라고는 아무 것도 없었다. 다른 사람에게 돈을 빌리기에는 자존심이 허락하지 않았다. 기도하자니 돈을 달라는 기도가 영 내키지 않았다. 그러던 중에 성경 말씀을 묵상하면서 하나님께 기도해야겠다는 마음이 간절해졌다.

'주님! 저희 남편이 30만원이 부족하여 새 학기 신학교 등록을 못하고 있습니다. 염치가 없지만, 30만원을 채워 주십시오.'

그녀는 기도하였다. 그 기도가 끝나자마자 전화벨이 울렸다.

"따르릉! 따르릉!"

그녀는 하나님의 즉각적인 기도 응답에 깜짝 놀라지 않을 수 없었다. 그 신학생의 아내는 차인숙 사모이다. 현재 전북 부안에서 열심히 교회를 섬기고 있다.

정일선 장로의 말이 생각난다.

"5만 번 기도 응답을 받은 죠지 뮬러 일기를 읽지 않았다면, 기도 응답에 관한 이야기는 그저 우연의 일치로 치부하였을 겁니다. 지금은 하나님의 즉각적인 기도 응답을 확신합니다. 기도는 실제적인 것입니다. 기도로 살았던 무수한 사람들이 그 증거이지요."

바울과 바나바

"도저히 이해가 안 돼! 어찌 이노호 목사가 그럴 수 있어?"

"또 갑자기 왜 그러세요?"

"아니 눈이 좀 왔다고 중보기도모임을 연기하면 되냐고? 중요한 것은 역사를 이루고자 하는 마음 자세야."

"어제 폭설로 교통대란이었잖아요. 모두가 모임 연기를 동의했는데, 카톡방에서 이노호 목사님을 비난하시면 안 되죠."

"그것은 내가 잘못했어. 인정해. 욱하는 성질에 글을 올렸다가 금방 지웠는데, 삭제가 안 된다고 하네. 어쩔까?"

매월 정기적으로 ESF 중보기도모임을 이루고 있다. 그날 갑작스런 한파와 폭설로 도로가 꽁꽁 얼었다. 모임 연기를 건의하였다. 책임자인 이노호 목사가 동의하였다. 그런데 문 목사만 반대하였다. 한번 하기로 결정한 모임은 어찌하든지 이루고자 하는 마음이었다. 욱하는 성질로 카톡방에 반대의 글을 여과 없이 올렸다. 문 목사는 바로 후회하고 글을 지웠지만, 이미 엎질러진 물이었다. 공개적으로 비난하는 글로 인해 이노호 목사는 상처를 받았다. 그리고 다음날 통화중에 서운한 감정을 담은 언쟁이 있었다.

두 사람은 각자의 기도처에서 기도하였다. 회개하였다. 문 목사가 찾아갔다. 눈물을 흘리며 사과하였다. 이노호 목사는 고개를 깊이 숙였다. 문 목사가 다시 무릎을 꿇고 용서를 빌었다. 이노호 목사는 어깨를 잡고 그 무릎을 세웠다.

문 목사는 매우 다혈질이고 즉흥적이며, 기분파다. 반면에 이노호 목사는 온유하고 섬세하며, 꼼꼼하다. 두 사람이 만나면 서로 성향이 다르므로 부딪치는 부분이 있다. 그게 심하면 오해가 생기고, 그러다 보면 싸우기도 한다. 바울과 바나바처럼 말이다. 그러나 싸움은 오래가지 않는다. 가까이서 두 사람을 지켜보면 친형제와 같다. 서로를 향한 애틋한 감정을 느낄 수가 있다.

이노호 목사는 자주 말했다.

"외롭고 힘들 때에 문영천 목사님을 통해 힐링이 됩니다."

문 목사에게서 들은 이야기이다.

"이노호 목사님은 은인이며, 평생 함께 할 동역자입니다."

두 사람의 화해를 보면서 은혜가 되었다. 어떤 모임이든 상처가 있다. 교회에서도 상처 받은 사람이 있다. 은혜 받은 만큼 그 상처가 크다. 주님의 위로를 생각하고 다시 회복하였으면 한다.

목수이신 예수님

이노호 목사는 광주 ESF의 책임자였다. 그는 침체하고 있는 캠퍼스를 바라보며 날마다 가슴을 치며 애통하였다. 새로운 캠퍼스 선교운동이 일어나도록 간절히 기도하였다.

드디어 좋은 소식이 왔다. 전남대 캠퍼스 부근의 빌딩 주인이 지하를 무료로 사용하라고 하였다. 이노호 목사는 기뻤다. 그 지하가 캠퍼스 학생운동 활용에 좋은 장소라고 생각했다.

"목사님! 이번 토요일에 약속 있으세요?"

"죄송합니다. 계속 전남대 캠프 청소를 하고 있어요. 청소할 시간이 토요일 밖에 없네요. 생각보다 치울 것이 많아요."

그는 새로운 캠프의 지하 청소만 한 달 이상 하였다. 까맣게 잊고 있었다. 통화중에 생각이 나서 달려갔다. 지하를 직접 목격하고 깜짝 놀랐다. 도저히 사람이 생활하기에는 부적합한 장소였다. 여기저기 곰팡이가 널려 있었고, 바닥은 물기가 가득 하였다. 전기시설도 안되어 있고, 천정이 없는 콘크리트 그 상태였다.

"목사님! 여기는 도저히 사람이 있을 수 없는 장소인데요?"

"놀랐죠? 그래도 한 달 동안 청소해서 이정도입니다. 처음에는 물이 무릎까지 찼어요. 계속 펐다니까요. 곰팡이가 문제인데요. 그래서 페인트를 두 번 세 번 바르고 있어요."

왜 빌딩주인이 무료로 사용하라고 했는지 그 이유를 이제야 알았다. 오히려 도저히 사용할 수 없어 방치한 장소를 사용하겠다고 하니 주인 입장에서는 쾌재를 불렀는지도 모른다. 곰팡이 냄새로 도저히 지하에 있을 수 없어 밖으로 나왔다.

한 달 만에 다시 방문하였다. 이번에는 더 깜짝 놀랐다. 그 심난한 지하가 이제는 그럴듯한 장소로 탈바꿈한 것이 아닌가! 놀랐다. 인테리어공사는 전혀 하지 않았다. ESF는 재정이 매우 열악하다. 그런데 누가 이 엄청난 대공사를 했을까? 이노호 목사 혼자 하였다. 청소부터 이 모든 작업을 혼자 묵묵히 하였다. 많은 사람들이 새캠프를 반대하였다. 그러니 그 지하공사를 혼자서라도 해야겠다고 다짐한 모양이다. 갑자기 목수이신 예수님이 생각났다.

왼팔과 오른팔

이노호 목사는 30여년 동안 대학생 캠퍼스 선교를 위해 헌신하였다. 그리고 은퇴하였다. 은퇴를 했더니 벌써 나이가 어느덧 55세를

훌쩍 넘어버렸다. 그 나이에 그를 불러주는 교회는 없었다. 갑자기 갈 곳이 없었다. 학원선교를 평생사역으로 여기고 오로지 외길만 걸어왔기 때문이다.

은퇴 후에 여러 어려움 끝에 섬 교회에서 연락이 왔다. 이 목사는 남해의 조그만 섬에 도착하였다. 사방을 둘러보아도 모두 바다였다. 바람만 세차게 불 뿐 섬은 무서울 만큼 한적하였다. 이곳에서 남은 인생을 살아야 한다고 생각하니 마음이 답답하였다. 그래도 어찌겠는가? 주님이 허락하신 사역지인 것을.

섬 교회에는 20여명의 성도가 있다. 60대에서 80대까지 노인들이 대부분인 전형적인 농어촌교회이다. 노령화된 교회이다. 그는 섬 교회를 사역하면서 먼저 하나님께 기도하였다.

'주님! 제가 교회에서 나이가 제일 어립니다. 성도님들을 친형님, 친누님으로 여기며 섬기는 사역을 하겠습니다. 도와주세요.'

그는 운동화를 단단히 동여매고 팔을 걷어 올렸다. 교회 청소부터 시작하였다. 배관공, 전기공, 청소부, 농부 등 교회에서 그가 해야 할 일은 참으로 많았다.

교회에는 1,300평의 땅이 있다. 거의 방치된 상태로 관리를 하지 않아 별 쓸모가 없었다. 그냥 두고 볼 수가 없었다. 쓸모없는 나무는 잘라 없애고, 과실수는 가지치기를 하였다. 이렇게 하나씩 정리하였다. 시간이 지나니 꽤 굵은 열매가 열리기 시작하였다.

성도들을 섬기는 일의 으뜸은 역시 먹이는 일이다. 그는 대학생 사역을 통해 경험상으로 이 일이 얼마나 중요한지 잘 알고 있다. 사람들은 입이 열려야 눈이 열리고, 귀가 열리고, 비로소 마음이 열린다. 옥수수와 감자를 삶았다. 그리고 발효차를 직접 만들었다. 이렇게 늘 교회 오는 성도님들의 입을 열게 만들었다.

섬이라 그런지 성도 중에는 유독 독거하는 노인들이 많았다. 그는 간단하게 먹을 것을 싸들고 저녁식사 때에 할머니들에게 자주 찾아갔다. 먹을 것을 준비한 이유가 있다. 목사가 심방을 한답시고 무작정 찾아가면 노인들이 불편할 수가 있다. 그러니 심방이랄 것도 없다. 그냥 저녁 한 끼 친누님과 함께 떡을 떼는 것이 그가 하는 일 전부였다. 독거하는 노인은 혼자여서 늘 외롭다. 할머니는 오랜만에 찾아온 말 상대에게 고추농사부터 시작해서 많은 이야기들을 한꺼번에 쏟아냈다.

"아~ 그러셨어요."

이노호 목사는 듣고 있다가 가끔씩 맞장구를 쳐주었다. 그가 할 일은 그것뿐이었다. 중간에 끼어들면 안 된다. 할머니들은 말하는 도중에 누가 끼어드는 것을 제일 싫어한다. 목사와 함께 밥을 먹는 그 시간이 정말 행복하였다. 자꾸만 기다려졌다.

"목사님! 이 옷 한번 입어보쇼."

"권사님! 갑자기 이게 뭡니까?"

"아따~ 쑥쓰러우니께 물어보덜 말고 그냥 잘 입으쇼잉. 나가 목사님 양복 한 벌 해주는 것이 소원이었응께."

양복 선물만 벌써 두 번째이다. 할머니들이 얼마나 목사가 고마웠으면 그 형편에 그 귀한 선물을 해주고 싶었을까? 어려운 형편에 한 푼 두 푼 용돈을 모아 육지 읍내에서 제일 비싼 양복을 샀다.

이노호 목사가 드디어 교회에서 막내 딱지를 떼게 되었다. 드디어 40대 남성 두 명이 교회에 왔다. 한 사람은 큰 뇌수술을 두 번이나 받아 언어 등 일상생활에 장애가 있다. 방금 물어본 것을 바로 물어보고 또 말한다. 이노호 목사는 물어볼 때마다 대답하고 또 대답하였다. 바쁘거나 예기치 않은 상황으로 인해 짜증이 날 경우가 많았지만, 건성이라도 대답은 꼭 해주려고 나름 애썼다. 또 다른 한 사람은 큰 도시에서 대학까지 나왔는데, 지금은 낙향하여 섬에서 살고 있다. 우울증이 심한 환자였다. 그러니 막내 딱지를 떼었다고 마냥 좋아할 일이 아니다. 40대 두 사람이 그에게는 커다란 짐이었다.

"주일 예배가 10시 30분부터 찬양을 시작하니 일찍 오셔야 해요."

"네."

언제나 무뚝뚝하고 퉁명스러운 대답이다. 늘 대답을 했다. 하지만 약속을 지킨 적이 없다. 그러니 두 사람에게 전화할 때마다 목사는 긴 호흡이 필요하였다.

하루는 여느 때처럼 마을 한 바퀴를 돌았다. 마을회관이 보였다. 목사는 잠시 쉬면서 하늘을 보았다. 구름 한 점 없이 강렬한 태양이 아침부터 내리쬐었다. 갑자기 마을회관 내부를 보고 싶은 생각이 들었다. 창고 같은 방에 탁구대가 보였다. 반가웠다. 탁구대로 뭔가를 할 수 있을 것 같았다. 방문을 열고 들어갔다. 심난하였다. 쌓인 먼지는 말 할 것도 없고, 거미줄이 가득하였다.

이노호 목사는 젊은 두 청년에게 연락하였다. 도와달라고. 역시나 반응이 없었다. 집으로 찾아갔다. 청년은 할 일이 없어 집에서 대자로 누워만 있었다. 꼿발을 들었다. 열린 방문 틈새로 방안을 이리저리 쳐다보았다. 방안이 몹시도 어지럽혀 있었다.

"갑시다. 여기 누워만 있으면 뭐해요?"

섬에서는 매우 젊은 청년이 마지못해 일어났다. 짜증난 표정이 분명하였다. 귀찮았던 것이다. 다시 마을회관으로 갔다. 세 명이서 마을회관 대청소를 하루 종일 하였다. 사람 손이 무섭다. 그렇게 심난했던 마을회관 구석진 방이 놀라울 정도로 깨끗해졌다. 이노호 목사는 바로 탁구채와 탁구공을 샀다.

이노호 목사는 두 명의 40대 남성을 데리고 다시 마을회관으로 갔다. 탁구를 쳤다. 의외로 두 청년은 탁구를 제법 할 줄 알았다. 점수가 날 때마다 마을회관이 무너질 정도로 악을 썼다. 세 사람은 마치 뭔가에 발악하는 모양이었다. 땀이 쏟아졌다. 그리고 그들의 마음속 깊이 숨어있던 덩어리들도 동시에 쏟아냈다. 그렇게 모두 쏟아냈더니 마음이 시원하였다. 그렇게 발악인지 웃음인지 구별할 수 없는 호탕한 웃음소리들이 끊이지 않고 마을회관에 울려 퍼졌다.

지나가던 마을주민들이 이 장면을 모두 보았다. 조용한 마을에 그렇게 악을 쓴 소리들이 났으니 궁금하지 않을 리가 없다. 주민들은 이노호 목사를 칭찬하였다. 두 젊은 청년들은 마을에서는 경계대상이었다. 관심 밖이었다. 사람들 입에 오르내리는 가십거리에 불과하였다. 그런데 그 두 남자를 목사가 보살펴주고 또 조금씩 변화되니 칭찬하기 시작한 것이다.

이노호 목사에게 두 사람은 이제 골칫거리가 아니라 동역자이다. 왼팔과 오른팔이 되었다.

"왼팔! 오늘 교회에 일이 있으니 바로 와주세요."

"네! 목사님! 바로 가겠습니다."

"오른팔! 오늘 시간이 어떠세요?"

"목사님! 교회 일이 먼저죠. 바로 갈게요."

징하니 무더운 여름날 이노호 목사를 만났다. 입술이 세 군데나 터져있었다. 그 해 여름 섬 생활은 무지 바빴던 모양이다.

경기도 포천의 한 교회가 섬마을에 찾아왔다. 이 교회는 매년 여름에 봉사활동을 하였다. 80명이 넘은 자원봉사자들이었다. 방충망을 교체해주고, LED등으로 교체하고, 벽화를 그리고, 미용봉사 등을 하였다. 섬에서 이렇게 큰 봉사활동은 처음이었다. 마을주민들은 진한 감동을 받았다.

"우리가 이런 대접을 받고 교회에 안 나가면 사람이 아니제. 그요? 안 그요?"

마을주민들과 자원봉사자들의 탁구대회가 있었다. 얼마 전에 청소했던 탁구장이 적기에 귀하게 사용될 줄이야!

가녀린 한 자매가 봉사활동 후 열심히 응원을 하였다. 두 팀 모두 이기라고 고래고래 소리를 질렀다. 그녀 몸에서는 땀으로 범벅이 되어 독한 쓰레기 냄새가 났다. 땡볕에 마을청소 하느라고 많은 땀을 흘렸다. 씻을 여유도 없이 탁구장에서 열렬이 응원하느라 또 땀을 흘렸다. 그러면서 그녀는 히죽히죽 웃고 있었다. 천사의 웃음이다. 한 천사가 마을회관 탁구장에서 웃고 있었다.

그렇게 이노호 목사는 섬사람이 다 되었다. 교회 성도들이 인정하고, 마을주민들도 인정하기 시작하였다. 참 목사라고 말이다.

'본디오 빌라도' 는 왜 욕을 먹는가?

2019년 9월 26일 떠들썩할만한 뉴스가 떴다. 바로 '명성교회 부자세습' 을 장로회 교단(예장통합) 총회에서 총대의원 1,204명 가운데 920명이 찬성하였다. TV와 신문에서 이 문제를 크게 보도하였는데, 기독교인으로서 부끄럽고 참담한 심정이었다.

교단 총회를 보면서 솔직히 많은 목사들에게 실망하였다. 먼저 교단 지도자들에게 문제가 있다. 이번 총회는 전 국민의 관심이 집중되었다. 이 사안은 누가 봐도 공정하게 일을 처리해야 하였다. 이 문제의 당사자에게 항변할 기회를 준 것은 매우 잘못된 처사였다.

두 번째 명성교회 원로목사의 발언내용에 문제가 있다.

"합동측에서는 없는 법도 만들어 가지고 사랑의교회를 살려주셨습니다. 우리 명성교회를 잘 품어주시기 바랍니다."

처음에는 귀를 의심했다. 과거 교회 세습은 끊임없이 있었다. 장단점이 있다. 장점은 레위자손처럼 자손 대대로 하나님을 섬기는 목회집안이 얼마나 자랑스러운가? 그리고 선조의 목회철학을 가장 잘 이어받을 수 있고, 성도들과의 교제도 장점이다. 그러나 대형교회가 되면서 교회 사유화 문제로 교회 세습의 폐해가 지적되었고, 교단 헌법으로 세습을 금지토록 한 것이다.

준법은 매우 중요하다. 명성교회 사태는 세습보다는 근본적으로 법을 어겼기 때문에 문제가 되었다. 더 큰 문제는 법을 목사들이 쉽게 어기고 또 가벼이 여기고 있다는 것이다.

적어도 목사라면 이래야 되는 것 아닌가?

"다른 교회들은 법을 어겼지만, 우리 교회는 법을 지킵시다."

마지막으로 찬성표를 던진 목사들에게 문제가 있다. 더 정확히 말하면 처음에 반대했다가 찬성표로 바꾼 목사를 말한다.

총회 재판국에서 무효판결을 내려 그나마 교회 헌법을 수호하는 다수의 목사가 있어 감사하였다. 그런데 은퇴 후에 5년이면 가능하다는 교단 헌법의 '예외조항'을 만들어 교회 세습의 길을 열어주었다. 이는 명성교회의 세습만 인정해주는 것이 아니라 앞으로 많은 교회의 세습을 인정해주는 꼴이 되고 말았다.

명성교회 사태를 지켜보면서 갑자기 '본디오 빌라도'가 떠올랐다. 사도신경에 나오는 그 '본디오 빌라도' 말이다.

초신자 대학시절에 '본디오 빌라도'는 아주 나쁜 놈이라고 생각했다. 사도신경에 계속 나오잖아.

"본디오 빌라도에게 고난을 받으사……."

예수님이 얼마나 이 사람에게 고문을 당하였으면 이런 말이 나왔을까? 그렇게 생각하였다. 그런데 성경을 공부하면서 전혀 의외였다. 빌라도가 예수님에게 고통을 준 장면은 찾아볼 수가 없었다. 오히려 빌라도는 예수님이 죄가 없음을 알고 살려주려고 노력하였다. 빌라도가 노력하는 장면들이 성경에 자세히 기록되었다. 유대군중들은 예수님을 십자가에 못 박으라고 난리였다. 결국 빌라도는 유대인들이 폭동을 일으킬까봐 두려워 십자가형을 선언하고 만다. 그런데 왜 빌라도가 후세에 가혹할 정도로 욕을 먹어야 하는지 의문스러웠다.

그때 최승범 목사가 그랬다.

"사람에게는 위치가 중요합니다. 빌라도는 예수님의 사형을 선고할 수도 있고, 면하게 할 수도 있는 위치에 있습니다. 빌라도는 살려주려고 했지만, 결국 유대인들의 요구에 잘못된 재판을 하고 맙니다. 그 위치에서 정의를 행해야 하는데, 그렇게 하지 못해서 사도신경에 기록된 것입니다. 빌라도의 상황을 충분히 이해합니다. 어쩔 수 없다는 것도 압니다. 그러나 그 위치가 매우 중요하기 때문에 정의를 행하지 못한 빌라도는 책임을 져야 합니다. 그 책임으로 인해 사도신경에 기록된 것입니다."

상황은 이해하지만, 책임을 면할 수 없다는 엄청난 말씀이었다.

명성교회 원로목사의 상황을 이해한다. 10만이 넘은 명성교회, 어떻게 만든 교회인가? 금식하고, 전도하고, 철야기도하면서 그의 피와 땀으로 세운 교회이다. 그 교회를 똑똑하고 신실한 아들에게 물려주고 싶지 않겠는가? 교인들도 별로 반대하지 않고, 오히려 잘했다고 그런다.

찬성표를 던진 목사들의 형편도 이해한다. 총회 대의원 중에는 명성교회 부목사 출신도 많고, 개척 교회 때에 명성교회 도움을 받은 목사들도 있다. 원로목사와 호형호제 하며 친분이 있는 목사들도 있다. 그런데 어떻게 반대를 하나?

나도 비슷한 경우에 처했다면 틀림없이 손을 들어주었을 것이다. 마음이 약해서 딱 부러지게 거절을 못한다. 원로목사가 그렇게 간절하게 부탁하는데, 거절하는 사람이 얼마나 있겠는가?

그런데 말이다. 빌라도는 어땠나? 나는 개인적으로 명성교회에 관심도 없다. 그런데 이 일을 계기로 수많은 교인들이 교회를 떠나는 것을 걱정한다. 믿지 않는 수많은 사람들이 교회를 외면할까봐 걱정이다.

강대상에서 정의를 외치는 목사의 설교를 성도들은 뭐라 들을까? 준법을 외치는 목사의 설교는? 행함이 없는 믿음은 죽은 믿음이라고 하였다. 행함이 없는 설교는 공허한 메아리에 불과하다. 찬성표를 던진 목사들만 모를 뿐이다. 그러니까 찬성했겠지. 당신들의 상황은 십분 이해한다. 그러나 그 책임은 빌라도처럼 당신들에게 있다.

가짜 뉴스

"긴급 중보기도 요청! 아프간의 이슬람 교도들에 의해 사형선고를 받은 기독교 선교사 229명을 위해 기도해 주세요……."

카톡방에 올라온 글이다. 가짜뉴스로 확인되었다.

어떤 목사에게서 카톡이 왔다.

"목사님! 제가 확인해 봤더니 가짜뉴스입니다."

"그럴 리가! 목사님들 밴드에서 복사한 것인데."

"가짜뉴스 확실합니다."

"고마워요. 중요한 것 같아 우리 교회 성도님들에게 모두 보내려고 했는데, 미리 알게 되어 감사하네요."

교회 집사에게서 문자가 왔다.

"긴급하고 중요합니다. 많은 사람들에게 전해주세요……."

역시 가짜뉴스였다. 이런 일들이 우리 주위에서 비일비재하다.

모 국회의원의 이야기이다. 그는 이슬람에 대한 강의로 소위 엄청 떴다. 그 강의를 들었는데, 정말 감동이었다. 국회의원의 활약상에 박수를 보냈다. 국회에서 교회를 지키고자 애쓰는 참다운 기독교인이 있다고 생각하니 고마웠다. 자랑스러웠다.

"그래! 국회에 이런 사람이 있어야지. 기독교 정신에 따른 정책을 위해 싸우는 사람이 필요해."

그런데 이슬람 관련 가짜뉴스로 그의 신뢰성이 땅에 떨어지고 말았다. 가짜뉴스로 이슬람 혐오를 일부러 조장했던 것이다. 이것은 매우 잘못된 행동이다. 본인은 정의로운 마음으로 약간 살을 붙였다고 할 수 있지만, 있지도 않은 사실을 마치 진실처럼 말하는 것은 크리스천으로서 부끄러운 행동이다. 하나님이 싫어하는 일이다. 결과만 쫓는 행동은 반드시 끝이 좋지 않다.

그럼, 이런 가짜뉴스가 특히 기독교인들에게 왜 급속도로 퍼지는 걸까?

먼저, 충성심이다. "내가 전도는 못해도 이것만은 열심히 해야지."라는 충성심이다. 신앙심이라고도 할 수 있다. 전파하는 것이 자랑스럽다. 선교사명을 수행하는 것처럼 말이다.

그리고, 집단성이다. 교회 성가대, 선교회 등 카톡방에 글을 올리면 바로 확산될 수가 있다. 급속도로 퍼진다.

무비판성도 주요 요인이다. 목사가, 장로가, 집사가 올린 글이므로 사실을 확인하지도 않고 마구 퍼뜨린다.

또 선입견도 있다. '이슬람', '동성애' 등 반기독교적이라고 생각하는 사안은 사실관계를 떠나서 일단 퍼뜨린다. 그래서 급속도로 퍼진다. 성도들 생각에 중요하며 긴급하다고 여긴다.

이런 가짜뉴스를 만드는 사람은 누구일까? 물론, 이익이 목적이다. 이득을 얻으려는 사람일 것이다. 정당하지 못한 방법으로 성도들에게 혐오감 등을 조장함으로서 상대를 미워하게 만든다.

최근 우리 사회는 좌, 우로 나뉘어 극으로 치닫는 양상을 띠고 있다. 점점 다양한 사회로 나아가고 있는데, 남의 생각이 나와 다를 수 있다는 것을 좀처럼 이해하려 하지 않는다. 자기가 듣고 싶은 것만 듣고, 보고 싶은 것만 보려한다. 한쪽만 보고 한쪽만 듣는다. 가짜뉴스는 이런 사람들을 위해 만들고 만들어진다. 최근 유튜브 열풍에 맞물려 가짜뉴스가 사회문제로 대두되고 있다.

북한 이야기만 하면 종북좌파로 몰아가고, 일본 이야기만 하면 친일파로 매도한다. 극으로 달리면 반대쪽에 서있는 사람들을 인정하지 않는다. 최근 우리 사회에서 기독교를 극우세력으로 평가하고 있다. 나는 이런 평가가 매우 걱정스럽다. 일부 극우 대형교회와 태극기 부대, 대통령 하야를 외치는 기독단체 대표가 현재 한국의 기독교를 대변하고 있다. 이들의 목소리가 크기 때문이다. 이것은 기독교로서는 치명적인 상황으로 심히 우려된다. 왜냐면 진보와 보수 이념문제가 아니다. 한쪽에 치우쳤을 경우에 많은 사람들이 교회를 외면할 수 있다. 교회는 다양한 사람들이 모이는 곳이다. 가난한 사람과 부자가 함께 떡을 떼고, 약한 사람과 강한 사람이 함께 뛰노는 곳이 교회이다. 교회는 그런 곳이다. 그런데 교회에 부자만 모인다면 그것이 교회인가? 가난한 사람들을 외면한다면 어찌 되겠는가? 진보에 가치를 두는 성도가 있을 것이다. 그는 하나님 나라의 사람들이 평등하기를 바라고 있다. 또 보수에 가치를 두는 성도도 있다. 그는 하나님 나라 사람들이 더 성장하며 자유롭게 살기를 원한다. 하나님 나라는 분명 평등과 자유에 가치를 두고 있다. 그리고 사랑에 가장 큰 가치를 두고 있다. 그렇기에 교회는 진보와 보수 모두를 포용할 수 있지 않을까?

하지만 교회가 한쪽으로만, 그것도 극으로 치우쳤을 경우에 심각한 부작용을 초래한다. 이는 실제로 우리 주위에서 흔하게 나타나고 있는 현상이다.

"김종현 성도가 요즘 교회에 안 나오네."

"요즘 태극기 부대가 극성이잖아요. 교회가 싫어졌대요."

"왜? 태극기 부대와 우리 교회는 아무런 상관도 없잖아."

"그러니까요."

성경은 분명히 '거짓 증언을 하지 말라' 고 하였다. 십계명 중 하나이다. 가짜뉴스는 분명 거짓된 증언이다. 대의를 위해서 거짓을 말한다고 할 수도 있다. 그러나 그것은 정당한 방법이 아니다.

벌써 10년이나 훌쩍 지난 일이다. 경기도 용인 현장에서 퇴근하고, 숙소로 가기 위해 빨간 신호등 앞에 여유롭게 자가용을 멈추었다. 그런데 정차중인 앞차가 갑자기 뒤로 조금씩 밀려왔다. 약간 경사진 사거리였는데, 후진하는 속도가 점점 빨라졌다. 경적을 정신없이 눌렀다.

"빵! 빠앙~ 빵! 빠앙~"

허사였다. 결국 쿵 소리와 함께 부딪쳤다. 순식간에 벌어진 사고였다. 내 몸이 들썩일 정도였으니 경미한 충격은 아니었다. 짜증이 확 났다. 차 문을 열고 밖으로 나갔다. 중년의 아저씨였다.

"아저씨! 깜박 조셨어요? 큰 일 날 뻔했습니다. 저는 괜찮으니 걱정 마세요. 차도 별로 손상된 것은 없으니 그냥 가세요."

어른을 보자 금방 이성을 되찾았다. 내 딴에는 충격으로 놀랄 아저씨를 최대한 배려하였다. 괜히 으쓱했다. 내 스스로에게 엄지척을 하였다.

"당신! 이게 무슨 소리야? 당신이 뒤에서 부딪쳐놓고 변명을 이따위로 하는 거야?"

반전이었다. 아저씨는 분명 어이없다는 표정이었다. 아저씨의 말을 듣고 내 속이 크게 뒤집힐 뻔하였다. 적반하장도 유분수지! 방귀 뀐 놈이 성 낸다는 말도 있다. 정말 억울하고 분했다. 저절로 큰소리가 나왔다.

"아저씨! 제가 뒤에서 박은 것이 아니고요. 아저씨 차가 후진해서 제 차를 박은 것입니다."

"이 사람아! 가만히 있는 차가 왜 저절로 후진을 한단 말인가? 그게 말이 되냐고?"

아저씨의 목소리는 내 목소리보다 훨씬 컸다. 주도권에서 밀리지 않겠다는 태세였다.

"아저씨! 제가 왜 거짓말을 하겠습니까? 저 교회 다니는 사람입니다. 크리스천이란 말입니다."

저절로 내 입에서 교회 다니는 것을 계속 강조하였다.

"알았네. 그냥 가소! 가!"

"아저씨! 그렇게 비꼬듯이 말씀하시면 안 됩니다. 제가 교회 다니는데, 왜 거짓말을 하겠습니까? 저 기독교인입니다."

"그러니까 알았다고 했잖아."

아저씨의 목소리가 갑자기 작아졌다. 내가 가슴을 두 손으로 크게 때려서 그랬을까? 그렇게 아저씨와의 작은 다툼은 끝났다.

갑자기 10년 전 일이 생각났다. 그 때는 교회를 다니는 자존감이 대단하였다. 상대방에게 나의 진심을 알리는 바로미터는 내가 교회에 다니고 있다는 것을 알리는 일이었다. 나는 크리스천이므로 적어도 일반 사람들보다는 거짓말을 적게 한다는 프라이드가 있었다. 적어도 나에 대해서 잘 아는 사람이라면 '저 사람은 다른 점은 부족해도 거짓된 사람은 아니다.' 라는 말을 할 거라 생각했다. 왜냐면 내가 교회를 다니고 있고, 상대방이 내가 교회 다니는 것을 알고 있기 때문에 그렇다.

지금은 자신이 없다. 왜? 어떻게 된 것이 신앙생활의 경륜이 쌓일수록 부끄러운 모습뿐이다. 거울에 비친 내 모습은 고개를 숙이고 있다. 최근 여론조사에 따르면 3명 중 2명은 교회와 목사를 불신한다고 한다. 이게 부정할 수 없는 교회의 현실이다.

지금이라면 10년 전 다투었던 그 아저씨의 반응은 어땠을까?

"당신이 기독교인이기 때문에 더 믿을 수 없는 거야!"

설마 그 정도는 아니겠지? 아닐 거야!

하늘의 별처럼 많다

ESF 독서클럽 카톡방에 문영천 목사가 글을 올렸다.

"어떤 분이 그러대요. 저에게 상처 받은 사람이 하늘의 별처럼 많다고요. '나는 나로 살기로 했다' 책을 읽고 나서 저의 결단이 뭔지 아세요? 저는 상처를 주려고 일부러 그런 말과 행동을 하지 않았으므로 계속 현재의 삶을 고수하겠다는 것입니다. 저는 온유하고 자상하고 배려심이 많은 정일선, 송호준 장로님이 절대로 될 수 없습니다. 상처를 주는 문영천이 가장 문영천 답지 않겠어요? 더욱 더 자신감 있게 살아가렵니다."

바로 오은영 권사의 댓글이 달렸다.

"글쎄요. 있는 그대로 자신을 사랑하기를 바라는 하나님 때문에, 또 그리스도의 장성한 분량까지 성장하길 바라는 하나님 때문에 자신을 변화시켜야 하지 않을까요? 지금은 아니지만, 옛날에 상처받았던 자 중에 저도 손을 듭니다. 30대 때에 문 목사님은 저만 만나면 왜 이리 못생겼냐고 구박했어요."

"목사님! 하늘의 별과 견줄 수 있는 것이 뭘까요?"

문 목사에게 물었다.

"어~ 해변가의 모래알이지 않을까?"

"아닙니다. 목사님으로부터 상처받은 사람들의 수입니다."

그에게 상처받은 사람들이 무지 많다. 내가 알고 있는 사람만도 족히 200명은 넘을 것이다.

대학시절! 전남대 식당에서 문영천 성도를 만났다.

"이름이 뭐제?"

"안재홍입니다."

그 다음날!

"이름이 뭐라고 했제?"

"안재홍입니다. 어제도 알려드렸는데요."

"알았어."

그리고 한 달 후! 그 쬐그만 개척 교회 옆자리에서 만났다. 나는 그 당시 완전 초신자였다.

"이름이 뭐여?"

"안재홍입니다."

"아~ 안재홍이라고 했다."

그 다음 주 또 교회에서…….

"저……."

"제 이름은 안! 재! 홍! 입니다. 기억하세요? 안! 재! 홍!"

10년 후! 서울에서 근무하다가 명절에 고향 교회에 왔다. 문영천 집사를 만나 한참을 재미있게 이야기를 했다.

"근데, 이름이 뭐라고 했더라."

"으윽~~ 안재홍입니다."

"맞다. 안재홍!"

또 10년이 지났다. 드디어 고향 광주에서 근무하였다.

"기도제목 좀 알려주세요."

그러면서 문영천 장로가 노트에 연필로 기도제목을 적었다. 그런데……. 기도제목 위에 내 이름을 못 적고 있었다.

"장로님! 제 이름은 안재홍입니다."

"알고 있었어."

"죄송합니다. 모르시는 것 같아서요."

속으로 그랬다.

'워메~ 이 양반이 나한테 관심이 있다냐? 없다냐? 해도 해도 너무 하네.'

교회에서 남선교회가 모였다. 마지막 기도를 남선교회 회장인 문영천 장로가 하였다. 그런데 회원들 이름을 한 명씩 부르며 기도했다. 그러다가…….

"어어~~ 어~~"

이름을 까먹은 것이다.

"최동현, 최동현!"

나지막하게 말해 주었다.

그러고 또!

"어어~~ 어~~"

"김재학, 김재학!"

또 말해 주었다.

문영천 장로가 기도하면 전혀 은혜가 안 된다. 사람 이름을 자주 까먹으니 남선교회 회원들이 긴장하며 기도하기 때문이다.

같이 심방을 했다. 초신자 집이었다. 재미있게 이야기를 나누었다. 그리고 끝나고 나가려는데, 공포의 기도를 하겠다는 것이다.

"하나님!……"

드디어!

"어어~~ 어~~"

"이동조, 이동조!"

문 장로의 허벅지를 가볍게 툭툭 쳤다.

"알아, 알아!"

괜히 기도 중에 신경질을 냈다. 심방을 완전 망쳤다. 문 장로는 은혜 충만했다고 너스레를 떨었다. 본인은 진짜 전혀 모르는 눈치였다. 그러니 이름을 계속 까먹으면서도 줄기차게 기도하는 것이겠지. 아니면 얼굴이 철판이던가?

요즘 목사가 되어서는 기도할 때에 이름을 적어놓고 보면서 기도한다고 한다. 휴우~~

삥땅을 치는 목사

“와아! 영길이가 왔다.”

새벽 축구를 마치고 헤어지려는데, 늦게 김영길 집사가 왔다. 문 목사는 엄청 기뻤다. 김영길 집사가 축구장에 오면 꼭 아침 국밥을 사주기 때문이다. 마침 굶주린 하이에나처럼 아침 국밥을 사줄 사람을 찾고 있었는데, 그는 마냥 행복하였다.

“이번 노회가 코로나로 또 연기될 것 같아. 이번 노회에 꼭 참석하려고 했는데, 아쉬워죽겠어.”

“왜요?”

누군가 문 목사에게 질문을 하고 말았다. 사준 국밥만 가만히 먹고 있으면 되는데, 큰일을 저질렀다. 드디어 문 목사의 얘기 보따리가 풀어졌다.

“워메~ 고마워. 좋은 질문을 해줘서…….”

노회에서 코로나19 사태로 어려움에 처한 개척 교회를 도와주기로 하였다. 문 목사는 지원금을 받을 생각에 기분이 좋았다.

"문 목사님! 걱정 마세요. 노회가 연기되어도 지원금은 결의했으니 반드시 줄 겁니다. 요즘 다 온라인으로 송금해요."

"그러니까 안 된다는 말이야!"

"그게 무슨 말이죠? 혹시, 삥땅!"

"온라인으로 송금하면 예수사랑교회 통장으로 들어가잖아. 그럼 나한테는 쓸모가 없어. 노회에서 직접 현금을 받아야 내가 삥땅을 칠 수 있거든."

"아니 목사님이 삥땅을 치시면 됩니까?"

"뭔 소리여? 한 달 사례비가 40만원이여. 차 기름값 20만원 쓰고, 지적장애인들 통닭 사주고 나면 남은 것이 하나도 없어."

"그래도 목사님이 삥땅은 그렇잖아요?"

"모르는 소리 말아! 이게 얼마나 짭짤한데."

'삥땅' 은 다른 사람에게 넘겨주어야 할 돈의 일부를 중간에서 가로채는 일을 속되게 이르는 말이다.

"모세 엄마! 임성수 형제 심방하려면 밥이라도 먹어야 하는데, 3만원 줄 수 있을까?"

"목사님! 제발 속 긁는 소리 좀 하지 마세요. 교회 재정이 적자라 요즘 얼마나 힘든 줄 아세요?"

문 목사는 후회했다. 2만원만 달라고 할 것을, 괜히 3만원 달라고 해서 교회 회계 담당인 사모에게 돈을 한 푼도 못 탔다고 생각했다. 3만원에서 만원을 삥땅하려던 것이 화근이었다.

문 목사에게는 가난한 개척 교회 목사로 나름 살아가는 비법이 있다. 큰 교회 목사 등 형편이 좋은 사람들의 식사 초대는 거절하는 법이 없다. 식당에서 제일 비싼 음식만 골라서 시켰다. 기회는 찬스이다. 절호의 찬스를 놓칠 수는 없다. 반면에 개척 교회 목사 등이 만나자고 하면 무조건 교회로 불렀다.

"제가 오늘따라 속이 불편하네요. 어쩔까요?"

문 목사는 식사를 못할 핑계거리를 만들었다.

꼭 식사대접이 필요한 경우에는 사모에게 식사비를 최대한 뜯어냈다. 사모의 기분 등 상황판단을 잘해야 한다. 2만원까지가 한계선이다. 삥땅을 치려고 욕심을 부려 3만원을 청구했다가는 땡전 한 닢 못 받는 경우도 생긴다. 식당에 가면 가장 싼 음식을 먼저 시킨다. 당연하다. 문 목사는 아직까지 자기보다 비싼 음식을 시킨 사람을 못 보았다.

"안 장로! 송 사모님 병문안 하고픈데, 나는 얼마나 낼까?"

"목사님은 안내셔도 됩니다. 가주신 것만 해도 감사하게 생각할 거예요."

"그래도 조금이라도 내야지. 양심이 있제."

"그럼 2만원만 내세요."

"정말! 그래도 될까?"

예상보다 적은 금액에 문 목사는 무척 좋아했다.

다음날, 문 목사가 심 사모에게 병문안비 요청을 하였다.

"모세 엄마! 송 사모님이 아파서 심방을 해야 하는데, 돈 좀 줄 수 있을까?"

"아니, 그렇게 신실한 송 사모님이……."

문 목사는 사모가 준 봉투 금액을 보고 놀랐다. 무려 10만원이었다. 교회 형편도 어려운데, 세상에 10만원이나 넣어주다니 아내의 마음 씀씀이에 감사했다.

"안 장로! 내 아내가 그런 사람인 줄 미처 몰랐네."

"뭔 소리세요? 사모님의 심성은 알 사람은 다 알아요. 진짜로 목사님은 땡 잡으셨어요. 사모님께 정말 잘하셔야 합니다. 심 사모님 같은 분이 세상에 어디 있답니까?"

"알제. 우하하하~"

문 목사의 웃음에 이상한 느낌을 받았다.

"목사님! 혹시!"

"뭐어~"

"설마 10만원 삥땅하려는 것은 아니겠죠? 설마 2만원만 병문안비로 하고 8만원은 삥땅하려는 생각은 아니시겠죠? 에이~ 진짜네. 목사님! 그러시면 안돼요. 이것은 심 사모님의 성의를 모독하는 것입니다."

"으메~ 들켜부렀네."

문 목사의 한숨이 정말 크게 들렸다.

드디어 토요일 심방! 문 목사의 봉투를 꼭 확인해야 될 것 같았다. 그가 나쁜 길로 빠져서는 안 된다.

휴우~ 다행이다. 10만원이었다.

·세 번째 이야기·

목사님!
좋으시겠어요?

"이스라엘이여 너는 행복한 사람이로다
여호와의 구원을 너 같이 얻은 백성이 누구냐
그는 너를 돕는 방패시요 네 영광의 칼이시로다
네 대적이 네게 복종하리니
네가 그들의 높은 곳을 밟으리로다"

신명기 33장 29절

내 주위에 이런 사람들이 있다니

"딱 1분만 말해도 될까?"

"목사님! 오늘은 2분 말씀 하셔도 됩니다. 여유가 있어요."

문영천 목사가 말하는 1분은 내 시계로 쟀을 때에 평균 17분이나 걸린다.

"고마워! 그럼, 뭐 하나 물어볼게. 교회 성도님들의 신앙에 도움을 주고 싶은데, 좋은 방법이 없을까?"

"당연히 있죠. 목사님의 최대 장점인 인적 네트워크를 잘 활용해 보세요. 주위에 얼마나 신실한 사람들이 많아요."

"뭔 소리여?"

"긍께, 날마다 집밥만 먹으면 맛이 없잖아요. 가끔 외식도 해야죠. 마찬가지로 성도님들이 목사님 설교만 들으면 맛이 있겠어요? 아무리 하나님 말씀이지만요. 그래서 한두 달에 한 번 정도는 오후예배에 목사님 주위의 신실한 분들을 초대해 보세요."

"좋은 아이디어이지만, 강사 사례비를 주기가 힘든데."

"머리를 써야죠. 예로 이인현 집사 같은 강사는 초대하면 안 됩니다. 원칙주의자라 강의를 하면 그 수고에 대한 사례비를 받을 거예요. 사례비를 받지 않을 사람으로 선별하여 초청하세요. 정일선, 송호준 장로님, 그리고 조형식, 김영길 집사 같은 사람들은 헌금을 더 했으면 했지 사례비는 절대 안 받을 것입니다."

"받으면 어쩔까?"

"걱정 마세요. 안 받을 겁니다. 그리고 목사님들은 절대 섭외하지 마시고요."

"당연하제. 목사님들은 사례비를 꼭 받거든."

송호준 장로

한 달 후 예수사랑교회!

"대박이여. 대박! 워메, 송호준 교수님은 정말 대단한 석학이여. 명쾌하더만. 창조과학에 대한 강의였는데, 한마디로 최고였어. 우리 교회 성도님들이 감동에 감동을 받았다니까. 성도님들이 그렇게 좋아하니까 행복하더라고."

"문 목사님! 송호준 장로님이 사례비는 안 받으셨죠?"

"워메! 이런 엄청난 강의를 듣고 사례비를 안줄 수가 없잖아. 은혜로 2배나 준비했어. 순간 내가 미쳤제. 근데, 역시나 안 받더라고. 속으로 얼마나 좋던지. 나중에 보니까 세상에 우리 교회에 헌금을 하셨당께. 마당 쓸고 동전 줍고, 도랑 치고 가재 잡고. 진짜 행복한 날이여. 다음 달에는 정일선 장로님 섭외하려고."

송호준 교수가 과학자 입장에서 '하나님 나라'에 대해 글을 썼다. 이런 글을 명품이라고 한다. 손에 잡히지 않는 하나님 나라를, 그저 막연했던 하나님 나라를 명확하게 과학적으로 설명해주니 감탄하지 않을 수 없었다.

"땅에 기어 다니는 개미를 생각해 봅시다. 저는 뛰어 다니는 개미를 본 적이 없습니다. 손바닥에 있는 개미는 내가 손을 뒤집어도 요동치 않고 자유롭게 기어 다닙니다. 이와 같이 표면의 개미를 2차원적 존재라고 가정해 봅시다. 그들은 자신의 머리 위에 새로운 공간이 있다는 사실을 인지하지 못하고 있습니다. 오로지 평평한 세계에서 열심히 돌아다니며 먹이를 찾아다닙니다. 나무 위를 올라갈 때도 중력을 거의 느끼지 못하는 개미는 그저 평평한 공간을 다니고 있는 것이나 다름이 없습니다.

만약 큰 나무가 있는데 나뭇가지 하나가 거의 땅에 닿아 있다고 합시다. 이 나뭇가지 끝에서 먹이를 찾은 개미는 다시 그 나뭇가지를 거슬러 줄기를 타고 땅으로 내려오는 긴 여행을 시작합니다. 그런데 실수로 나뭇잎에서 미끄러져서 그만 땅으로 떨어지고 말았습니다. 개미는 새로운 공간 즉 허공에서 잠깐 아찔했었는데 정신을 차려보니 자신이 지나가고자 했던 장소에 도달하여 있지 않겠습니까! 개미는 재빨리 자신의 시계를 확인했습니다. 족히 20분은 걸려 와야 할 장소에 단 1초 만에 도착한 것입니다. 개미에게는 기적이 발생한 것입니다. 이는 현대물리학에서 말하는 웜홀(worm hole)의 개념으로 영화 인터스텔라에서 나오는 이야기입니다.

이제 개미들이 먹이를 한곳에 모아놓고 수십 마리가 함께 아무도 접근하지 못하도록 빈틈없이 막고서 철통같이 지키고 있었습니다. 그런데 이 먹이를 노리던 귀뚜라미가 공간을 껑충껑충 뛰어서 개미들의 포위망은 전혀 손상시키지 않고 개미들이 모아놓은 먹이를 한 움큼 움켜지고 달아나 버렸습니다. 개미들은 이 상황에 혼비백산하였습니다. 왜냐하면 자신들이 철통같이 지키고 있는 공간에 어디선가 날카로운 발 같은 것이 불쑥 나타나더니 먹이를 가지고 다시 사라져 버린 것입니다. 개미들은 분명 귀신을 보았다고 기겁을 했을 것입니다. (다니엘서 4장)

2차원은 3차원이라는 공간에서 단 하나의 면으로만 존재합니다. 이러한 2차원 면이 수없이 쌓이게 되면 3차원이 되는 것입니다. 3차원 공간에 있는 존재는 2차원의 어떤 장소든지 2차원 공간을 통하지 않고 바로 접근이 가능합니다. 2차원에 살고 있는 존재는 자신의 바로 위와 아래에 3차원의 존재가 살고 있는 공간이 있지만 인식을 못하는 것입니다. 이 개념을 그대로 3차원과 4차원으로 확대하면 유사한 이야기가 됩니다. 우리가 살고 있는 세상은 보다 높은 고차원 세계의 한 단면일 뿐입니다."

"집사님! 이 청년 좀 부탁해요."

송호준 장로의 아내인 정혜란 권사가 한 청년을 소개하였다. 오래 전 이야기라 기억이 흐릿한데, 그 청년은 쉽게 말하면 평범한 청년은 아니었다. 험악한 얼굴, 노란 머리, 팔에 담뱃불로 지진 흔적으로 보아서 '꽤나 놀았겠구나!' 고 생각하였다.

그런데 청년과 정혜란 권사와의 관계가 무척 궁금하였다. 그 청년은 중국집 배달원이었다. 가출했던 모양이다. 오토바이를 탈 수 있고, 용돈도 벌려고 배달 아르바이트를 시작하였다. 그러니 얼마나 험악하게 쌩쌩 오토바이를 몰았는지 대충 짐작할 수 있다.

주일날 아침, 그 녀석이 오토바이를 타고 이리저리 곡예운전을 하다가 미끄러져서 신호등 앞에 정차한 정 권사의 차를 강타하였다. 그 충격으로 오토바이가 넘어지고, 차량이 손상을 입었다. 다행히 큰 부상은 없었다. 녀석은 잘못을 저질렀다. 그러나 어떻게 할 줄 몰랐다. 그저 가만히 서있기만 하였다. 정 권사는 갑작스런 충돌에 깜짝 놀랐다. 두근거리는 심장이 멈추지 않았다.

"청년! 괜찮아요? 어디 다치지 않았어요?"

"아주머니! 죄송합니다."

녀석은 죄송하다는 말만 반복하였다.

"괜찮아요. 저는 다치지 않았으니 걱정 말아요."

"저……. "

그는 머뭇거렸다.

"저……. 제가 형편이……."

그는 도망치고 싶었다. 그러나 오토바이며, 철가방에 주소가 있어서 도망을 가더라도 소용이 없다는 것을 알고 있었다. 중국집에서 꽤 오랫동안 일했는데, 아직 월급도 받지 않았기에 도망칠 수가 없어 속상하였다. 늘 그랬던 것 같았다. 잘못을 저지르고 도망치고 회피하고 그랬었다.

"청년! 차 수리 안 해도 돼. 대신 약속 하나 해주었으면 해."

"아주머니! 무슨 약속이든 다 할게요."

그는 기뻤다.

"응! 청년이 3번만 교회에 나와 예배를 드렸으면 해서."

"교회요. 나가는 것은 어렵지 않는데……. 그래요. 약속이니 3번만 교회 나갈게요."

그렇게 그는 교회에 나왔다. 정혜란 권사와의 관계를 알았다. 그녀의 인품에 감동하였다. 보통 사람 같으면, 욕하고 성질내고 당장 수리비 내놓으라고 소리쳤을 것이다. 그녀는 달랐다. 친절하게 상대방 청년을 배려해 주었다. 그의 형편을 살피고 도와주었다. 그리고 기회가 있을 때마다 예수님을, 복음을 전하였다.

송호준, 정혜란 부부는 아프리카 잠비아 선교를 위해 현재 열심히 기도하고 섬기고 있다. 아~~ 감탄사가 저절로 나온다.

김남조 집사

학창시절부터 지금까지 주위로부터 부럽다는 말을 많이 들었다. 김남조 집사와 같은 친구를 두어서 그렇다. 그는 내가 가장 신뢰하는 친구이다.

어느 날 대학 친구가 내게 "남조와 어떤 사이냐?"고 물었다. 그는 김남조 집사와 고등학교 동문으로 남조를 무척 좋아한다고 하였다. 그 이유는 이렇다.

고등학교 3학년 야간 자율학습시간에 일어난 일이다. 어느 학교나 마찬가지이겠지만, 뒷자리에는 공부에 관심이 없는 학생들이 있기 마련이다. 껄렁거리는 녀석들이 학습 분위기를 망칠 정도로 시끄럽게 하였다. 모두들 불만이 있었지만, 힘 있는 녀석들이라 어쩔 수 없었다. 괜히 말을 꺼냈다가는 오히려 화를 당할까봐 꾹 참고 있었다. 공부에 대한 압박감으로 스트레스가 심하여 화가 많이 났지만, 참아야만 했다. 참는 것이 아니라 끽 소리도 못하고 그냥 앉아 있어야만 하였다. 그런데 맨 앞에 앉은 조그만 학생이 갑자기 벌떡 일어나 방해꾼들에게 소리를 지르는 것이 아닌가!

"야! 너희들 정말 시끄럽게 할 거야. 정도가 지나치잖아!"

소리를 친 학생은 평소에 매우 조용하였고, 작고 왜소하여 반에서 존재감이 거의 없던 터라 반 학생들 모두가 놀랐다. 그 조용한 학생은 다름 아닌 남조였다. 그 소리에 뒤에 앉은 애들이 동시 다발적으로 응답하였다.

"너! 이 새끼! 지금 뭐라고 했어?"

모두들 조그만 체구의 남조가 괜히 나서서 그 애들로부터 괴롭힘을 당할 거라고 생각하였다. 그 순간 껄렁거리는 한 명이 화를 내는 친구들의 손을 잡고 앉으라는 제스처를 하였다.

"야! 그냥 조용히 앉아 있자. 저 녀석을 건들면 곤란할 수도 있어. 작아도 깡다구가 보통이 아니야. 내 말 들어!"

그 말을 듣고 방해꾼들은 신기할 정도로 조용히 잠자코 있었다. 그 모습을 지켜본 반 학생들은 속이 뻥 뚫리는 통쾌함을 느꼈다. 그저 키 작은 반 친구로만 생각했던 남조가 멋있어 보였다. 그들에게는 작은 영웅이었다.

김남조 집사의 아내 오영미 집사로부터 결혼이야기를 들었다.

"친구의 소개를 받았어요. 검증된 소개였기에 기도를 많이 했어요. 처음 만났을 때에 하나님께서 제 눈을 가려주셨습니다. 남편의 외모는 전혀 안 보게 하시고, 겸손과 지혜만 보게 하셨어요. 그 때 바로 '이 사람이구나!' 하나님의 응답을 받았습니다. 그리고 바로 결정했어요. 결정한 후에 하나님께서는 비로소 제 눈을 뜨게 하셨답니다. 그리고 이 사람을 보니 생각보다 키가 정말 작았어요. 실망했지만, 이미 결정하였기에 어쩔 수 없었답니다. 그리고 워낙 연애기간이 짧아서 걱정을 많이 했는데, 살면 살수록 남편이 너무 훌륭해요."

아내로부터 인정을 받은 남편은 그리 많지 않다.

문영천 집사는 ESF 사람들이 여기서도 남조 이야기, 저기서도 남조, 도대체 남조가 누군지 몹시도 궁금했다.

"남조가 축구하러 온데요."

"잘 하냐?"

"아마도 조심해야 할 겁니다."

남조를 잘 아는 녀석이 그냥 씨~익 웃었다. 문 집사는 그 녀석의 웃는 모습을 보니 기분이 별로였다.

드디어 문 집사와 남조가 만났다. 남조의 체구는 그의 생각보다 훨씬 작았다. 체구가 문 집사의 절반도 안 되었다. 문 집사는 남조를 말로만 듣다가 막상 보니까 헛웃음만 나왔다. 괜히 경계했나 싶어 창피하였다.

드디어 축구 시합! 영천은 본때를 보여주리라 다짐했다. 속으로

'키득키득!' 웃음이 멈추지 않았다. 운동은 상대성이다. 체구부터 비교가 되지 않았다. 축구 기술이라면 더 말 할 것도 없었다. '남조'라는 성을 비참할 정도로 무너뜨리는 모습을 상상하였다.

쬐그만 사람이 자꾸만 몸싸움을 하며 악착같이 공을 뺏으러 달려들었다. 영천은 자존심이 있어서 버티고 버텼는데, 몸이 돌덩이 같았다. 세상에 이렇게 몸이 빠르고, 힘이 세고, 차돌 같이 단단한 사람은 처음이었다.

문 집사가 공을 잡았다.

"다다 다닥! 다다 다닥!"

누가 뒤에서 쏜살 같이 뛰어오는 소리가 들렸다. 영천은 얼굴을 돌려 보았다. 남조였다. 그냥 공을 패스해 줘버렸다.

"문 집사님! 뒤에 남조가 쫓아와요."

'아고 징하다. 징해! 저 녀석과 몸싸움을 하기가 싫다.'

그래도 명색이 축구선수 출신인데, 체면이 말이 아니었다.

"남조! 이것 좀 읽어 봐!"

문영천 목사는 김남조 집사 차 안으로 후원요청봉투를 쓰윽 집어넣었다. 아무 말도 안 하고 그냥 도움이 필요한 사람의 상황을 알리는 내용과 계좌번호만을 적은 편지였다. 문 목사는 통장에 찍힌 금액을 보고 깜짝 놀랐다.

"남조! 어째서 이렇게 많이 후원을 했어?"

"마침 여유가 있어서 하나님의 사인으로 알았어요."

'내 주위에 이런 사람이 있다니!'

임형주 집사

유튜브에서 유명한 청소년 사역자의 설교를 들었다. 재미있었다. 왜 그 목사가 청소년 사역자인지 금방 알 수 있었다. 설교 도중에 깜짝 놀랐다. 친구인 임형주 집사가 소개되었기 때문이다.

"학생들이 왜 수련회에 안 올까? 고민했어요. 그래서 교사회의에서 3년 담임제를 하기로 결단하였습니다. 처음에는 어렵고 힘들었어요. 3년 동안 가장 성장하고 분위기가 좋은 반이 어떤 반이었냐면 비가 오나 눈이 오나 애들과 함께 농구하는 반이었습니다.

'임형주' 라는 집사님인데요. 전라도 광주 출신이에요. 저는 처음에 이 분이 충청도 출신인 줄 알았어요. 말을 정말 느리게 합니다. 기도를 시켰는데, 하나님과 아버지가 만나기가 어렵더만요. '하나님……. 아버지!' 두 분이 만나기가 정말 어려워요. 중국집에 가면 절대 식사기도를 시키면 안 되겠다고 생각했어요. 이 분이 선교단체 ESF 출신인데, 참 순수한 사람입니다. 시골 출신이 보통 시키는 대로 다하잖아요. ESF 출신인지 몰라도 설계사 임원이면서 그 바쁜 직장생활 중에도 토요일마다 두 아들을 데리고 역 앞에 가서 전도하는 사람이에요. 보통 사람이 아니죠. 철저하게 ESF에 물든 사람입니다.

이 분이 애들과 뭐를 한가 봤더니 아이들과 계속 농구만 했어요. 농구 끝나고 이 분이 워낙 말을 못하니까 애들에게 '먹을래?' 이 말밖에 하는 것이 없어요. 애들에게 계속 고기를 먹이고 1년에 3번씩 MT를 갔어요. MT를 다녀왔다고 하니 궁금해서 물었어요. 말을 못하니까 고기만 굽는다는 것입니다. 웃으면서 그러는 거예요. 성경에서 제사장은 고기만 구웠다고요. 애들이 고기를 먹고 그 반 애들이 점점 늘어나고 분위기가 좋은 거예요. 나중에 알아봤어요. 애들에게 선생님이 뭐가 좋으냐고 물었더니 자기들 마음을 안다는 거예요. 특별히 해준 것도 없었어요. 계속 먹으라고만 하고요.

한 녀석이 수련회를 가고 싶은데 학교에서 못 가게 했어요. 이 분이 또 의로움이 있어요. 교육청을 그냥 폭파시키는 거예요. 인터넷에 들어가서 모학교 모교장이 학생에게 주어진 종교적 선택권과 자율적 수업이라는 학생의 선택적 권리를 무시했다고 올리면 교육청에서 바로 다이렉트로 학교에 공문이 날아갑니다. 교장이 바로 애를 불렀어요. 빨리 수련회 가라고요. '내 백성을 놓게 하라.' 거의 모세 아닙니까? 모세! 애들 끄집어내서 애들과 같이 있고 같이 놀아만 주어도. 왜 이것이 중요하냐면요. 관계성이 안 만들어지면 복음이 안 들어가기 때문입니다."

문흥장로교회 중고등부 겨울 수련회 강사로 친구인 임형주 집사를 초청하였다. 강의 제목은 '성경 스토리텔링'이다. 성경 스토리텔링은 제목 그대로 간단하다. 입으로 성경의 내용을 전하는 것이다. 예수님 시대에는 문자가 발달하지 않았다. 그래서 유대 전역에 구전을 통해 예수님의 이야기가 전해졌다. 또 선교지역도 마찬가지이다. 성경책이 없는 선교지역에서 당연히 입을 통해 복음을 전하였다.

김아비가일 선교사를 통해 임형주 집사가 성경 스토리텔링을 하고 있다는 소식을 들었다. 그에게 부탁했더니 경기도에서 수련회 장소인 전라남도 영광까지 한걸음에 달려왔다. 처음에 성경 스토리텔링에 의문을 갖은 것도 사실이다. 성경이 없는 선교지라면 모르겠는데, 말씀 홍수시대에 살고 있는 시대에 더구나 학생들에게 효과가 있을지 의문스러웠다. 그런데 말이다. 한마디로 대박이었다.

성경 스토리텔링은 약 50여개로 구성되었으며, 이번 수련회에서는 삭개오 이야기를 들려주었다. 임형주 집사는 성경의 삭개오를 이야기 하듯이 말하였다. 이야기는 5분 정도였다. 다시 한 번 더 들려주었다. 물론 애들의 반응은 그저 그랬다. 고개를 숙이는 녀석! 그리고 핸드폰을 하는 녀석! 장난치는 녀석! 애들이 다 그렇잖아! 그리고 바로 O, X 퀴즈를 하였다. 들려준 스토리텔링을 애들이 잘 알고 있는지 확인하기 위한 방법인 것 같았다. 비교적 잘 맞추었다. 신기하게도 애들이 듣고 있었던 모양이다.

임형주 집사는 도중에 아이들 이름을 부르면서 질문을 하였다.

"저는 진짜 감동이었어요. 임형주 집사님이 어떻게 아이들 이름을 알고 한명씩 이름을 불러 주는지 깜짝 놀랐어요. 애들 반응을 보셨어요? 강사님이 자기 이름을 부르니까 놀라잖아요."

"아! 그거요. 제가 애들 사진과 이름을 보내줬어요. 임형주 집사가 2주 전에 요청을 했거든요."

"그랬군요. 어쩐지!"

일대일 짝을 지어서 스토리텔링 실습을 하였다. 들었을 때에는 꽤 긴 것 같았는데, 배포된 글은 생각보다 짧았다. 쉽고 간단하였다. 약 10분 정도 아이들이 서로 둘이서 스토리텔링을 주고받으며 반복적으로 연습을 하였다. 그리고 조별로 모였다. 한명씩 돌아가며 스토리텔링을 발표하였다. 아이들이 의외로 잘했다.

마지막으로 임형주 집사가 그동안 직장에서 스토리텔링을 통해 전도한 사례를 들려주었다. 작년에 약 20명의 직장동료에게 스토리텔링을 하였다고 한다. 3명의 결신자가 있었다. 물론, 강하게 거부하는 사람도 있었다. 그렇다고 그는 낙심하거나 좌절하지 않았다. 스토리텔링의 목적은 씨를 뿌리는 것이기 때문이다. 올해는 30명이 목표라고 하였다.

그가 스토리텔링을 하는 계기가 있다. 주님의 은혜를 입었기 때문이다. 건설현장에서 구조물 붕괴라는 대형사고가 있었다. 설계자인 임 집사는 곤경에 빠졌다. 결국 하나님께서 자신의 백성을 어려움 가운데 두지 않았다. 큰 사고였지만, 모든 상황이 좋지 않았지만, 결국 설계자 잘못은 없음으로 결론이 났다. 그는 이 일로 인해 하나님을 찬양했으며, 주님의 일을 사모하게 되었다. 그래서 입을 벌려 복음을 전하기 시작한 것이다. 그 먼 길을 마다하지 않고 달려와 중고등부 아이들에게 스토리텔링을 전한 것이다.

수련회 장소에서 기적 같은 일이 일어났다. 그 누구도 예상하지 못한 일이 생겼다. 수련회에 신입생이 3명이나 왔다. 세상에 그 아이들 모두 스토리텔링을 통해 예수님을 영접하였다. 성경을 처음 접한 3명의 아이들이 스토리텔링을 짧은 시간에 완벽하게 재현하였다. 우레와 같은 박수를 받았다. 감사하였다. 이런 일이 벌어질 수도 있다는 것이 신기하였다. 이게 바로 성령의 역사이다.

그리고 수련회 장기자랑 시간! 아이들에게 주어진 시간은 불과 20분! 중2 남자 6명의 차례가 되었다. 애들이 무엇을 준비했는지 궁금하였다. 한편으로는 전혀 기대하지 않았다. 선생님 도움 없이 애들이 무엇을 할 수 있을까? 그런데 깜짝 놀랐다. 애들이 연극을 준비하였다. 그것도 스토리텔링 삭개오를 완벽하게 연극으로 표현하였다. 정말 놀라울 정도였다. 스토리텔링의 위력을 새삼 느꼈다. 연극을 통해 스토리텔링은 참석한 모두에게 더욱 분명하게 각인되었다. 참석한 모두가 삭개오를 변화시킨 예수님을 분명하게 알 수 있었다.

또 20여명 아이들의 소감발표! 모두들 임형주 강사에게 고마움을 표하였다. 한마디로 '임형주' 라는 전염병이 우리 모두에게 퍼졌다. 우리 모두는 '임형주' 라는 병에 걸린 것이다.

문자가 왔다. 임형주 집사였다.

"조호준이라고 성경 스토리텔링 결신자인데, 작년에 회사를 그만두고 광주에서 지내고 있다. 너희 교회 가보라고 했는데 연락 주라."

문자를 보고 바로 연락을 했다. 주일날 교회에서 만나기로 했다. 마지못해 오겠다는 대답이었다. 그래도 어떻게 이어진 인연인데, 1주일 동안 무지 기다렸다.

조호준 성도가 그렇게 교회에 왔다. 첫 만남이었는데, 마치 꽤 오랫동안 알고 지낸 사람 같았다. 마음 밭이 참 좋은 사람이었다.

"호준 씨! 임형주 상무한테 강제로 성경 스토리텔링 받느라고 얼마나 힘들었을까?"

"아뇨. 유익했어요. 성경 이야기가 실감나고 재미있던데요."

아따~ 새삼 임형주 집사가 멋져 보였다.

어찌하여 내게 은혜를 베풀까?

"룻이 엎드려 얼굴을 땅에 대고 절하며 그에게 이르되 나는 이방 여인이거늘 당신이 어찌하여 내게 은혜를 베푸시며 나를 돌보시나이까 하니" (룻기 2:10)

문영천 목사가 주일 예배 단 위에서 성도들을 향해 무릎을 꿇고 얼굴을 엎드려 절을 하였다. 감사하였다. 교회 개척 9년 동안 헤아릴 수 없을 정도로 감사한 사람들이 많았다. 남들은 개척 교회가 힘들다고 하는데, 교회를 개척하니 즐겁고 감사한 일이 많았다. 문 목사는 룻기 말씀을 전하면서 동일하게 룻과 같은 마음이 들었다. 그래서 얼굴을 땅에 대고 절하였다.

문 목사는 먼저 교회 성도들에게 절하였다. 개척 교회에 다닌 것만으로도 감사하였다. 누구든 신앙생활을 더 좋은 환경에서 하고픈 욕심이 있다. 개척 교회는 환경이 매우 열악하다. 그럼에도 불구하고 불평 없이 섬기는 성도들이 한없이 고마웠다.

그리고 예수사랑교회 성도는 아니지만, 교회를 위해 기도하고 후원한 사람들에게 절하였다. 어찌 이럴 수 있을까? 어찌하여 은혜를 베풀까? 자기 일처럼 섬기고 도와줄 수 있을까? 교회를 개척하지 않았더라면 이 사람들을 알 수 없었을 것이다.

김성열 집사

예수사랑교회 개척 1년의 시간이 흘렀다. 문 목사에게 한 통의 전화가 왔다. 여수에 사는 김성열 집사였다.

"목사님! 혹시 교회에 필요물품 있습니까?"

"없는데요."

"그럼, 제가 마련해 드릴게요. 교회 개척예배 갔을 때에 필요물품을 서원했습니다. 그런데 그만 깜빡 잊고 살았네요."

"아니, 공무원이 무슨 돈이 있다고요."

"하나님께 서원했으니 지켜야죠. 꼭 비밀로 해주세요."

김성열 집사는 시청에서 근무하였다. 하루는 시장에게서 부당한 지시를 받았다. 직장생활을 해보면 알겠지만, 조직사회에서 상사의 부당한 지시는 직급이 올라갈수록 자주 겪게 된다. 더군다나 사장이나 임원의 지시는 거부도 거역할 수도 없는 명령이라고 할 수 있다. 시장으로부터 그런 지시를 받고, 그는 괴로웠다. 3일 밤낮으로 잠을 제대로 이루지 못했다. 거역을 할 경우 바로 불이익을 받을 수 있다. 비록 최고 우두머리인 시장의 지시였지만, 결국 김성열 집사는 본인의 신앙양심과 맞지 않아 거부하였다. 시장의 지시인데, 아래 직원이 말을 듣지 않으니 시장은 얼마나 괘씸하게 생각하였을까?

결국, 그는 먼 외딴 섬으로 좌천을 당하였다. 좌천의 이유가 시장에 대한 괘씸죄라는 것은 다 아는 사실이다. 시청 안에서 소문이 파다하였다. 우리는 이런 사람을 보통 융통성이 없는 사람이라고 놀린다. 그의 신앙과 가치관은 알 바 아니다. 일반적으로 결과로만 판단한다.

그런데 극적인 반전이 일어났다. 시장은 결국 부정부패 혐의로 쇠고랑을 차게 되었다. 시장과 연관된 사람들도 마찬가지였다. 같이 감옥에 갔거나 옷을 벗었다. 새로운 시장이 오고, 좌천되었던 김성열 집사는 다시 시청으로 화려하게 복귀하였다. 영전이나 마찬가지였다. 할렐루야!

그는 시청의 많은 사람들에게 더 이상 놀림감이 아니라 하나님의 영광을 드러낸 믿는 자들의 자랑이었다. 많은 사람들에게 본이 되는 멋있는 선배이다. 지금은 또 어디에서 주님의 향기를 드러내고 있을까.

강호림 집사

강호림 집사는 광주 동신고 정문 바로 옆에서 안경점을 운영하고 있다. 안경을 맞추기 위해 찾아갔다. 자리에 없었다. 가까운 교회 성경통독 프로그램에 참여하고 있었다. 사실 개인 사업을 하면서 신앙생활을 열심히 한다는 것은 참 어렵다. 주일성수부터 시작해서 교회를 섬긴다는 것이 여간 어려운 일이 아니다. 그녀가 늘 하나님 나라를 사모하는 그 모습이 참 아름다웠다.

"호림아! 네가 알고 있는 개척 교회 있냐?"

강호림 집사 어머니가 새벽기도 중에 가난한 개척 교회를 후원하고 싶은 간절한 마음이 들었다.

"응! 엄마! 제가 훈련받았던 ESF 출신의 목사님이 최근에 교회를 개척했어요."

때마침 문 목사가 개척한 교회에 상당한 금액을 헌금하였다.

그로부터 1년이 훌쩍 지나서 어머니의 기도 중에 갑자기 그 개척 교회가 떠올랐다.

'지금쯤이면 여름성경학교를 준비하고 있을 텐데…….'

걱정하는 마음이 생겼다. 그래서 또 성령에 이끌려 상당한 금액을 헌금하였다. 듣기로는 어머니의 형편이 넉넉하지 않는다고 한다. 또한 출석 교회도 아니고, 아무 연관도 없는 교회에 순수한 마음으로 헌금할 수 있다는 사실이 놀라울 따름이다. 어머니는 본인과 전혀 관계가 없는 이름 모를 개척 교회를 위해 꾸준히 기도하고 있었다. 놀라운 일이다. 어머니는 이런 사실이 알려지기를 꺼려하여 무명으로 해달라고 신신당부하였다.

치명적인 웃음이 매력인 강호림 집사와 어머니가 있어 하나님 나라의 소망이 있다. 교회가 썩었다고 무수한 비판을 받지만, 어머니의 끊임없는 기도가 있어서 하나님께서 이 땅을 포기하지 않고 여전히 축복하는 것이다. 하나님 나라를 위해 묵묵히 수고하고, 헌신하는 강호림 집사와 어머니를 응원한다.

김도현 집사

문영천 목사에게서 전화가 왔다.

"1분만 말해도 될까?"

"목사님! 오늘은 진짜 꼭 1분만 말씀하셔야 합니다."

아주 긴 문 목사의 1분 통화가 그렇게 시작되었다.

"목사님! 지금 운전 중이세요?"

괜히 말했다. 말하고서 곧바로 후회하였다. 문 목사는 하루에 최소한 2만 마디 이상 말을 해야만 직성이 풀린다.

"워메! 고마워! 좋은 질문 해줘서. 지금 고등학교 갔다 오는 길인데, 알고 봉께 내 아이큐를 잘못 알고 있었더라고."

목소리에는 문 목사의 기뻐하는 표정이 가득 담겨 있었다.

"그러죠. 목사님의 아이큐가 84라는 것이 말이 됩니까?"

"오늘 고등학교 생활기록부를 떼서 확인해보니 86이었어. 어찌나 기쁘고 감사하던지."

그의 말에 웃음보가 터졌다. 얼마나 웃었는지 모른다.

"목사님! 제게 장난치시는 거죠? 아이큐 86이나 84나 그것이 그것이잖아요."

"뭔 소리여? 나에게는 엄청난 차이야."

문영천 목사의 말에서 깊은 진정성이 느껴졌다. 그렇게 문 목사가 쓴 책의 제목이 '아이큐 86' 이다. 문 목사가 평소 잘 아는 영어교사에게 '아이큐 86' 책 몇 권을 주었다. 그리고 영어교사가 같은 학교 동료인 국어교사에게 그 책을 선물하였다. 국어교사는 책을 읽고 깜짝 놀랐다. 저자가 잘 아는 사람이었다. 조선대 국어교육학과 2년 선배였다.

국어교사는 대학시절이 생각났다. 영천 선배가 전도하려고 자주 교실로 찾아왔다. 같이 멀리 놀러도 가고 친하였다. 국어교사는 완전 생뚱이였다. 성경에 대해, 예수님에 대해 들어본 적이 없었다. 솔직히 알고 싶지도 않았다. 순전히 영천 선배가 친절하게 대해줘서 ESF에 가고, 복음도 들어주었다. 그런데 남들은 잘 믿는 소위 믿음이라는 것이 좀처럼 생기지 않았다. 자연스럽게 거리를 두었다. 그리고 군대를 가고 영천 선배는 졸업을 하고 그러면서 그렇게 잊혀졌다.

그런데 도대체 몇 년 만인가? 동료교사로부터 선물 받은 책의 저자가 영천 선배였다. 국어교사는 책을 읽고 크게 감동을 받았다. 수소문 끝에 문 목사에게 장문의 문자를 보냈다.

"목사님! 기억하실까요? 대학 후배 김도현입니다. 목사님이 쓴 책을 읽고 감동을 많이 받았네요. 짐작은 했지만, 어려움 가운데 신앙생활을 하셨더군요. 목사님의 선하고 순수함이 제 가슴을 크게 울렸어요. 저는 지금 교회에 다니고 있어요. 목사님께서 그렇게 저를 전도하려 하셨지만, 저는 엇나갔지요. 그러나 생각해보니 목사님의 그 첫사랑이 믿음이 좋은 아내를 만나 저로 하여금 교회로 발걸음을 옮기게 하였습니다. 매월 봉급날이면 감사헌금을 소소하나마 목사님 교회에 하고 싶어요. 항상 주 안에서 은혜 가득하시길 기도합니다."

문 목사는 갑작스런 문자에 깜짝 놀랐다. 처음에는 이름이 생각나지 않았다. 김도현이었다. 대학 후배 도현이었다. 그의 문자에 감사하였다. 눈물이 흘렀다.

"세상에 도현이가 교회를 다니고 있었구나! 도현아~ 고맙다. 하나님! 어찌하여 저 같은 자에게 은혜를 베푸십니까?"

심민기 집사

소망치과 심민기 원장은 신학생에게 치료비를 저렴하게 받았다. 그래서 신학생인 영천은 당연히 소망치과에서 치료를 받았다. 자주 갔다. 싸서 좋았다.

목사가 되어 교회를 개척하고도 소망치과에 갔다.

"목사님이 교회를 개척하였다는 소식을 듣고 어떻게 하면 개척 교회를 도울까 기도 중에 하나님께서 응답을 주시대요."

심 원장의 말에 문 목사는 귀가 솔깃했다.

"무슨 응답인데요?"

"개척 교회 성도님들에게 싸게 치료해주기로 서원했어요."

문 목사는 기뻤다.

"아고~ 이렇게 고마울 데가 있나요! 그동안 제가 싸게 치료를 받는 것만으로도 감사한데, 어떻게 은혜를 갚아야 할까요?"

"그러면 제가 생각날 때마다 기도를 해주세요. 기도만큼 귀한 것이 어디 있겠어요."

그 후로 교회 성도들이 소망치과에 많이 갔다.

"여러 치과를 다녀봤지만, 이렇게 안 아프고 친절하게 해주는 곳은 처음입니다."

"치료비가 너무나 싸서 미안해 혼났네요."

심민기 원장은 췌장암에 걸렸었다. 시한부 생명이었다. 하나님께 울면서 기도했다.

"하나님! 저를 살려 주시면 저에게 주신 의술을 하나님의 영광을 위해서, 그리고 환자 중심의 진료를 하겠습니다."

하루는 볼일을 보러 화장실에 앉았다. 밑으로 무슨 핏덩어리 같은 것이 엄청 쏟아졌다. 그 후로 췌장암이 씻은 듯이 나았다. 심 원장은 감사하였다. 하나님과의 약속을 기억하였다.

그럼, 환자 중심의 의료가 무엇인가? 의사가 환자의 형편을 고려하여 가급적이면 치료를 한 번에 끝내는 것이다. 환자들은 보통 치료 때문에 부득불 3~4번 이상 치과에 온다. 환자 입장에서는 시간과 돈이 중요하다. 한 번만 와도 된다고 하니 환자의 입장에서는 얼마나 좋은가?

황명훈 목사

"문 목사님! 잘 계시죠? 저 황명훈 목사입니다. 다름이 아니라 제가 어디에서 일을 했거든요. 목사님 교회에 헌금을 하고 싶어서 전화를 했습니다."

문 목사는 갑작스런 전화에 의아했다.

"아니 본인이 다니는 교회에 하시지 않고."

"아, 제가 사실 형편상 아직은 뚜렷하게 교회를 정해놓고 다니는 곳이 없어요. 그래서 기도하는 중에 십일조를 여러 개척 교회에 나누어 드리고자 하는 마음을 하나님이 주시네요. 사실 얼마 되지 않아요."

"무슨 말씀을……. 저희 교회를 위해 늘 기도해 주셔서 감사합니다. 언제 만나서 식사 한 번 하시죠?"

문 목사는 감사하였다. 황명훈 목사의 헌금이 어떻게 마련되었는지 짐작할 수 있었다. 무더운 여름날 건설현장 그 뜨거운 뙤약볕에서 막노동으로 하루 종일 몇 달 동안 일해서 번 돈이다. 막노동으로 일해 번 돈이었으니 얼마나 소중했을까? 황 목사는 남에게 기부할 만큼 넉넉한 형편이 아니다. 하루 일해 먹고 사는 하루살이에 불과하였다. 그런데 그 피와 같은 품삯의 일부를 떼어 가난한 개척 교회에 헌금하였다.

"좋습니다. 시간되면 언제든지 연락 주세요. 문 목사님과의 식사가 벌써부터 기대가 되네요."

그러나 문 목사는 연락을 못했다. 개척 교회 목사가 된 후부터는 섣불리 사람들에게 연락하기가 무서웠다. 식사비가 없어 쩔쩔맨 적이 많았기 때문이다. 문 목사가 옛날 학원 강사일 때에는 돈을 물 쓰듯 펑펑 썼다고 틈만 나면 자랑했었는데…….

"안 장로! 왜 카드를 안냈어?"

문 목사가 집요하게 내게 물었다.

"아니 목사님! 용안이가 자원하여 식사비를 내기로 했는데, 제가 왜 카드를 냅니까?"

문영천 목사, 김우철 간사, 김용안 집사와 넷이서 저녁식사를 하였다. 김용안 집사가 저녁식사를 대접하기로 하였다. 저녁식사를 맛있게 먹고, 김 집사가 계산하기 위해 카운터로 갔다.

"오늘 기분이다. 식사비는 내가 낼게."

문 목사가 기분이 좋았나 보다. 김 집사를 밀치고 호기스럽게 카드를 내밀었다.

"그러세요. 목사님이 내시는 것도 보기에 좋을 것 같네요."

김용안 집사가 카드를 다시 거둬들였다. 전혀 예상 밖이었다. 문 목사의 그림에는 전혀 없는 돌출행동이었다. 김 집사가 거둬들인 카드를 보고, 갑자기 문 목사의 손이 떨리기 시작하였다. 그리고 자꾸 뒤를 돌아보았다.

"손님! 카드 주세요?"

식당 주인이 재촉하였다.

"아니 잠깐만요. 잠시만 기다려주세요. 안 장로! 안 장로!"

개미 목소리로 내 이름을 불렀다. 희미하게 나를 부르는 목소리를 듣고서 가던 발걸음을 잠시 멈추고 돌아섰다. 결국 문 목사가 계산을 하였다. 식사비가 무려 10만원이나 나왔다. 그의 한 달 사례비의 25%가 한 끼 식사로 순식간에 날아갔다.

"안 장로! 왜 카드를 안냈어?"

그의 짜증스러운 말투였다.

문 목사와 식사 때마다 작은 전쟁이 벌어졌었다.

"벼룩도 낯짝이 있지. 이번에는 내가 낼게."

문 목사가 먼저 가서 카드를 내밀었다.

"개척 교회 목사님이 무슨 돈이 있어요."

그를 밀치고 항상 내가 계산하였다. 반복적인 관례였다.

"맨날 얻어먹고 미안해서 어쩔까?"

이번 저녁식사도 마찬가지로 문 목사는 당연히 그럴 줄 알았다. 뒤를 돌아보아도 내가 보이지 않아 카드를 든 손이 심하게 떨었던 것이다. 당연히 100% 본인의 카드를 빼앗을 줄 알았는데, 믿었던 안 장로가 보이지 않아 당혹스러웠다. 그 후로 문 목사는 사람들과 식사할 때에 매우 신중해졌다.

효은이의 감사

"목사님! 감사합니다. 저를 여태까지 돌봐줘서 감사해요."

갑자기 지적장애인 효은이가 무릎을 꿇고 절을 하였다.

주일 대예배를 마치고 점심시간이었다. 점심식사를 위해 교회 성도들 모두가 식사 자리에 앉았다. 그런데 성큼성큼 효은이가 문 목사에게 다가오더니 갑자기 그 육중한 몸을 앞으로 숙이며 큰 절을 하였다.

"야! 김효은! 이게 무슨 짓이냐? 얼른 일어나!"

문 목사는 놀랐다. 효은이 행동을 이해할 수 없었다. 분잡한 점심시간이었다. 효은이의 갑작스런 돌출행동이 민망스러웠다. 새로운 성도도 왔는데, 오해할 것 같아 염려스러웠다.

"저도 목사님께 감사한 마음으로 절을 하고 싶었어요."

효은이 말에 문 목사는 가슴이 뭉클하였다. 그가 룻기 말씀을 전하면서 감사한 마음에 성도들에게 무릎을 꿇고 얼굴을 엎드려 절을 했는데, 그 모습을 보고 효은이가 그대로 따라한 것이다.

문 목사는 매주 교회에서 저녁을 먹고 효은이와 함께 집으로 걸어갔다. 효은이 집은 문 목사의 집과 가깝다. 일부러 함께 걸어 다녔다. 걸으면서 성경암송을 하였고, 효은이는 운동으로 다이어트를 하였다.

어느새 집 앞까지 다 왔다.

"효은아! 잘 가."

"목사님, 감사합니다. 저에게 이렇게 친절하게 대해주셔서."

효은이가 갑자기 또 절을 하였다. 차디찬 계단의 시멘트 바닥에 무릎을 꿇었다. 그날따라 날씨가 매우 추웠다.

"아니, 효은아! 시멘트 바닥이잖아!"

"그래도 또 절을 하고 싶었어요. 목사님, 감사합니다."

눈물이 핑 돌았다. 문 목사는 금방이라도 쏟아질 것만 같은 눈물을 억지로 참았다.

"효은아, 잘 가라. 그리고 이제는 나에게 절대로 절을 하지 마라. 안녕!"

나도 발 마사지 잘 해

"박재균 집사님! 오늘 평일인데 어쩐 일로 광주에 있다요?"

박재균 집사는 주말부부이다. 집은 광주이고, 직장은 대전에서 근무한다.

"오늘 하루 회사에 연차를 냈어요. 저희 교회 청년이 장기간 결석을 해서 심방을 가려고요. 근데 문 목사님! 저에게는 무슨 볼 일이 있나요? 이른 아침에 전화를 하시고요."

"부탁이 있어요. 아! 박 집사님! 차가 없죠? 그러면 같이 심방을 가게요. 가면서 이야기를 합시다."

"시외버스를 타려고 했는데, 저야 좋죠. 더구나 목사님과 함께라면 감사하죠."

박 집사가 만나려는 청년은 순천에 있는 대학교에 다녔다.

"박 집사님! 순천에 있는 청년과는 만나기로 약속을 했나요?"

"통화가 되면 학교까지 찾아가겠어요? 연락 두절입니다."

"오메~ 못 만나면 어쩌려고?"

"무작정 가보는 거죠. 집주소는 모르고 유일하게 청년이 다니는 학교와 학과만 알아요."

두 사람은 광주에서 출발하여 1시간 정도 고속도로를 달려 순천에 도착하였다. 박재균 집사는 지나가는 학생들에게 물어 물어서 강의실을 두리번거렸다. 강의실에는 학생들이 시험을 보고 있었다. 시험을 감독하는 교수가 밖으로 나왔다.

"실례하지만, 어떻게 오셨어요?"

"학생을 찾고 있어요. 양영길이라고 이 학과 2학년입니다."

"그런데 영길이는 왜 찾습니까?"

교수의 눈빛은 매우 날카로웠다. 낯선 사람이 제자를 찾으러 강의실까지 불쑥 찾아오니 경계하는 것은 당연하다.

"아~ 영길이와 광주에서 같은 교회에 다닙니다. 요즘 영길이가 교회에 안 나와서 걱정이 되어 찾아왔어요."

"그 문제로 광주에서 순천까지 오셨나요?"

그녀는 여전히 의심스러운 눈치였다.

"여기 제 명함을 받으세요. 저는 문영천 목사입니다."

두 사람의 어색한 대화를 듣고 문 목사가 재치 있게 끼어들었다. 교수는 명함을 보고 그제야 안심하는 눈치였다.

"멀리서 오셨는데 어쩌죠? 월요일이라 광주에서 통학하는 학생들은 거의 학교에 안 옵니다. 더구나 시험 철이라 수업도 없고 아마 광주에 있을 것 같네요."

"아~ 그래요. 어쩔 수 없죠."

박 집사는 긴 한숨을 내쉬었다. 그렇게 두 사람은 다시 광주로 발걸음을 돌려야만 했다.

"그나저나 박 집사님은 어떻게 회사에 연차를 내면서까지 심방을 갈 생각을 했어요? 더구나 이렇게 무모할 정도로 말입니다."

"아니 대학시절 ESF 선교단체에서 제자훈련을 받으며 우리 모두가 그렇게 했잖아요."

"하기는 그때는 그렇게 했었는데, 목사가 되고서는 너무 안일하고 편하게만 살았네요. 아, 박재균 집사님! 또 어디 간다고 했죠?"

"목사님께 너무 폐만 끼칩니다. 이번에는 친한 선배의 아버님 병문안입니다."

"안녕하세요? 아버님! 저는 아드님 홍권영의 후배입니다."

병실에 찾아온 두 사람을 보고 노인은 호흡기를 코에서 떼고 힘들게 일어났다. 간단한 소개가 있었다. 그리고 안부에 대한 대화가 서로 오갔다. 병원에 오면 흔히 말하는 그런 일상적인 대화 말이다. 대화중에 갑자기 박재균 집사가 주머니에서 오일병을 꺼내었다. 오일을 손에 잔뜩 바르더니 노인의 오른발을 문지르기 시작하였다. 발 마사지였다.

"아버님! 제가 발 마사지를 해드릴게요. 이게 엄청 좋아요."

문 목사는 박 집사의 돌발적인 행동을 보고 매우 당황스러웠다. 자기도 뭔가 해야만 할 것 같았다.

"나도 발 마사지 해도 될까?"

"그럼, 가만히 있으려고 했어요? 얼른 저 쪽에 앉아서 오일 바르고 왼발을 문지르세요."

문 목사는 얼떨결에 난생처음으로 다른 사람의 발을 주물렀다. 교회 세족식에서 성도들의 발을 씻어준 일이 생각났다.

"목사님! 그렇게 하는 둥 마는 둥 하시면 어떡해요? 저처럼 꾹꾹 눌러야 피 순환이 잘되죠."

문 목사는 박 집사의 시끄런 구박이 이상하게도 싫지 않았다. 오히려 다정하였다.

"아버님! 어느 발이 더 시원하세요?"

박 집사는 노인과 친해지려고 노력하였다.

"아, 이 사람아! 목사님이 발을 만지는 것은 내가 싫네. 그만 하시게 하소. 내가 불편하구만. 세상에 목사님이 이런 일을 하면 된당가?"

"아버님! 그럼, 저는 계속 주물러요?"

노인은 박 집사의 질문에 아무런 대답도 하지 않았다.

"그럼, 아버님! 목사님이 기도해 주시면 되겠네요. 목사님! 얼른 기도해 주세요."

문 목사는 발 마사지를 멈추고 기도하기 위해 즐거운 마음으로 얼른 일어났다. 발 마사지가 어색했던 모양이다.

"하나님 아버지! 지금 어르신이 육신의 고통 중에 있습니다. 치료의 주님을 만날 수 있도록 도와주시옵소서……. 아멘!"

문 목사는 기도하면서 은혜가 충만하였다. 갑자기 노인에게 복음을 증거하고 싶은 마음이 간절하였다.

"어르신! 힘드시죠? 제가 예수님에 대해 알려드리고 싶은데, 괜찮겠어요?"

노인은 대답 대신에 고개를 두세 번 끄덕였다.

"어르신! 혹시 천국을 믿으세요? 그럼, 지옥은요……."

노인은 예수를 믿겠다고 하였다. 문 목사의 간절한 강요가 있었지만, 분명히 예수를 믿는다고 하였다. 그저 귀찮아서 믿겠다고 할 수도 있지만, 그의 대답을 하나님은 분명 기억할 것이다.

"아버님! 또 올게요."

"오지 마! 안 와도 돼!"

헤어지는 인사에 노인은 분명하고 또렷하게 말을 하였다. 오지마라는 말은 정말 큰 목소리였다.

"으메~ 오늘 박재균 집사님 덕분에 하루가 뿌듯하네. 목사가 당연히 해야 할 일을 한 것 같아 개운하네요."

문 목사는 심히 부끄러웠다. 일반 성도도 저렇게 열심히 심방을 하는데, 이 핑계 저 핑계로 심방에 소홀하고 게을렀던 자신이 몹시도 부끄러웠다. 목회의 절반은 심방이라는 말이 있다. 목회자는 목자이다. 양을 잘 보호하는 것이 주된 사명이다. 잃어버린 양을 찾아나서는 것은 목자가 당연히 할 일이다. 문 목사는 박재균 성도를 통해 크게 도전을 받았다. 새롭게 결단을 하였다. 참 목자로 살겠노라고.

"박 집사님! 이번 토요일은 쉬는 날이죠?"

"예! 금요일 저녁에 광주 내려갑니다. 그런데 무슨 일이?"

"전에 전대병원에서 심방한 노인 있잖아요. 또 갑시다. 복음을 확실히 한 번 더 전하려고요."

"오메~ 목사님! 감사합니다. 요즘 심방을 자주 다니신다고 하더니 심방에 재미를 붙였나 보네요."

이번에도 박재균 집사는 문 목사의 차를 타고 토요일 이른 아침에 대학병원으로 찾아갔다.

"아버님! 저희 또 왔어요."

"아니 왜 왔어? 오지 말라고 했잖아."

"또 온다고 했잖아요. 목사님이 자꾸 가자고 그러시네요. 그나저나 전에 두었던 오일은 어디 있어요?"

"저기 서랍 안에 잘 찾아봐. 며느리에게 잘 두라고 했어."

오지 말라고 호통을 치던 노인은 두 발을 양쪽으로 쭉 내밀었다. 발 마사지가 좋았던 모양이다. 그만큼 내심으로는 문 목사와 박 집사 두 사람을 몹시도 기다렸다.

"아니 아버님! 발은 왜 내미세요? 오늘 저희는 발 마사지 안할 건데요."

노인은 안 들은 척 반대로 고개를 돌리며, 빙긋이 웃었다.

"에이~ 어쩔 수 없이 발 마사지를 해드려야겠네요."

"박 집사! 나도 이제 발 마사지 잘 해. 연습 많이 했어."

이번에는 노인의 왼발을 문 목사가 먼저 주물렀다.

기억을 못해 죄송합니다

"따르릉! 따르릉!"

"문 목사님! 저 영채에요."

"이게 누구야! 영채잖아! 무지 반갑다. 그런데 니 목소리가 왜 그러냐? 혹시 우는 거야?"

영채 목소리는 분명 떨고 있었다. 작고 작은 흐느낌 소리가 문 목사에게 희미하게 들렸다.

"아니에요. 안 울었어요. 오늘따라 목사님이 그냥 보고 싶어서요. 목소리라도 들으려고 전화했어요."

"너 무슨 일 있지? 얼른 말해 봐. 내가 너를 모르냐?"

"……."

영채는 갑자기 울음을 쏟아냈다. 흐느끼는 소리가 애달팠다. 아무런 말도 없이 그저 계속 울기만 했다. 덩달아 문 목사도 침묵하였다. 그저 영채의 울음이 멈출 때까지 기다렸다.

"목사님! 기도해 주세요. 저희 아빠 아시죠? 간에 종양이 있어서 내일 수술을 합니다."

드디어 영채가 입을 열었다.

"그랬었구나! 영채야! 진정하고, 아빠는 어디 병원에 계시냐? 내가 얼른 가봐야겠다."

"목사님 와달라고 전화 한 것 아닙니다. 아빠가 아프니까 제 마음이 너무나 답답해서요. 아빠가 수술을 받다가 어떻게 될까봐 두렵기도 하고요. 갑자기 목사님 생각이 나대요. 보고 싶어서 전화했어요."

"영채야! 전화 잘 했다. 심 집사님이 아프시다는 데 내가 당연히 병문안 가야지."

영천은 학원 강사를 그만 두고 늦은 나이 49살에 광주신학교 신학대학원에 입학을 하였다.

신학교 구내식당에서 한 여학생이 혼자 외로이 밥을 먹고 있었다. 여학생은 항상 혼자서 밥을 먹었다. 영천은 식당에서 그 여학생의 모습을 자주 보았다. 외로워보였다. 영천은 음식을 식판에 가득 담아 그 여학생 옆으로 갔다.

"자매님! 같이 식사할까요?"

여학생이 고개를 들고 환한 미소를 지었다.

"예! 여기 앉으세요."

함께 식사하면서 영천은 여학생이 혼자 밥 먹는 이유를 알았다. 여학생의 발음은 매우 어눌하였다. 그리고 몸놀림이 부자연스러웠다. 정상이 아니었다. 항상 혼자 밥을 먹는 뒷모습만 보았는데, 얼굴을 마주 하니 바로 알 수 있었다.

다음날 강의실 앞에서 그 여학생을 만났다.

"영채야! 안녕!"

"죄송하지만, 누구시죠?"

싸늘한 표정이었다. 영채의 말에 영천은 몹시 서운하였다.

"야! 어제 나랑 식당에서 밥을 같이 먹었잖아. 내가 재미있는 이야기도 많이 해주었는데 정말 몰라?"

"그랬었나요? 실은 제가 기억을 잘 못해요. 그래서 사람들이 오해를 많이 합니다. 기억을 못해 죄송합니다."

영채는 물어보지도 않았는데, 자신의 이야기를 계속 주절거렸다. 자신의 몸 상태를 알려주고 싶었던 모양이다. 영채는 두 손으로 오른쪽의 긴 머리카락을 벌렸다. 그리고 고개를 숙여 상처자국을 보여주었다. 영채의 갑작스런 행동에 영천은 당황스러웠다. 흘깃 쳐다보았는데도, 수술자국이 선명하였다.

영천은 갑자기 궁금하였다. 말하는 영채의 눈을 계속 뚫어지게 바라보았다.

'오! 하나님 감사합니다! 어찌 이런 일이……'

영채의 이야기에 가슴이 뜨거워졌다. 마음이 뭉클하였다. 영천은 두 손을 꽉 쥐고 아랫입술을 꾹 깨물었다. 눈물을 참았던 것이다. 영채에게 눈물을 들키고 싶지 않았다. 그런데 조용히 흐르는 눈물은 어찌 수가 없었다.

그 때 영채의 나이가 25살이었다.

"장로님이라고 하셨죠? 늘 혼자 먹었는데, 같이 밥을 먹었다고 하니 감사하네요. 혹시 제 모습을 보고 놀라시지는 않았나요?"

"전혀! 예쁘기만 한데."

"놀리지 마세죠. 뭐가 예뻐요. 제 머리를 보셔서 알겠지만, 교통사고로 뇌를 크게 다쳤어요. 제 이야기를 해도 될까요?"

"당연하지. 듣고 싶어."

영채는 초등학교 때에 교통사고를 당했다. 건널목에서 큰 트럭이 갑자기 돌진하였다. 작은 소녀는 봄바람에 훌훌 날아가는 꽃잎처럼 멀리 멀리 날아갔다. 그리고 꽃잎은 사라지고 차가운 아스팔트 위에 산산조각 깨진 거울 파편만 흩어졌다. 여린 소녀의 몸은 바위에 부딪쳐 산산이 부서진 파도처럼 그렇게 산산이 망가졌다.

영채 아버지는 시체와 다름이 없는 딸을 업고 병원으로 데려갔다. 가는 병원마다 받아주지 않았다. 살 가망이 없었기 때문이다. 다시 딸을 업고 서울 큰 병원으로 갔다.

"죄송합니다. 따님은 어렵겠네요."

"선상님! 포기하라는 말씀은 하지 마시요. 수술을 받다가 죽어도 되니께 지발 수술만이라도 받게 해주쇼잉. 부탁하요."

영채 아버지는 의사에게 울며 애원을 하였다. 무릎까지 꿇고 두 손을 빌며 사정을 하였다.

"알겠습니다. 이제 그만 일어나세요."

지성이면 감천이라고 했던가! 의사의 마음이 움직였다. 의사는 딸을 살릴 수는 없지만, 아버지의 무릎은 세워야만 했다. 그렇게 불가능한 수술을 시작하였다. 퍼즐을 맞춰 가듯이 그렇게 긴 수술은 진행되었다. 수술을 받은 영채는 3개월 동안 아무런 의식이 없었다. 손가락 하나 움직이지 않았다.

아버지 심 집사는 하나님께 간절히 기도하였다.

'하나님! 영채를 지발 살려주시요. 손가락 한개만이라도 움직이는 것을 볼 수 있게 해주랑게요. 하나님! 영채를 살려주시면 이 딸을 하나님께 참말로 드려불라요.'

그렇게 세 달을 기도하였다. 아버지는 영채 곁을 잠시도 떠나지 않았다. 영채를 바라보며 눈물로 매일 그렇게 기도하였다. 하나님이 마침내 그 기도 소리를 들었다. 기적이 일어났다. 영채가 살아났다.

시골 동네사람들은 영채 소식을 듣고 깜짝 놀랐다. 교통사고로 다친 영채의 상태를 직접 보았기에 도저히 믿을 수가 없었다. 동네사람들은 영채 아빠에게 손가락질을 하였다. 죽은 딸에게 몹쓸 짓을 한다고 생각했다. 죽은 딸을 두고 수술이라니 쓸데없는 욕심을 부린 거라 여겼다. 동네 사람들은 영채를 죽은 사람으로 취급하였기 때문이다. 그런데 죽었던 영채가 살아났다고 하니 놀라지 않을 수 없었다.

"김씨! 들었제? 영채가 시상에 살아났다네잉."

"나도 들었어. 우리덜이 같이 영채 보러 병원에도 갔잖녀. 영채 아빠가 눈물로 매일 기도한다고 혀서 짠하다고 혔지 않는가?"

"긍께. 영채를 봉께 참말로 하나님이 있기는 있는가벼."

"정씨! 나는 낼부터 교회 나갈라네. 이참에 영채 아빠가 믿는 하나님을 나도 믿어불라고."

"자네만 가면 된당가? 나도 같이 교회 가세."

하나님께 기도하여 살아난 영채를 보고 동네 사람들이 하나 둘씩 교회에 나가기 시작하였다.

그 후로 영천은 항상 영채와 같이 다녔다.

"문 장로님! 궁금해서 그러는데요. 항상 같이 다니는 여자애가 딸인가요? 오늘은 안보이네요."

"워메! 총장님도 보셨어요?"

"문 장로님이 여자애를 데리고 항상 같이 다니는데, 광신대에서 모르는 사람도 있답니까?"

"심영채라고, 신학생입니다……."

영천은 신학교 총장에게 영채에 대해서 자세히 설명하였다.

"아이고! 문 장로님이 정말 좋은 일 하시네요."

우쭐하였다. 평소에도 칭찬 받는 것을 좋아하는 그가 대학 총장으로부터 칭찬을 받았으니 그럴 만도 하였다.

매주 버스터미널까지 영채를 차로 데려다주었다. 영채는 학교 수업이 끝나면 고향인 진도로 내려갔다.

'왜 하나님께서 영채를 만나게 해주셨을까?'

영천은 하나님께서 영채를 도와주라는 사인으로 받아들였다.

"문 장로님! 저희 부모님이 장로님을 꼭 한 번 고향으로 모시고 오라고 하네요."

영천은 영채의 간절한 부탁을 거절할 수 없었다. 1박 2일 코스로 밤늦게 진도로 갔다. 처음 만난 영채 부모는 전혀 낯설지가 않았다. 밤늦게 도착하여 미안하였다. 부부는 늦게까지 기다리고 있었다. 집안에 들어가자 입을 다물지 못했다. 상다리가 부러질 정도로 진수성찬이 마련되어 있었다. 닭볶음탕, 삼겹살, 조기 등 고기가 너무 많아 먹기가 부담스럽고 죄송할 정도였다.

잠자리는 깨끗이 청소한 안방에 마련되었다. 깔려진 이불은 새것처럼 보였다. 바닥에 깔린 이불은 꼬독꼬독하고 푹신하였으며, 덮은 이불은 정말 부드러웠다. 실은 손님을 맞이하기 위해 부부가 장만한 새 이불이었다. 그만큼 영천은 부부에게 소중한 손님이었다. 극진한 대접을 받은 영천은 철없이 괜히 찾아와서 시골 부부에게 폐만 끼치는 것 같아 미안하였다.

영천은 신학대학원을 졸업하여 교회를 개척하였고, 영채도 졸업하여 열심히 고향 교회를 섬기고 있다.

"심 집사님! 안녕하세요?"

"워메! 문 목사님이 어찌 여기까정 오셨다요?"

심 집사는 손을 흔들고 들어오는 문 목사를 보고 병상에서 온몸을 뒤척이며 힘들게 일어났다.

"집사님! 그냥 누워 계세요. 아프신 분이 뭐 하러 일어나요?"

"그래도 목사님이 오셨는디 어찌 누워만 있는당가요."

목사는 영채 아버지를 위해 간절히 기도하였다. 어깨에 손을 얹고 주님께서 낫게 해주시기를 기도하였다. 심 집사는 신실한 사람이었다. 안수기도를 감사함으로 받아들였다. 목사는 갑자기 말씀을 전해주고 싶었다. 말씀을 통해 심 집사에게 믿음과 평안을 주고 싶었다. 전혀 준비하지 않은 설교였는데, 신기할 정도로 말씀이 줄줄 흘러나왔다. 더구나 말씀을 듣는 심 집사의 표정이 금방 바뀌어졌다. 고통으로 인해 일그러진 얼굴이 환하게 밝아졌다. 오히려 목사는 심 집사를 통해서 큰 은혜를 받았다.

'어! 내가 이 정도로 설교를 잘했었나?'

문 목사는 말씀을 전하는 자신에게 놀랐다. 성령이 그 병상 그 자리에 함께 임한 것이다. 말씀을 전하는 자나 듣는 자에게 동일하게 성령이 함께 하였다.

수술을 마치고 영채 어머니가 문 목사에게 전화를 하였다.

"목사님! 참말로 감사하요. 영채 아빠가 수술을 잘 받았어라. 의사 선상님이 시방 퇴원해도 된다고 합디다. 목사님이 기도해주시고 은혜로운 말씀을 전해주셔서 영채 아빠에게 힘이 되었당게요. 수술을 받기 전에 겁나게 두려워했는디, 말씀을 통해 잘 이겨내부렀어라. 목사님! 진도에 꼭 한번 오시쇼. 그나저나 목사님의 은혜를 어쩌꼬롬 갚을까나요잉."

세상을 사는 맛이 난다

벚꽃이 만개한 주일 오후에 비가 많이 왔다. 천둥, 번개도 치고 하늘이 갑자기 캄캄해졌다. 발만 동동 굴렀다. 한 달 전부터 예수사랑교회와 축구시합을 약속하였다.

교회 중학생 아이들에게 전화를 했다.

"애들아! 날씨가 안 도와 준다. 축구는 다음에 하게."

"선생님! 기다려 보게요. 비가 그칠 수 있잖아요."

축구를 하고픈 중학생들의 열정을 보았다. 비를 맞고라도 축구를 하자고 하는데, 그 열정을 꺾을 수는 없었다. 바로 전화했다.

"문 목사님! 축구 그냥 하게요."

"우리 교회 청년들은 비 맞고는 싫다는데."

"그러니까 예수사랑교회가 맨날 지는 겁니다. 정신력 문제에요. 우리 애들은 비 맞고라도 축구 하자고 하는데, 그냥 하게요."

애원하였다. 읍박질도 하였다. 애들이 눈에 아른거렸다.

"미안해! 나는 우리 교회 담임목사라도 힘이 없어."

결국, 날씨 때문에 축구를 취소하였다.

"애들아! 오늘 축구는 취소다. 예수사랑교회에서 너희들의 축구 열정에 졌다고 한다."

한숨을 푹 쉬며 축구 카톡방에 공지했다. 그랬더니 바로 중학생 찬희의 댓글이 올라왔다.

"비도 얼마 안 오구만. 왜 안한데요?"

그 글을 읽고 한참을 웃었다. 웃고 또 웃었다.

"비도 얼마 안 오구만. 왜 안한데요?"

부슬부슬 내리는 비를 보니, 찬희의 말이 계속 떠올랐다. 다시 아이들의 열정을 확인하여 정말 기뻤다. 웃음이 떠나지 않았다.

축구를 취소하여 미안했는지 예수사랑교회 김진성 간사로부터 문자가 왔다.

"죄송합니다. 문흥장로교회 중학생들의 정신력과 열정에 박수를 보냅니다. 그리고 문영천 목사님은 진실로 인격적이고 섬김의 리더십을 가지고 계십니다. '담임목사라도 힘이 없어.' 라는 말을 할 수 있는 목사님은 대한민국에서 몇 명 안 될 겁니다."

문 목사에게 김진성 간사의 문자를 보여주었다.

"목사님! 좋으시겠어요?"

"푸하하! 세상에 김진성 간사가 이런 글을 써 줄이야! 가슴이 펑 뚫리고 시원하네. 세상을 사는 맛이 난다니까!"

"아빠! 무슨 일 있어요?"

실없이 계속 웃고 있었다. 막내 딸 혜은이가 내 팔을 꼬집었다.

"오늘 우리 교회가 축구에서 이겼다."

거의 20분 동안 큰 소리로 세 딸들에게 신나게 떠들었다.

"강영이 오빠가 그렇게 잘했어?"

"응! 진짜 잘했어. 다쳐도 툴툴 털고 일어나 열심히 뛰어다니더라. 그런 정신이 살아있으니 우리 교회가 질 수 있겠냐?"

막강한 예수사랑교회의 공격을 모두 막아냈다. 문 목사가 공을 잡으면 중학생 준수가 번개 같은 속도로 달려들었다. 넘어지기도 하고 반칙도 하면서 정말 잘 막았다. 축구를 제일 못한 고등학생 강영이도 거의 필사적으로 막았다.

"강영아! 괜찮아? 움직일 수는 있냐?"

"괜찮아요. 참을만해요."

강영이가 육탄방어를 하다가 상대공격수와 부딪쳐 넘어졌다. 나는 나쁜 놈이다. 강영이가 다친 것은 걱정이 안됐다. 다쳐서 빠질까봐 그게 걱정이었다. 한명이 부족하면 우리 팀이 불리하다.

6대 5! 기적 같은 승리를 거두었다.

"문 목사님! 저는 너무나 화가 나요. 이길 게임을 졌잖아요."

"나도 그렇다!"

예수사랑교회의 심각한 분위기이다. 십분 이해한다. 그 순간에 화가 나지 않는다면 축구를 할 자격이 없다. 그만큼 엄청난 시합이었다. 혈투였다.

축구를 마치고 함께 기도하였다. 그리고 모두 흩어졌다.

"단체사진 안 찍으세요?"

문흥장로교회 든든한 수비수 동진 집사가 문 목사에게 말했다.

"져서 사진 안 찍고 싶은데."

내가 큰소리로 말했다.

"단체사진 찍게 이리로 다 모이세요."

참 따뜻한 의사

김동진 집사는 참 따뜻한 의사이다.

신두만 집사가 축구장에 둘째 딸 예원이를 데리고 왔다. 7살 예원이는 아토피가 심했다. 밤이면 간지러워 온 몸을 긁었다. 긁은 자국이 선명하였다. 핏자국도 선명하게 보였다. 동진 집사는 피부과 의사이다. 아토피로 힘들어하는 예원이를 보고 가슴 아파했다.

그 후로 동진 집사는 각종 세미나 참석 등으로 꽤 오랫동안 축구를 하지 못했다. 그리고 오랜만에 축구장에 나왔다. 예원이에게 아토피 치료약을 선물하였다. 세상에 예원이의 고통을 기억하고 있었다. 축구장에서 처음 본 어린 아이의 아픔을 마음에 담아둔 동진 집사의 마음 씀씀이가 참 예뻤다.

"따르릉! 따르릉!"

후배에게서 전화가 왔다.

"니가 웬 일이냐?"

"그냥 안부전화죠."

"아! 너 티눈 피부과 치료는 잘 받고 있냐?"

"벌써 다 나았어요. 셀 피부과! 진짜 괜찮대요. 듣기 좋으라고 립 서비스 하는 것 아닙니다. 진짜 실력도 있고, 좋은 의사대요."

"정말~~"

"제가 다른 피부과에서도 치료를 받았잖아요. 비교가 되요. 다른 피부과에서는 맨날 저보고 또 오라고 그래요. 그런데 셀피부과는 피부를 자르는 것 자체가 달라요. 다 나았다니까요."

"그래~ 그랬구나!"

"만나는 사람마다 열심히 셀피부과 홍보를 하고 있어요. 제가 그 의사에게 감동받아서 그래요."

후배와의 반가운 통화내용이다. 통화 내내 흐뭇했다. 김동진 집사가 그런 의사였다니 정말 감사하고 기뻤다.

돈은 좋은 것이여!

ESF 학생축구대회를 마치고 청주에서 광주로 돌아오는 봉고차 안이었다. 벌써 저녁때가 되었다.

"아~~ 배고파! 우리 뭐라도 먹어야 되는 것 아냐?"

여기저기서 대학생들의 꼬르륵 합성소리가 들렸다. 대체나 하루 종일 축구를 했으니 얼마나 배가 고팠을까?

"애들아! 휴게소 가서 저녁 먹자!"

봉고차를 운전하는 ESF 김진성 간사가 배고파 울부짖는 청년들의 목소리를 잠시 잠재웠다.

"회비 남은 것 있것제? 2만원씩 걷었응께."

불길한 기운을 느낀 문 목사가 얼른 회비를 확인하였다.

"기름값! 점심! 간식! 벌써 다 쓰고 없어요."

"그럼, 저녁은 어떻게 하려고?"

"어떻게든 되겠죠. 기도중입니다."

진성 간사는 자꾸 축구감독인 문 목사를 쳐다보았다.

'워메~ 진성 간사는 왜 자꾸 나를 쳐다본다냐? 가난한 개척 교회 목사가 뭔 돈이 있다고.'

문 목사는 휴게소가 점점 가까워지자 초조하고 불안하였다. 회비는 바닥났고, 차안을 두리번두리번 돈 낼만한 사람을 아무리 찾아봐도 보이지 않았다. 개척 교회 목사보다 가난한 간사와 배고프다고 울부짖는 청년들뿐이었다.

'워메~ 안 장로라도 있어야 하는데, 안 장로를 데리고 왔어야 하는데……'

선택의 여지가 없었다. 체념하였다.

"애들아! 오늘 저녁은 내가 쏠게. 진성 간사! 가까운 휴게소로 바로 가게."

말이 끝나기가 무섭게 청년들이 비명에 가까운 환호성을 질렀다. 마치 미리 준비라도 해둔 모습이었다.

드디어 고속도로 휴게소! 간사 2명! 청년 19명! 이렇게 무려 21명은 문 목사가 무슨 음식을 고를지 모두 지켜보았다.

"뭐해! 얼른 먹을 것을 골라!"

"찬물도 위와 아래가 있죠. 목사님이 먼저 고르세요?"

문 목사는 회심의 미소를 지었다. 3,000원 짜리 라면을 생각하고 있었다. 라면이라면 부담이 그나마 적었다. 라면종류를 찾으려고 메뉴판을 보자 갑자기 갈등하기 시작했다. 메뉴판 상단에 크게 적힌 '돼지 김치찌개' 가 무지 먹고 싶었다. 한번 눈에 들어온 이상 그 유혹을 도무지 이겨낼 수가 없었다.

"돼지 김치찌개 주세요."

문 목사는 아주 작은 소리로 점원에게 조용히 속삭였다.

"저도 돼지 김치찌개요."

"저도요."

"저도 같은 것으로요."

"저는 돈가스요."

그는 청년들의 쏟아지는 주문에 깜짝 놀랐다. 대학생들은 문 목사가 어서 주문하기를 기다렸다. 작은 속삭임도 확성기처럼 크게 들렸다. 그가 주문한 김치찌개가 기준이 되었다. '8,000원!' 갑자기 음식가격이 문 목사의 눈에 확 들어왔다.

"공깃밥 하나 추가요."

세상에 대학 신입생 순둥이 선한이가 허락도 없이 갑자기 공깃밥을 추가하였다.

"저도 공깃밥 추가요."

"아줌마! 저도 공깃밥 추가해주세요."

"저도요."

이번에는 갑자기 벌떼같이 공깃밥 주문이 쏟아졌다.

"애들아! 김치찌개에 공깃밥이 딸려 나와. 공깃밥을 추가하면 어떻게 먹으려고? 밥 남기면 안 된다."

"알아요. 목사님! 걱정 마세요. 세 그릇도 먹을 수 있는데요. 먹어 보고 부족하면 하나 더 시키려고요."

문 목사의 입맛이 뚝 떨어졌다. 김치찌개가 먹고 싶지 않았다. '돼지 김치찌개'에는 관심이 없고, 허벌나게 처먹는 청년들 입만 물끄러미 쳐다보았다.

'세상에 저렇게 잘 처먹는 애들이 있을까?'

기본적으로 한 테이블에 밥그릇이 열 개씩이나 뒹굴고 있었다. 떨리는 손으로 영수증을 다시 꺼내었다. 주문할 때는 정신이 없어 영수증을 호주머니에 그냥 대충 밀어 넣었는데, 다시 꺼내어 꼭 확인해야만 하였다.

'195,000원! 헉!'

문 목사는 영수증에 선명하게 적힌 금액에 외마디 소리가 나왔다. 갑자기 사방이 어두워지고 잠시 현기증이 났다. 한 달 월급의 절반이 순식간에 날아갔다.

"목사님! 감사합니다."

"목사님! 잘 먹었어요."

"역시 목사님은 멋있어요."

청년들의 감사인사에 그나마 기분이 조금 나아졌다. 청년들의 행복해하는 모습이 그를 다시 웃게 만들었다.

'역시 돈은 좋은 것이여!'

·네 번째 이야기·

목사님!
정신 좀 차리세요!

"너는 진리의 말씀을 옳게 분별하며
부끄러울 것이 없는 일꾼으로 인정된 자로
자신을 하나님 앞에 드리기를 힘쓰라"

디모데후서 2장 15절

중고등부가 없다

오랜만에 대학 선후배들이 만나 식사하면서 교회 중고등부에 관한 이야기를 나누었다. 교회마다 어려운 중고등부 상황을 듣고 많이 안타까웠다. 지금은 학생들에게 학원과 공부가 교회와 신앙보다 우선시되는 상황에 놓여있다. 부정할 수 없다. 현실이다.

"문영천 목사님! 교회 중고등부 상황은 어떠세요?"

"예수사랑교회는 주일학교가 아예 없어요."

선배의 질문에 나도 모르게 말이 나와 버렸다.

"아니 그것을 왜 당신이 말해?"

문 목사의 표정이 순간 일그러졌다. 얼굴에 금방 티가 났다.

"죄송합니다. 목사님! 이제 말씀 하세요."

"싫어. 말 안할래."

잠시 정적이 흘렀다. 하지만 정적은 아주 잠시뿐이었다. 문 목사의 이야기가 본격적으로 시작되었다. 그럴 줄 알았다.

"우리 교회 중고등부가 처음부터 없었던 것은 아니야. 유초등부와 중고등부를 합쳐서 학생부라고 했는데, 20명 정도는 있었어. 학생부를 만드는데 오랫동안 수고하여 땀을 참 많이 흘렸는데, 없어지는 것은 순식간이더라고……."

ESF 청소년 수련회

엄마가 아들을 청소년 수련회 장소인 천안에 홀로 남겨 두고 몰래 광주로 가버렸다. 아들은 엄마에 대한 배신감에 저녁 등 식음을 전폐하고 숙소에 드러누웠다. 아들은 중학교 3학년 박정수이다. 엄마 따라 억지로 교회에 다니는 학생이다.

수련회 전날, 참석하기로 한 정수가 갑자기 학원 핑계로 마음을 바꾸었다. 빡센 수련회 일정에 따분하고 재미도 없을 것 같아 가기가 싫었다. 완강하게 버티는 정수를 설득할 수가 없었다.

그런데 정수가 수련회 당일 늦은 시간에 엄마와 함께 참석하였다. 잠깐 참석만 했다가 다시 광주로 돌아가기로 약속한 모양이다. 그러니 정수는 집회 중에 그저 멍하니 천정만 쳐다보았고, 광주로 돌아갈 시간만 기다렸다. 그런 아들을 홀로 남겨 두고 엄마 강혜진 집사는 무작정 빠져 나왔다. 간절히 기도하였다.

'하나님께서 어떻게든 해주시겠지.'

믿음으로 주님께 맡겼다. 정수는 분하고 억울하여 핸드폰으로 소리쳐 엄마를 불렀다.

이 때 짠! 대학생 조장이 나타났다. ESF 청소년 수련회의 가장 큰 장점은 조별 모임이다. 조장과 부조장은 ESF 소속 대학생 자원봉사자들로 구성되었다. 취직을 위해 스펙을 쌓아야 할 시간에 그들은 청소년들에게 다가왔다. 그들의 열정, 믿음과 사랑을 수련회 기간 동안 직접 확인할 수 있었다. 참 감사했다. 정수를 맡은 조장도 정말 정성을 다해 돌봐주었다.

홀로 남겨진 정수를 보며 강영애 선생은 걱정하였다.

'주님! 하필이면 왜 소심하고 숫기가 없는 저런 남자대학생을 정수 조장으로 맡게 하셨나요? 정수에게는 쾌활하고 명랑한 여학생 조장이 필요합니다. 주님! 걱정입니다.'

그러나 그녀는 정수에 대한 청년의 사랑에 감동하였다. 저녁 집회 마지막 순서로 조명을 끄고 기도하는 시간이 있었다. 어두움 속에서 낯선 청년이 쑤욱 걸어오더니 정수의 어깨에 두 손을 얹고 고개를 숙였다. 간절히 기도하는 음성이 들렸다. 그 간절함에 정수도 고개를 숙였다. 그 청년은 정수의 조장으로 일부러 정수를 찾아 온 것이다. 목자의 심정으로 잃어버린 양을 찾아 나선 것이다. 그 모습에 그 사랑에 소름이 끼칠 정도로 닭살이 돋았다.

"정수야! 네 조장은 어떠냐?"

"서울대생인데요. 엄청 착한 형이에요. 넘 좋아요."

조장의 특별한 사랑을 받은 정수는 급격하게 회복되었다. 녀석의 밝은 표정에서 금방 알 수 있었다.

"정수야! 형이 여학생 사귀는 방법 가르쳐 줄까?"

"예, 가르쳐 주세요."

꽁 하니 마음 문을 닫았던 정수가 처음으로 입을 열었다.

"정수야! 나만의 비법인데, 특별히 너한테만 알려준다. 좋아하는 여학생에게 진짜 어려운 수학 문제를 풀어줘 봐. 인기 짱이야. 형은 이것으로 성공했어."

"형! 진짜에요?"

"그래, 진짜야. 정수야! 한 번 해봐."

그 서울대생이 무척이나 만나보고 싶었다. 교사가 할 수 없는 일을 청년이 해주었으니 얼마나 고마운가! 그 청년의 이름은 임한솔. 이런 청년들의 헌신이 있기에 교회에 희망이 있다는 것을 발견한다. 수련회에 참석한 우리 아이들이 말씀에 귀 기울이고, 찬양할 때 박수를 치고, 기도시간에 손을 모으는 모습을 보니 얼마나 감사한지 모른다. 얼마 전만 해도 이런 애들이 아니었다. 조장들의 사랑에 아이들이 바뀐 것이다. 우리 교회가 우리 아이들이 아직도 변화되지 않은 것은 혹시 우리의 사랑이 부족하지 않았는지 되돌아본다.

수련회에서 돌아오는 날 엄마는 아들과 대판 싸울 준비를 하고 있었는데, 웬 걸 아들이 아무 말도 하지 않고 조용하였다. 수련회에 참석한 아들로부터 문자가 왔다.

"엄마! 제가 성질내고 화내서 죄송해요. 이번 수련회를 통해서 배운 것이 많아요. 하나님에 대해서도 알아볼게요. 약속해요."

ESF 청소년 수련회는 2019년이 열 번째라고 한다. 최승범 목사가 ESF 대표일 때 기획하여 시작하였다. 참 좋은 프로그램이다. 매년 적자이지만, 청소년이 미래의 희망이므로 포기하지 않는다고 한다. 청소년 사역, 쉽지 않다. 성서한국을 소망하는 우리 모두가 쉽지 않는 일에 관심 갖기를 바란다.

중고등부 성경공부

중고등부 아이들이 ESF 청소년 수련회에서 큰 은혜를 받았다. 교회만 오면 고개를 숙이던 아이들이 고개를 들기 시작했다.

그 ESF 청소년 수련회 자원봉사자 중에 3년째 참석하고 있는 대학생이 있다. 최정희 권사 큰 아들 임요환이다. 안정숙 집사가 궁금해서 물었다. 왜냐하면 요환이가 중고등 시절에 게임에 빠져 고민하던 것을 알고 있었기 때문이다.

"권사님! 요환이가 잘 컸어요. 부러워요."

"정숙! 말씀 밖에 없어. 한창 공부해야 할 때에 ESF 간사님에게 일대일 성경공부를 부탁했지. 그 성경공부를 통해 요환이가 변하더라고. 공부해야 하는 목적과 이유를 알게 되니 공부하지 않겠어?"

안정숙 중고등부 부장이 교사들에게 일대일 성경공부를 노래하였다. 그녀의 노래는 듣기 싫었다. 음치라 시끄러웠다. 그런데 하도 자주 불러대니 들리기 시작하였다. 그리고 약간 귀에 거슬린 생음악만 듣다가 드디어 멋진 악기를 구입했다. 그렇지! 좋은 악기에서 들려주는 노래라면 한번 들어볼만 하겠다고 생각했다. 좋은 악기는 ESF 간사로 사역중인 유정훈 목사이다. 유정훈 목사는 '길' 이라는 초신자 입문용 교재를 중고등학생에게 맞도록 편집하였다.

성경공부 구성은 이렇다.

1과 하나님은 과연 존재할까?

2과 하나님은 어떤 분이실까?

3과 너는 하나님의 걸작품

4과 우리가 죄인이라고?

5과 예수님은 어떤 분이신가?

6과 집 나간 아들

7과 진짜 친구

8과 그리스도 안에서 새 생활

일대일 성경공부를 통해 아이들에게 엄청난 변화가 있었다. 그 중에 하나가 바로 학생이 학생을 가르치는 것이다. 그 성과는 정말 대단하였다. 교사들이 간절히 바라던 바였다. 학생이 학생을 가르치는 재생산을 통해 성경공부의 효과가 배가되었다. 가르치면서 은혜를 받았고, 배우는 학생들의 자세가 확 달라졌다.

일대일 성경공부에는 배운 것을 글로 쓰는 소감훈련이 있다. 초신자인 중학생의 소감을 듣고 많은 성도들이 환호성을 질렀다. 기적이 일어났기 때문이다. 초신자가 하나님을 믿는 것은 기적과도 같은 사건이다.

"보이지 않는다고 하나님의 존재를 부정하였던 지난날의 저를 반성합니다. 하나님은 영으로 눈에 보이지 않는다고 하여 그 존재가 없다는 것이 아닌 것을 알게 되었어요. 예전에는 학교에서 진화론을 배웠는데, 성경공부를 통해 만물이 어떻게 생겼는지 증명할 방법은 하나님의 창조임을 깨달았습니다. 사람의 홍채나 지문, 동물이나 물고기 등 여러 종류들을 창조하신 하나님이 실로 대단한 분임을 알게 되었습니다. 신의 존재를 부정하는 사람들은 참으로 안타깝다는 생각이 들었고, 하나님의 존재를 믿는 그러한 삶이 가치가 있음을 절실히 느꼈습니다. 앞으로 하나님의 말씀에 따라 살고 싶어요."

초등학생 시절에 교회를 잘 다니다가도 중고등학생이 되면 학원과 과외 등으로 인해 교회 출석이 급격하게 줄어든다. 그리고 교회마다 청소년들을 양육하기가 매우 어려운 실정이다.

연극을 해보자

ESF 독서클럽에서 서서평, 유화례 등 양림동 선교사에 대한 책을 많이 읽었다. 책을 읽고나서 뭔가 해보자는 의견들이 모아져 양림동 해설사업, 양림축제, 선교특강 등 많은 일들을 하였다.

중고등부에서도 양림동 선교탐방을 하였다. 교사들이 느낀 것이 있었다. 뜻을 모았다. 중고등부 각 반에서 한 명의 양림동 선교사를 선정하여 성탄절에 연극을 해보자고 결의하였다.

5월 말에 교회에 큰 행사가 있었다. 갑자기 미루었던 연극이 생각났다. 책을 많이 읽었던 터라 어렵지 않게 대본을 완성하였다. '최흥종과 포사이드의 만남' 이었다. 두 사람의 만남으로 광주 땅에 나환자를 위한 치료와 섬김이 시작되었다. 선한 사마리아인 포사이드 선교사의 선한 행동을 보고 최흥종이 감동을 받아 주의 종으로 살게 된 내용이다.

한주를 기다렸다가 중학생 아이들에게 연극을 해보자고 권유했다. 당연히 시큰둥하였다. 애들을 향해 소리를 크게 쳤다. 애들이 마지못해 승낙했다. 바로 대본을 나누어주고 역할도 정했다.

5월 초 연극연습을 시작했다. 후회가 막심했다. 괜히 연극을 하겠다고 오두방정을 떨었나 싶었다. 중학생 아이들 상태가 심각했다. 목소리는 개미 목소리! 몸짓은 수줍음이 심해 그야말로 꽝! 준비성 제로! 모이는 내내 핸드폰만 보고 심란했다.

5월 10일 목요일! 날짜는 다가오고, 불안하여 금요일 저녁에 모이자고 전화했다. 당연히 애들은 학원 수업이 어쩌고저쩌고! 늦게라도 오겠다는 답변을 억지로 받았다. 저녁 늦게까지 연습하고 연습했다. 토요일도 온종일 연습했다. 그래서인지 조금씩 연기실력이 좋아졌다.

행사 3일 전! 아이들이 바뀌기 시작했다. 포사이드 역의 준수는 날마다 연극 생각만 했다. 귀찮을 정도로 제안을 많이 했다. 준수가 이렇게 적극적인 때가 있었던가?

최홍종 역의 진형이는 연습 때에 꾸중을 가장 많이 들었다. 그런데 창의력이 뛰어났다. 연습은 별로 하지 않는 것 같은데, 늘 새로운 모습이었다. 깜짝 깜짝 놀랐다.

수줍음이 많은 윌슨 역의 찬희는 전혀 다른 아이가 되어갔다. 앞에 서는 것을 극도로 싫어했다. 만약 중학생이 한 명이라도 여유가 있었다면 찬희는 빼주었을 것이다. 선택의 여지가 없었다. 그랬던 찬희가 신들린 연기를 하였다.

중간고사가 늦게 끝난 강민이는 가장 대사가 적은 오웬을 맡았다. 강민이 엄마는 강민이가 연극을 한다고 해서 믿지 않았다. 강민이 성격을 누구보다도 잘 아니까.

그 밖에 나병환자 혜은이, 내레이션 은샘이와 채운이가 맡은 역할을 잘 소화해 주었다.

드디어 연극 공연 날! 연습한 대로 정말 잘했다. 작은 실수가 많았지만, 관객은 아무도 몰랐다. 애들이 능청스럽게 실수를 잘 넘겼다. 아마 연습을 많이 해서 그런 것 같다. 조선을 향한 포사이드 선교사의 사랑을 성도들에게 잘 전달해주었다. 성인들이 연극을 했다면 따분한 연극이었을지도 모른다. 중학생 아이들이 했기에 관람한 많은 사람들이 감동을 받고 박수를 쳐주었다.

그 후로 청소년수련회, 청소년축제, 양림축제, 일일찻집, 출판기념회 등 많은 사람들에게 연극을 통해 하나님의 사랑과 복음을 전하였다. 소문이 나서 극동방송에도 출연하였다.

이런 교회가 있었어?

"한지현 선생님! 포사이드 선교사 모르죠?"

전주 예수병원 내과 과장의 질문이다. 예수병원에는 기독역사를 연구하는 모임이 있다. 모임의 회원들은 예수병원에 새로 부임한 신입 의사에게 포사이드 선교사가 얼마나 훌륭하고 아름다운 사람인지 알려주고 싶었다.

"포사이드 선교사를 알고 있는데요."

"한지현 선생님이 어떻게 포사이드 선교사를 알고 있죠?"

내과 과장은 깜짝 놀랐다. 자기가 만난 사람 중에서 포사이드 선교사를 알고 있는 사람은 아무도 없었다. 그런데 젊은 신입 의사가 어떻게 알았는지 궁금하였다.

"과장님! 잠깐만요. 유튜브에 포사이드 선교사에 대한 연극 동영상이 있어요. 아! 여기 있네요. 광주에 있는 저희 교회 중학생들이 연극을 만들었어요."

그녀는 내과 과장에게 핸드폰을 건네주었다. 그리고 포사이드 선교사 연극 동영상을 보여주었다.

"헉! 우와~ 이런 교회가 있었어? 정말 대단하네. 한지현 선생님! 교회 이름이 뭐야?"

"문흥장로교회입니다."

중고등부 문학의 밤

중고등부 교사모임에 건의를 했다. '중고등부 문학의 밤' 이었다. 교회마다 열렸던 '문학의 밤' 이 언제부터인지 사라졌다. 아쉬웠다. 연극의 성공으로 할 수 있다는 자신감이 생겼다.

중고등학생 우리 아이들에게 공부와 학원 말고 무엇이 있나? 있긴 있다. K팝과 게임이 있다. 그럼, 교회 중고등부에 기독교 문화라는 것이 있나? 바로 대답할 수 있는 성도들은 많지 않을 것이다. 그래서 우리 아이들에게 기독교 문화를 알려주고 싶었다.

"우리 교회뿐만 아니라 동네 전체로 하면 더 좋겠어요."

"맞아요. 학교에서 크리스천 문화를 만들어 보게요."

일을 자꾸 키우는 사람들이 있다. 안정숙, 이미영 선생이다. 아주 신나했다.

"으메~ 또 골치 아프게 생겼구만."

붙잡으려 했는데 벌써 멀리 뛰어가 버렸다. 그녀들은 동네 교회들을 돌아다니며 중고등부 담당목사를 만났다. 당연히 거절을 당했다. 선한 목적이라면 뭐든 될 거라 생각했던 모양이다. 그래서 처음에 붙잡으려 했던 것이다.

안정숙 선생의 넋두리를 듣고 박순성 집사가 응답하였다.

"선배님! 저희 교회가 참석하면 어떨까요?"

그녀는 기뻤다. 다시 교사회의가 소집되었다.

"해보게요. 후배가 섬기는 교회에서 참석하기로 했어요."

주위 선후배들에게 연락하였다. 반응은 좋았다. 공감해주었다. 광주지역 대학 캠퍼스 복음화율이 5%로도 안 된다는 충격적인 통계가 있다. ESF 같은 좋은 선교단체도 캠퍼스에서 수년간 고전을 면치 못하고 있는 실정이다. 청소년 사역이 절실히 필요하다.

그런데 현실적으로 어려움이 있었다. 중고등부가 없는 교회가 의외로 많았다. 일정 규모의 교회조차 중고등부가 없다고 하여 안타까웠다. 그리고 중고등부 아이들이 매우 소극적이었다. 학원 때문에 연습할 시간이 없다고 한다. 솔직히 기대는 하지 않았다. 그래서 실망도 안한다. 작은 발걸음부터 꿈꾸기 때문이다. 그 작은 발걸음은 하나의 교회부터 시작하면 된다. 그러나 함께 하면 언젠가는 큰 발걸음으로 바뀔 것이다.

2018년 9월 22일 놀라운 일이 벌어졌다. ESF 회관 구석구석에 중고등학생으로 가득 찼다. 무슨 일인가? 드디어 '중고등부 문학의 밤' 이 열렸다.

처음에는 걱정이 앞섰다. 참여교회가 적다 보니 많이 위축되었다. 그런데 세 교회 중고등학생들의 참여가 적극적이다 보니 분위기가 역전되었다. 처음 시도한 청소년 모임! 비전이 보였다.

행사를 마치고 피자와 함께 조별로 청소년들의 나눔이 있었다. 서로 교회가 다른데, 어쩜 이렇게 친한 친구처럼 이야기를 하고 떠들던지, 우리가 바라는 모습이었다.

각 교회 교사들끼리 교제하는 시간이 있었다.

"선생님! 오늘 애들 문학의 밤 어떠셨어요?"

대화를 나눈 사람은 가장 연장자 교사였다.

"정말 감동적이고 최고입니다. 사실 교회 연합이 쉽지가 않습니다. 제가 젊었을 때 무안에서 살았습니다. 무안의 여러 교회가 오늘과 같이 중고등부 연합행사를 했어요. 그런데 결국 누가 크냐는 문제로 깨졌어요."

"으메~ 그런 일이 있었군요. 상처가 되셨겠네요."

"상처라고 할 것도 없어요. 처음부터 깨질 줄 알았거든요. 의외로 교회 연합이 힘들어요."

"근데, 이렇게 연합운동에 참여해 주셔서 감사합니다."

"저는 한 것이 없어요. 실은 처음에 반대했습니다. 참여했다가 상처받을 것 같기도 하고요. 근데 문정현 선생이 한번 해보자고 하더라고요. 참 대단한 사람이에요. 열정을 가지고 중고등부 교사와 아이들을 하나하나 설득하대요. 그래서 여기에 온 거죠."

그 교회는 어려움이 많은 교회이다. 중고등부는 더 열악한 상황이었다. 준비한 율동을 가르칠 교사마저 없었다. 그래도 문정현 선생이 못하는 율동을 해가며 행사 당일까지 연습했다. 확실히 뭔가 어색해 보였다. 그런데 아이들의 표정이나 열정만큼은 최고였다.

중고등부 문학의 밤에 참여한 학생들의 반응이 폭발적이었다. 맞다. 그동안 학생들에게 이렇게 놀 장이 없었던 것이다. 학원 때문에, 그리고 또 무엇 때문에 그 장을 어른들이 없애버렸다.

아무튼 중고등부 문학의 밤은 모두에게 즐거운 추억이었다. 앞으로 계속 학생들의 놀 장을 마련할 수 있을 지는 여전히 미지수이지만, 가능성을 확인한 것만으로도 감사했다.

왕따 여중생

서울에서 섬기던 교회에서 중고등부 교사로 봉사할 때이다. 중3 새로운 친구가 왔다. 세월이 오래되어 이름이 가물가물한데, 아마 명효주가 맞는 것 같다. 교회 집사의 초등학교 제자라고 하였다. 새 친구라 반가워서 친한 척 해보려고 했는데, 여학생의 반응은 차가운 얼음처럼 냉담하였다. 이름을 부르면 나를 째려보았다. 마치 벌레를 쳐다보는 눈빛이었다. 나는 졸지에 벌레가 되었다. 효주는 예배만 참석하였고, 도무지 다른 애들과 어울리려 하지 않았다. 유일한 소통 대상은 초등학교 담임선생이었던 교회 집사뿐이었다. 그런데 이상한 것은 교회에 한 번도 빠지지 않고 잘 나왔다.

하루는 효주 초등학교 친구가 인터넷 카페를 확인해보라며 살짝 제보를 하였다. 그 카페에 들어가서 경악하였다. 한 학생을 왕따 시키기 위한 모임이었다. 불과 중학생들인데, 한 학생을 경멸하는 표현들이 상상을 초월할 정도로 잔인하고 끔찍하였다. 한 동영상을 열었다. 점심시간에 효주가 광란에 가까운 춤을 추고 있었다. 친구들에게 관심을 갖기 위한 몸부림인 것 같았다. 저주하는 아이들 한 가운데에서 녀석의 처절한 몸부림이었다.

다음날 중학교 효주 담임선생에게 전화를 하였다. 간곡한 부탁을 하였다. 그 후로 조치결과를 알려주었다. 그러면서 효주에 대해서 알게 되었다. 효주는 교회 집사의 권유와 도움으로 정신과 치료를 받았다. 효주 어머니도 딸로 인해 교회에 나왔고, 날마다 눈물로 산다고 들었다. 효주는 초등학교 때에 반장을 할 정도로 모범생이었는데, 중학교에 진학하여 왕따가 되면서 삐뚤어지기 시작하였다. 그러던 중에 초등학교 담임이었던 집사를 만나 교회에 나오기 시작했고, 교회에 나오면 그나마 혼자 있지 않아도 되기 때문에 빠지지 않고 나온 것이었다. 그리고 효주는 교회에서조차 왕따 당하는 것이 싫어 일부러 우리를 외면하였다. 그때부터 효주를 이해할 수 있었고, 기도할 수 있었다.

어느 따뜻한 겨울! 습관처럼 토요일 오후에 효주에게 전화를 하였다. 그런데 그 날만큼은 효주의 반응이 전혀 달랐다. 상냥했고, 세상에 나에게 아이스크림을 사달라고 하였다. 정말 기뻤다. 하늘을 날아다닐 만큼 기뻤다. 그 기분은 무엇으로 형용할 수 없을 정도였다. 하나님이 주신 것이기 때문이다. 효주에게 가게에서 가장 큰 아이스크림을 사주었다. 효주가 드디어 내게 이야기를 하였다. 드럼을 배우고 있다는 등 모든 이야기가 재미있고 즐거웠다. 아이가 변해가고 있다는 것을 느낄 수 있었다.

그 후 효주 어머니가 나를 찾아왔다. 효주가 기말시험에 학교성적이 평균 68점이 올랐다며 고맙다고 하였다. 도대체 어떻게 평균점수가 68점이나 오를 수가 있단 말인가? 많이 놀랐다.

직장 관계로 서울을 떠나 춘천으로 가게 되었다. 마지막으로 중3 아이들과 피자가게에서 모였다. 서로 꿈에 대해 이야기를 하였다. 효주는 연세대를 목표로 공부하겠다고 하였다. 감사하였다.

한 유명작가는 우리나라 교육의 희망은 교회 중고등부에서 찾을 수 있다고 하였다. 헌신된 교사가 있기 때문이다. 그래서인지 그때 그 교회 집사가 지금도 많이 생각난다. 녀석은 자신을 인정해주는 선생이 있었기 때문에 꿈을 포기하지 않았던 것이다. 효주는 자신을 인정해주는 사람이 필요하였다.

돈으로 전도 했제

"안 부장! 어디 교회 다녀?"

건설현장 감리회사의 상무이다. 그는 교회에 다니지 않았지만, 내가 들려주는 교회 이야기에 관심을 갖고 있었다.

"문흥동 조그만 교회입니다. 문흥장로교회 다녀요."

"어! 문영천 씨가 다니는 교회인데!"

"상무님이 문영천 목사님을 어떻게 알아요?"

"문영천 씨가 목사가 되었는가? 그 양반 잘 알제. 내가 문흥지구 아파트 건설현장의 소장이었잖아. 그 양반이 아마 학원 강사였지. 문흥지구에서 꽤 유명했어. 주말마다 어린 애기들 데리고 다니면서 축구를 했응께. 참 유별난 사람이여."

반가웠다. 뜻밖의 이야기였다. 낯선 사람에게서 문 목사에 대한 이야기를 듣다니 신기했다.

"지금 생각하면 내가 목사가 되어서 너무 게으른 것 같아. 문흥장로교회 집사일 때 정말 열심히 했어. 주일학교 6학년 우리 반이 20명이 넘었당께. 김민정 집사가 부대라고 불렀어."

"그런데 지금은 예수사랑교회에 주일학교가 왜 없어요?"

"긍께! 그때는 순전히 돈으로 전도 했제. 학원 강사로 돈을 많이 벌 때라 펑펑 썼어. 축구 끝나면 우리 집으로 데려가서 통닭 사주고. 마트 가서 애들에게 마음껏 과자 고르라고 했응께."

"옛날이야기 말고요. 지금은 왜 없냐고요?"

"운남행복교회 부목사로 잠깐 있을 때에도 정말 열심히 했어. 중고등부가 4명 있었는데, 20명까지 부흥시켰으니까."

"목사님! 지금은요?"

"없어! 됐어? 됐냐고?"

문 목사가 평신도 시절에 유초등부 부장을 10년 넘게 섬겼다. 토요일, 주일 매주 전도했다고 한다. 그리고 목회를 시작하며 자신이 가장 잘하는 유초등부 전도를 시작했다. 아이들이 모여들기 시작했다. 그렇게 5~6년 동안 힘써서 20여명 모였다. 그런데 지금은 아무도 없다. 청년들에게 맡긴 학생부가 시들시들하더니 1년도 안되어 단 1명도 남지 않았다. 없어지는 것은 한 순간이었다. 문 목사의 깊은 한숨을 들었다. 저절로 깊은 한숨을 따라했다.

"카딩턴 선교사 연극하는 초등학교 아이들 이름 좀 보내줘!"

문 목사로부터 전화가 왔다.

"글고 김동진 집사 딸 이름이 뭐야?"

"효은이인데요."

그래서 아이들 이름과 부모 이름까지 보내주었다.

축구장에서 문 목사에게 자랑하였다. 교회 초등부 아이들이 성탄절 연극연습을 엄청 잘한다고. 그가 부러워하는 눈치였다. 언제 연습하는지 꼬치꼬치 물었다.

문 목사가 뭘 준비했는지 토요일 축구 끝나고 곧바로 연극을 연습하는 예배당으로 함께 왔다. 그가 아이들 한명 한명씩 호명하였다. 봉투를 꺼내어 읽기 시작했다. 성경구절이었다. 그리고 한명씩 기도해주었다. 살짝 봉투 안을 보았다. 3,000원이었다.

"애들아! 이 봉투 안에는 상상할 수 없을 정도로 거금이 들어있다. 집 사는데 보태고, 또 나중에 결혼할 때에도 보태서 써라!"

문 목사가 아이들 이름을 알려달라고 한 이유를 알았다. 밤새 무엇을 했는지도 알 수 있었다. 봉투마다 글씨가 채워져 있었다.

> "이 백성은 내가 나를 위하여 지었나니 나를 찬송하게 하려 함이니라" (시편 43:21)
> 남을 잘 챙겨주는 효은이에게, 너는 어쩜 그리 예쁘게 생겼니? 너는 어쩜 그리 똑똑하니? 너는 어쩜 그리 사랑이 풍부하니? 효은이는 우리들의 기쁨이요, 행복이요, 면류관이다.

문 목사는 아이들에게 뭔가 해주고 싶었다. 사실 목사가 다른 교회에 가서 뭔가를 한다는 것은 상식 밖의 행동이다. 상도덕에 어긋난다. 그런데 문 목사나 되니까 그게 가능하다. 사심이 전혀 없다. 오직 아이들 영혼에만 관심이 있다. 그것은 문흥장로교회 담임목사와 성도들은 다 아는 사실이다. 그래서 이해한다.

"다시 해볼라고. 나는 똑똑한 사람들에게는 전도를 못하겠어. 딸려서. 나한테는 초등학생, 중학생들이 딱 맞아."

문 목사는 말했다. 주일학교 전도는 함께 있어주는 거라고. 맞다. 요즘은 교회가 너무 바쁘다. 성도들이 정말 바쁘다. 그래서 주일학교가 사라지고 있는 것이다. 함께 축구를 하고, 라면을 끓여주고 그러면 다시 애들은 교회로 찾아온다.

제발 교회 잘 다녀라

처제 가정이 예수님 영접하기를 기도하고 있다. 희소식이 들려왔다. 교회 중등부 아이들이 극동방송에 출연하였다. 처제가 그 라디오방송을 듣고 감동을 받았다. 지훈이라고 초등학교 5학년 아들을 교회에 보내고 싶었다.

드디어 그 먼 광주 풍암동에서 아들을 데리고 주일학교 예배에 참석하였다. 그런데 아들이 교회가 힘들었나 보다. 대예배까지 있으려고 했는데, 아들이 자꾸 집에 가자고 졸라서 결국 돌아갔다. 애가 교회 적응을 못하니 엄마도 교회에 나오기가 어려웠다.

지훈이를 무조건 포섭해야겠다고 생각했다. 아내와 처제는 영화를 보게 하고, 지훈이를 데리고 축구장에 갔다. 무려 3시간이나 놀아주었다. 아따~ 그 놈 활동량이 대단하였다. 축구도 가르쳐주고 지훈이가 꽤 만족하였다. 그래서 살짝 제안을 하였다.

"지훈아! 성탄절 연극을 하는데, 너 거지와 의사 역을 해라."

"대사가 짧은 거지 역만 할게요."

"너는 잘하니까 긴 것을 해야 하는데, 어쩔 수 없지. 거지 해!"

워메~ 한 방에 오케이를 했다. 설득 한 번 하지 않았다.

지훈이가 연극을 한다고 하니 처제가 무지 좋아했다. 그런데 시댁 행사로 주일마다 교회에 나오지 못하고 자주 빠졌다.

"지훈아! 너 연극 연습하러 왜 안 오냐?"

"저 한다고 한 적 없는데요. 엄마가 강제로 시킨 거예요."

"뭔 소리야! 임마! 나하고 축구 하고서 약속했잖아. 니가 한다고 했지. 강요한 사람 없다. 그리고 배역이 이미 정해져 어쩔 수 없어. 무조건 해야 한다. 아, 잠깐만 효담이가 바꿔달라고 한다."

계획대로 얼른 효담이에게 전화를 바꾸어주었다.

"오빠! 연극 연습 안 와? 우리 모두 오빠 기다리고 있어."

"나를 기다렸어? 알았어. 갈게."

오메~ 요 녀석이 미인계에 약하네.

드디어 토요일 연습에 왔다. 잘한다고 엄청 붕~ 띄워주었다. 그리고 실제로도 무지 잘하였다. 지훈이가 이렇게 하자, 저렇게 하자는 것은 무조건 다 들어주었다. 아이디어가 좋다고 칭찬했더니 애가 좋아서 환장하였다. 얼굴에 쓰여 있었다.

그 다음날 주일! 드디어 처제와 지훈이가 교회에 왔다. 세상에 지훈이 아빠까지 왔다. 교회 오기를 오랫동안 기다렸던 사람들이라 반갑고 감사하였다.

그런데 연습을 잘 마치고 집으로 가는데, 장난이 심한 아이들과 지훈이 사이에 작은 다툼이 생겼다. 지훈이 기분이 급격하게 나빠졌다. 워메~ 오십이 넘은 이 나이에 어린 아이 감정 하나 하나에 안절부절못하다니 내 모습이 우스웠다. 그래도 어쩌겠나? 아이 감정 하나에 한 가정의 구원이 달렸으니 말이다. 헤어지면서 지훈이를 꼭 안아주었다. 그리고 얼른 용돈을 주었다. 애들은 돈을 무지 좋아한다. 속으로 품에 안긴 지훈이에게 소리쳐 외쳤다.

'지훈아! 야 임마! 너에게 너희 엄마와 아빠 구원이 달려있다. 제발 교회 잘 다녀라!'

"여보! 지훈이 교회 픽업 좀 부탁해요. 빨리!"

"아니 나 지금 급한 볼 일 보고 있는데."

주일 아침부터 집안이 시끄럽다. 처제에게 전화하는 소리가 시끄럽게 들렸다. 쩌렁쩌렁한 목소리였다.

"안돼! 오늘은 꼭 교회 와야 돼! 형부가 지훈이 데리러 벌써 출발해버렸어. 그리고 냄비에 오리탕 보냈으니 먹고."

지훈이가 자고 있었던 모양이다. 처제도 토요일 행사가 많아 주일은 푹 쉬고 싶었다. 솔직히 교회 나가기가 귀찮았다.

"여보! 빨리 가소! 여기 오리탕도 가져가고."

"당신이 고생이 많네."

"초신자들은 교회 안 나가려고 200가지가 넘는 핑계거리를 만들어 놓고 있대요. 처제도 이 핑계 저 핑계 똑같다니까."

청년이 살아야 한다

후배 결혼식에 참석하였다. 눈도장을 찍고 바로 식당으로 갔다.

"목사님! 무슨 일 있으세요?"

문 목사는 시무룩하게 앉아 있었다. 그저 멍하니 있었다. 화려한 말솜씨로 원탁의 자리를 평정해야 정상인데, 조용하였다. 입을 꾹 다물었다. 온종일 오로지 한 청년만을 생각하고 있었다.

그 청년의 이름은 장동하! 초등학생 때에 운동장에서 문 목사를 만났다. 함께 축구를 하면서 교회에 나왔다. 문 목사는 초등학생에게 정성을 쏟아 부었다. 교회에 정을 붙이고 잘 다니도록 격려하고자 쌈짓돈을 절약하여 거금의 축구화와 유니폼을 사주었다. 7년간 짝사랑한 초등학생은 어느덧 대학생이 되었다.

예수사랑교회는 주일 오후에 친교를 목적으로 축구를 한다. 필리핀 사람들이 우두커니 축구장을 쳐다보고 있었다. 축구를 하고 싶은 모양이다. 문 목사가 같이 축구를 하자고 하였다. 축구는 몸이 부딪치는 운동이기 때문에 넘어지고 다치는 경우가 많다. 동하는 필리핀 사람에게 강하게 항의를 하였다. 욕설과 함께 신경질적인 반응을 보이자, 목사는 얼른 청년에게 다가가 주의를 주었다.

"동하야! 필리핀 사람들에게 욕하면 안 되지?"

"목사님! 먼저 잘못을 한 쪽은 저 사람들이에요. 왜 저에게만 그러시는 거예요?"

"그래도 네가 그러면 되냐? 참아야지."

"목사님! 그럼, 제가 안 나오면 되겠네요. 축구도 안 나오고, 교회도 나오지 않겠습니다."

청년은 버럭 화를 내며 뒤돌아섰다. 그리고 바로 축구장 밖으로 나가 버렸다.

"동하야~~~~"

문 목사는 따라가 크게 불러 보았지만 소용이 없었다. 청년을 올바르게 가르칠 마음에 타일렀을 뿐인데 그런 격한 반응을 보일 줄은 예상치 못했다. 서러운 생각이 들었다. 아들과 같은 녀석을 그동안 7년이 넘도록 보살피고, 어떻게 하든지 교회에 잘 다니게 하려고 했던 노력들이 이렇게 허망하게 사라지다니 힘이 빠지고 서글펐다. 개척교회에서 한 명이 얼마나 소중한데, 그 한 명을 얻기 위해 수년 동안 행여나 마음이 상하여 교회에 안 나올까봐 노심초사했던 목사의 마음을 하나님만은 아실 것이다.

비록 그렇게 그 청년이 떠났지만, 문 목사는 부모의 심정으로 다시 먼저 손을 내밀어야 한다고 다짐하였다. 갑자기 눈에서 눈물이 주르륵 흐르기 시작하였다. 주체 할 수 없는 눈물이 흘렀다.

"하나님이 똑같이 나에게 벌을 주시는 것이여. 내가 교회 장로일 때에 한의수 목사님에게 화를 내며 강하게 대들었거든. 내가 목사님에게 피눈물을 흘리게 했던 것을 하나님께서 기억하시고 내게도 똑같이 이런 대접을 받도록 한 것이야."

갑자기 문 목사는 한의수 목사가 생각이 났다. 한의수 목사는 그에게는 아버지와 같은 존재이다.

'문영천 장로가 내게 그러면 안 되네. 안 돼.'

그 때 한의수 목사는 눈물을 흘렸다. 한의수 목사의 음성이 또렷이 들렸다. 그의 눈물과 음성이 영화의 한 장면처럼 돌아갔다.

그러고 보면 우리도 하나님의 마음을 아프게 한 적이 얼마나 많은가? 목사가 흘린 그 피와 같은 눈물들을 언젠가는 하나님이 기억하고 닦아줄 것이다.

더 달라져야 한다

"목사님! 이게 무슨 친선게임입니까?"

교회 한 청년이 강력하게 항의하였다.

"아니, 그게 무슨 말이야?"

문 목사는 당황하였다.

"우리 교회 청년들로만 축구를 해도 충분한데, 시합 때마다 용병들을 데려오는 것은 정당하지 않습니다."

곧바로 또 다른 청년이 반대하고 나섰다.

"아~ 그게 아니고 전도하려고 그러는 거야. 축구시합 할 때나 데려오지 언제 데려오겠어?"

시합을 바로 앞두고 교회에 내분이 일어났다. 문 목사는 울화통이 터졌다. 청년들이 미웠다. 교회 많은 사람들 앞에서 찬물을 끼얹는 발언을 하다니 속이 터질 것만 같았다. 상대는 현대건설이다. 지난 시합에서 간신히 6대 6으로 비겼다. 현대건설은 강팀이다. 그 때도 용병을 2명이나 쓰고도 겨우 비겼다. 시합은 이기기 위해서 한다. 패할 시합을 왜 한단 말인가?

문 목사는 겨우 청년들을 설득하여 축구장으로 갔다. 축구장에 도착한 예수사랑교회는 이번 시합에 자신이 있었다. 이번에는 선수 출신 용병을 2명이나 데려왔다. 축구 실력이 대단하였다. 결전의 시간이 다가오자, 속으로 '키득 키득!' 웃었다.

그 날 축구시합은 현대건설에게 5대 2로 졌다. 문 목사는 고개를 푹 숙였다. 용병을 고용하고도 시합에서 패하고, 교회 청년들에게 신임까지 잃었다. 나를 포함한 현대건설 직원들은 승리에 환호성을 질렀다. 문 목사는 죽도록 듣기 싫은 함성소리를 들으면서 축구가방을 메고 쓸쓸히 축구장을 빠져나갔다. 비참하였다.

"용병 2명은 정말 전도하려고 데려왔당게. 그 녀석들이 개인기 위주로 플레이를 하니까 우리 팀에 전혀 도움이 안 되더라고."

용병 2명은 전도가 목적이라는 그의 항변은 순전히 뻥이다. 다 아는 사실이다. 문 목사의 승부욕이 얼마나 강한지를.

그 후로 그가 약간 달라졌다. 승부 결과에 예전보다는 덜 집착했고, 답답한 청년들에게도 기회를 주었다. 그가 달라져서 행복한 사람들이 많았다.

"병우야! 하나님이 있는 것 같아?"

"목사님! 하나님이 세상에 어디 있어요?"

병우는 늦깎이 취업준비생이다. 교회를 전혀 알지 못하는 생뚱이였다. 문 목사가 가볍게 툭 성경공부를 권유하였더니 흔쾌히 수락하였다. 문 목사는 기뻤다. 한 영혼이 드디어 교회에 왔다.

"아, 하나님이 정말 있네요. 다른 사람들에게 알려 줄래요."

일대일 성경공부 한 달 만에 늦깎이 취업준비생의 고백이다.

문 목사는 병우의 고백을 듣자 외투가 있는 방으로 들어갔다. 선물을 주고 싶었다. 지갑을 열었더니 만 원짜리 지폐는 안보이고 오만 원 지폐만 있어 지갑을 그냥 덮고 다시 병우에게로 갔다.

"예수님이 너무 좋아요. 저도 이제부터 꿈이 생겼어요. 포기했던 취업공부를 다시 하고 싶습니다. 거의 자포자기 했거든요."

문 목사는 성경공부를 마치고 고병우의 소감을 들었다. 소감이 감사하여 다시 방으로 갔다. 오만 원 지폐를 떨리는 손으로 빼내어 병우에게 주었다. 성령에 감동받아 한 행동이었지만, 가난한 개척 교회를 섬기다 보니 오만 원 지폐에 저절로 손이 떨렸다.

청년은 드디어 큰 회사에 합격하였다. 날마다 밤늦게까지 열심히 공부하였다. 공부가 재미있었다. 꿈이 있으니 당연하다. 많은 사람들이 놀랐다. 어떻게 짧은 시간에 이렇게 확 바뀔 수가 있을까? 그저 신기할 따름이다. 목사는 고병우만 보고 있으면 정말 행복하였다. 방황하는 한 청년이 예수님을 믿고 삶이 변화되었다.

"문 목사! 다음 주 토요일 영수 아들 결혼식에 올 거제?"

"어쩔까! 중요한 약속이 있어."

"아니 영수랑 무지 친하잖아? 영수가 서운할 건데. 글고 동창 아들 결혼식보다 더 중요한 약속이 있당가?"

꼭 참석하고픈, 아니 참석해야 하는 초등학교 동창 아들의 결혼식이었다. 그런데 그 시간에 병우와 일대일 성경공부를 약속하였다. 연기할 수도 있지만, 그러고 싶지 않았다. 그에게는 일대일 성경공부가 세상 무엇보다도 가장 중요했다.

고병우가 회사에 들어가더니, 한두 번씩 교회에 나오지 않기 시작했다. 그리고 이제는 교회를 나오지 않는다. 목사는 기대했다. 원하는 회사에 들어갔으니 신앙생활을 잘 할 것으로 생각했다. 마음이 허전하였다. 하나님께 불평을 쏟아 부었다.

'사람의 마음이 어찌 이렇게도 변할 수가 있습니까?'

사람들은 예수님을 만나면 기뻐한다. 그렇게 기쁘게 살다가 사탄의 유혹과 방해를 만난다. 나태해진다. 누구나 겪는 성장통이다. 문 목사는 병우가 다시 교회로 돌아오기를 기다리고 있다.

제발 전화라도 해줘

"따르릉! 따르릉! 따르릉!"

전화를 받지 않았다. 약속시간이 지나도 나타나지 않았다.

'글렀어! 이제 안 올란가 보다.'

목자는 타는 심정으로 양을 기다렸지만, 양은 나타나지 않았다.

다음날 전화를 하였다. 받지 않는다. 속에서 울화통이 터졌다.

목사는 주일에 교회에서 청년을 만났다. 정환이는 직장인이다.

"정환아! 약속 시간에 늦으면 늦는다고, 못 나오게 되면 못 나온다고 미리 연락을 해 줘야 나도 다른 일을 하지?"

죄송하다는 말이 없다. 그 녀석은 아무 말도 하지 않았다.

'아이고! 내가 뭐 하러 성경공부를 하자고 해서 이렇게 속이 터져야 하는지…….'

그래도 떨어지지 않는 말을 억지로 꺼내었다. 목자의 마음이다.

"이번 토요일에 만나자! 나오기 힘들면 미리 전화라도 해줘?"

드디어 토요일! 문 목사는 식사모임에 초대를 받았다. 당연히 거절하였다. 청년과 어렵게 성경공부 약속을 하였기 때문이다. 보고픈 사람들이 많았지만, 어쩔 수 없었다.

정환이는 이번에도 아무 연락도 없이 오지 않았다. 꾹 참았다. 부들부들 떨면서 주먹을 꽉 쥐었다. 또 약속을 잡았다. 또 약속을 어겼다. 회사에 찾아갔다. 집으로도 찾아갔다. 그렇게 무려 2년이나 걸려서 요한복음 성경공부를 끝마쳤다.

정환이는 결국 교회에 나오지 않았다. 전화도 안 받고 아무런 연락도 없다. 절망하였다. 청년에게 모든 열정을 쏟았던 사랑과 정성이 물거품이 되다니 낙망하였다. 기도할 수밖에 없었다.

'아이고 하나님! 성질나서 목회 못하겠어요. 저 같이 양을 못 치는 사람도 있을까요? 양들이 다 떠나 버리네요.'

문 목사의 첫 양은 대학생 시절 초신자 고윤찬이었다.

"오늘 성경공부는 여기까지 하겠습니다."

"아따! 이왕 한 것 다 끝내 버리죠."

윤찬은 일대일 성경공부를 한 번도 빠진 적이 없었다. ESF 동아리방에서 함께 찬송가를 불렀다. 영천은 음치였다. 그 음치를 따라서 윤찬은 틀린 지도 모르고 힘차게 따라 불렀다. 여기저기서 참다 참다 못 참아 터트리는 웃음소리가 들렸다.

30년 전 일인데, 증인이 있다. 이승준 선교사이다.

"그때 ESF 동아리방이 떠오르네요. 30촉 불빛 아래 좁은 책상 하나, 의자 두 개였죠. 방마다 얇은 베니어합판으로 막아 방음이 전혀 안되었어요. 옆방에서 일대일 성경공부를 하고 있었습니다. 두 사람의 찬양에 결코 웃지 않았습니다. 아니 웃지 못했어요. 30년 찬양을 다시 미치도록 듣고 싶네요. 생명을 살리는 천군천사와 함께 부르는 장엄한 찬양을 말입니다."

첫 양 윤찬은 땅 끝까지 복음을 전하는 선교사가 되었다.

그리고 김원섭 장로도 문영천 목사의 자랑할 만한 양이다. 원섭은 초신자였다. 늘 술에 취해 있었고, 가정은 나 몰라 했던 도박꾼이자, 술꾼이었다. 아내의 간곡한 부탁으로 교회에 나왔다. 그는 새로운 삶을 살고 싶었다. 말씀을 사모하였다. 일대일 성경공부를 통해 예수님을 영접하였다. 그리고 그의 삶이 변화되었다. 이제는 설거지를 잘하는 장로로 성도들의 존경을 받고 있다.

그런데 목사가 되어 시작한 일대일 성경공부는 처절하리만큼 실패에 실패를 거듭하였다. 처음에는 성과가 좋았다. 청년들이 변화되었다. 문 목사는 자만하였다.

'역시 나는 일대일 성경공부를 잘한단 말이야!'

나름대로 청년들을 위해 모든 것을 쏟을 정도로 최선을 다하였지만, 결과는 처참하였다. 모두 교회를 떠났다.

"속 터져 죽겠어. 교회 청년들을 보고 있으면 생머리가 아파."

문 목사는 청년들 탓을 하고 싶었다. 처음부터 못된 양이라고.

"목사님! 좋은 청년들이 예수사랑교회에 왜 갑니까? 크고 좋은 교회가 얼마나 많은데요."

"하긴 그래. 작고 부족한 교회에 왜 나오겠어?"

그는 긴 한숨을 내쉬었다. 고개를 끄덕였다.

"그래도 청년들이 예수사랑교회에 와서 많이 변화되고 성장했잖아요. 개척 교회에 청년만 이십 명이 넘는 교회는 거의 없어요."

"오메~ 그런 말을 해주니까 막힌 내 마음이 뻥 뚫리네. 맞는 말이야. 숙호가 오랫동안 교회를 안다녔어. 지호도 그랬고. 그리고 원빈이 같은 초신자들은 예수님을 영접했잖아."

심방의 위력

서울에서 7년 동안 직장생활을 하였다. 교회에서 중고등부 교사로 봉사하였다. 내가 맡은 중학생들의 문제점은 도대체 아무런 반응이 없었다. 밝은 아이들을 찾아볼 수가 없었다. 기석이도 마찬가지였다. 매주 전화하고 집 앞까지 찾아갔다. 기석이는 습관적으로 교회에 나오겠다고 약속하고, 습관처럼 약속을 어겼다. 맡은 중학생이 고작 4명밖에 없어서 포기할 수도 없었다.

하루는 교사들이 함께 기석이 집으로 심방을 갔다. 교사들이 모두 워낙 바빠서 함께 심방을 간 적이 없었는데, 교사회의 후에 갑자기 심방을 하였다. 기석이 집은 아주 작은 소형 아파트였고, 네 식구가 모여 살았다.

"감사합니다. 누추한 저희 집을 방문해 주셔서요."

기석이 엄마가 감사하다며 음식을 내왔다.

'헉!'

손으로 입을 얼른 막았다. 기석이 엄마의 얼굴을 보고 깜짝 놀랐다. 검은 얼굴이었다. 돌기된 혹 같은 것들이 얼굴에 가득 있었다. 주렁주렁 매달려 있었다. 보고 있기에 민망하였다. 내 몸에서 순간적으로 거부하는 반응이라 나도 나를 어떻게 할 수가 없었다. 기석이 엄마도 알고 있었다. 왜 모르겠는가? 우리에게 얼굴을 보이지 않게 하려고 무지 노력하였다.

잠시 속으로 기도하였다.

'하나님! 도와주세요. 제가 이러고 있어서는 안 되잖아요.'

신기하게 기석이 엄마와 이야기할 수 있었다. 기도의 힘이었다. 나는 선천적으로 비위가 약해서 눈에 거슬린 것들을 참을 수가 없다. 내 이성보다 몸이 먼저 반응하는 것을 어쩌겠는가? 장은주 선생은 멋진 교사였다. 기석이 엄마와 손을 잡고 다정하게 이야기하고 있었다. 거의 천사이다.

기석이 아버지는 정신병을 앓고 있었다. 보기에도 정상이 아니었다. 눈을 마주치지 못했다. 집안 살림은 엄마가 도맡아 해야만 했다. 그 얼굴에 정상적인 일은 하기 힘들고, 허드렛일을 하였다. 눈물이 핑 돌았다. 그렇게 어렵게 사는데, 기석이 엄마의 밝은 표정은 감동 그 자체였다. 그래서인지 집안 분위기가 무지 밝았다. 교사들은 마음을 합하여 기석이 집을 위해 간절히 기도하였다.

그 심방 후부터 기석이가 변하였다. 그렇게 성실하게 교회를 나올 줄 생각도 못했다. 매주 기석이를 차로 태우러 갔다가 집 앞에서 번번이 헛걸음만 했는데, 이제는 차를 태우러 가지 않아도 제일 먼저 교회에 나왔다. 정말 심방의 위력을 새삼 느꼈다.

그 해 중고등부 문학의 밤! 연극에서 기석이가 주인공인 예수님 역을 맡았다. 한 달 동안 정말 열심히 준비하였고, 은혜롭게 마쳤다. 교회의 많은 성도들이 연극을 보고 깊은 감동을 받았다.

"예수님 역을 맡은 아이가 누구야? 잘하네."

기석이가 보고 싶다. 멋있는 청년이 되어 있겠지?

그루터기 청년

"선생님!"

예배당에서 중학생 은채가 나를 보며 두 손을 흔들었다. 얼른 손을 흔들어 주었다. 먹는 모임이 있을 때마다 미식가 은채를 꼭 불렀다. 은채가 나의 사랑을 기억하고 있었다.

'가시네! 호호! 역시 나의 인기는 식을 줄 몰라.'

그런데 세상에 은채가 나를 그냥 지나쳤다. 눈길 한 번 주지도 않았다. 은채가 찾아간 사람은 최우수 선생이었다. '사랑은 움직인다.'라는 말을 실감하였다.

최우수 선생으로 인해 많은 학생들이 변화되었다. 박수민, 박정수, 안성은, 이강영 등 고등부 아이들의 신앙이 성장하였다.

"성은아! 어디 가냐?"

"우수 샘이 피자 사준다고 해서."

"성은이는 좋겠네. 좋은 샘 만나서."

"응! 아빠! 우수 샘이 너무 좋아."

그녀는 직장에서 날마다 성경을 본다. 아침에 일찍 출근하면 제일 먼저 성경을 펴고 말씀을 읽는다. 직원들이 그녀가 뭐하는지 궁금할 것이다. 직장에서 그녀의 삶이 바로 성경이요, 전도이다. 직장에서 그리스도인임을 드러내는 것이 결코 쉬운 일이 아니다.

한때 교회 청년부가 부흥한 적이 있다. 취직문제 등으로 모두 교회를 떠났다. 남은 사람은 오직 최우수 자매뿐이다. 그녀 혼자 그루터기처럼 꽤 오랜 시간을 버텼다. 다시 청년들이 모이기 시작했다.

"따르릉! 따르릉!"

"은채야! 무슨 일 있니?"

최우수 선생은 갑작스런 은채의 전화에 걱정이 앞섰다.

"선생님! 저 무지 떨려요. 오늘 세례문답이 있는데, 통과될 수 있을지 너무 두려워요. 긴장을 했더니 입맛도 없고요."

은채가 밥을 굶었다는 것은 대단한 사건이다. 최우수 선생은 전화를 받고 '은채가 얼마나 긴장했으면 그랬을까?' 걱정하였다. 일이 손에 잡히지 않았다. 그리고 하필이면 오늘은 회사 회식이 예정되어 있었다. 오랜만의 회식이었기에 불참할 수가 없었다.

회식자리에서 직장동료들은 모두 즐겁게 먹고 마셨다. 그녀도 분위기에 맞추어 따라서 크게 웃었지만, 머릿속에는 온통 은채 생각뿐이었다. 불안해하고 있을 은채의 모습이 자꾸 떠올랐다.

용기를 내어 조용히 팀장에게 말하였다. 그녀로서는 '죽으면 죽으리라!' 는 큰 결단이었다.

"팀장님! 죄송합니다. 오늘 교회 아이들 세례문답이 있는데 제가 가봐야겠어요. 7시 30분경에 먼저 일어서야 할 것 같습니다."

최우수 선생은 팀장의 반응을 두려운 마음으로 기다렸다. 겨우 그깟 일로 회식 도중에 가야 되겠냐고 호통을 칠 것 같았다.

"야! 김 대리! 지금 바로 치킨 두 마리 포장해달라고 해!"

"팀장님! 갑자기요?"

그녀는 팀장의 갑작스런 반응에 어리둥절하였다.

"최우수 과장! 얼른 가! 그리고 아이들이 기다리고 있다는데 빈손으로 가면 안 되지."

그녀는 팀장의 말에 울컥 눈물이 쏟아질 뻔하였다. 선생의 기를 살려주고자 하는 팀장의 배려가, 그 마음 씀씀이가 진하게 느껴졌다. 그녀는 하나님 일을 해야겠다고 결단할 때 축복해주시는 하나님의 손길에 감사하였다.

늦게 교회에 도착하였다. 다행히 세례문답 전이었다. 조용히 은채를 불렀다.

"은채야~~"

은채가 뒤로 돌아보더니 우수 샘을 보고 방긋 웃었다. 그녀가 은채를 위해 할 수 있는 일이라고는 그저 뒤에서 가만히 지켜보고 있음을 알려주는 것이 전부였다. 은채는 1시간 동안의 세례문답을 잘 했다. 목사의 질문에 의외로 자신 있게 대답을 하였다.

최우수 선생이 갑자기 일본으로 6개월 동안 출장을 간다는 소식을 들었다. 그런데 묘하게 은채가 생각이 났다. 걱정이 되었다.

"은채야! 우수 샘 출장 소식 언제 들었어?"

"금요일 저녁에요. 우수 샘에게서 카톡이 왔는데, 카톡을 보면서 눈물이 계속 났어요. 카톡 후에도 눈물이 멈추지 않더라고요. 엄마가 깜짝 놀라면서 누가 죽었냐고 물어보시더라고요."

"야! 너 사람 차별하면 안 된다. 내가 경기도 갈 때는 관심도 없더니 우수 샘 잠시 출장 간다고 하니까 펑펑 우냐?"

"선생님과 우수 샘이 똑같아요?"

은채가 성질을 확 냈다. 바로 꼬리를 내렸다. 나로서는 그래야만 했다.

"은채야! 이번 여름에 일본으로 선교여행 가기로 했다."

"진짜요?"

갑자기 은채의 목소리가 밝아졌다. 그렇게 우수 선생이 좋을까?

융통성이 없다

"말 할까? 말까?"

"목사님! 또 사고 치셨어요?"

"실은……."

문 목사가 말하기를 주저하였다.

"에이 말을 해야겠어. 요즘 기도 중에 마음이 무지 불편해. 실은 우리 교회를 도와주는 분이 있는데, 기부금영수증을 해달라고 하더라고."

"목사님! 해주시면 안 됩니다. 그것은 불법이에요."

문 목사의 이야기를 듣고 강하게 목소리를 높였다. 꽤 오랫동안 떠들었다.

"알았어. 약속했으니 이번만 해주고 다음에는 안해야겠어."

"목사님! 실망입니다. 지금 바로 거절하세요."

"……."

내 말이 불편했는지 문 목사는 침묵하였다.

다음날 그에게서 전화가 왔다. 밝은 목소리였다. 기도 중에 하나님의 음성을 들었다고 한다.

'네가 누구를 두려워하느냐?'

문 목사는 하나님의 음성에 순종하기로 했다. 마음이 편안하였다. 이번 일로 인해 사람과의 관계가 소원할 수는 있지만, 하나님과의 관계는 더 단단해졌다.

문 목사는 교회 회계를 맡은 사모에게 바로 전화를 하였다. 기부금영수증을 만들지 않아도 된다고 말했다. 사모는 남편의 결정에 기뻤다. 남편이 하나님 앞에서 올바른 선택을 했기 때문이다. 실은 사모도 마음이 불편하였다. 양심에 찔림이 있었다. 잘못인줄은 알았지만, 남편의 결정이었기에 그냥 침묵했었다. 그게 남편 목사에 대한 작은 배려라고 생각했다.

문 목사의 회개를 보면서 교회 여집사의 작은 메아리 소리가 어렴풋이 다시 되돌아왔다.

"교회에서 연말정산 기부금영수증 좀 그냥 해주면 안 되나요? 우리 여선교회에서 새 가정을 교회에 정착시키려고 얼마나 노력하는 줄 아세요?"

"아! 집사님! 작년에 교회 잘 나오던 부부 말하는 거죠?"

"사업을 하다 보니 연말정산 기부금영수증이 필요했나 봅니다. 그런데 교회에서 가짜 영수증 발행은 단호하게 안 된다고 하니 삐져서 이제 교회를 안 나온 것 아닙니까? 담임목사님이 해주라고 해도 회계를 맡은 김대현 집사가 아마 틀림없이 안 된다고 했을 거예요. 융통성이 전혀 없어요."

"집사님 말이 백번 맞아요. 저도 답답해요. 사람이 융통성이 있어야 하는데……."

교회 여집사의 하소연을 들으면서 마음이 참 따뜻해졌다. 여집사가 교회에 한 명이라도 전도하고 정착시키려는 그 마음은 십분 이해한다. 그래서 맞장구를 쳤던 것이다. 그리고 김대현 집사가 투명하게 회계처리를 한 것도 매우 잘한 일이다. 융통성이 없다는 말이 어떻게 들릴 줄은 모르겠지만, 그 말이 최고의 찬사라는 생각이 든다. 우리 교회는, 우리 사회에는 융통성 없다는 말을 들을 정도로 투명하고 깨끗한 사람이 필요하다. 우리는 융통성이 없어도 진실하게 살아가는 사람을 찾고 있지 않았는가?

2017년은 종교개혁 500주년이었다. 카톨릭의 타락과 부패에 저항하여 종교개혁이 일어났다. 그로부터 500년이나 흘렀다. 지금 프로테스탄트(기독교)의 모습은 어떠한가? 현재 세상이 바라보는 기독교의 모습은 500년 전 카톨릭의 모습과 비슷하다. 누구도 부정할 수 없는 현실이다.

어떤 크리스천 청년이 영국으로 유학을 갔다. 유럽에서 오랫동안 공부하며 청년은 한국 교회와 차이점에 대해서 많은 것을 느꼈다고 한다. 유럽의 교회들은 분명히 교회마다 사람들이 점점 줄어들고 있는 추세였다. 그런데 사회 전반적으로 기독교 정신이 밑바탕에 뿌리내려 있다는 것을 청년은 확인하였다. 반면에 한국은 교회에 사람들이 가득하다. 국회의원 40% 이상이 크리스천이며, 전 국민의 25% 이상이 기독교인이다. 그런데 사회는 비기독교적이라는 것이다. 어디가 더 주님이 원하는 것일까? 과연 한국 교회라고 자신 있게 말할 수 있을까?

> "너희는 세상의 소금이니 소금이 만일 그 맛을 잃으면 무엇으로 짜게 하리요 후에는 아무 쓸 데 없어 다만 밖에 버려져 사람에게 밟힐 뿐이니라 너희는 세상의 빛이라 산 위에 있는 동네가 숨겨지지 못할 것이요" (마태복음 5:13-14)

세상의 빛과 소금이라는 유명한 성경구절이다. 이 말씀은 교회와 크리스천들에게 세상에서 빛과 소금이 되라고 말하지 않는다. 교회는 이미 세상의 빛과 소금이라고 선언하였다. 어느 순간에 교회가 세상의 빛과 소금이라는 말씀이 분명하게 눈에 들어왔다. 전율이랄까? 부끄럽기도 하고 책임감 뭐 그런 소명을 가져야만 할 것 같았다. 아무튼 세상에서 교회의 역할을 강조하고 있다.

당신이 그 사람입니다

"아이고! 속 쓰려. 오늘 먹은 저녁이 제대로 소화가 될란가 모르겠다. 묻어두면 좋을 것을. 똥을 막대기로 쑤시면 더 악취만 풍기지 않겠어?"

"목사님! 뜬금없이 무슨 말입니까?"

"아니 TV에서 불법이다 뭐다 계속 교회를 비판하잖아. 그게 잘못이라고 모르는 사람이 누가 있겠어? 사명감을 가지고 열심히 목회하는 분들이 얼마나 많은데, 목회자 모두가 도맷값으로 싸잡아 넘어갈 뿐이라고."

"문 목사님! 실망입니다."

"아니, 또 왜 그래?"

문 목사의 이야기를 들으면서 성경에 나오는 나단 선지자가 생각이 났다.

"다윗 왕이여! 제 이야기를 들어보세요!"

나단 선지자가 다윗을 찾아갔다.

"나단 선지자! 좋소이다. 말해 보시오."

"한 성에 두 사람이 있었습니다. 한 사람은 양과 소가 많은 부자이고, 또 한 사람은 암양 새끼 하나뿐인 가난한 자입니다. 하루는 부자에게 손님이 찾아왔습니다. 그래서 부자는 손님대접을 해야 했습니다. 그런데 자신의 양과 소가 아까워 가난한 자의 양 새끼를 빼앗았습니다."

"뭐라고? 이런 사악한 놈이 있나? 그 못된 부자를 당장 잡아서 죽여라!"

나단의 이야기를 듣고 있던 다윗은 매우 격노하였다. 그는 불의한 부자의 행동에 참을 수가 없었다.

'어찌 그럴 수가 있단 말인가?'

다윗은 엄하게 다스려 온 이스라엘에 경종을 울려야겠다고 다짐하였다. 그런데…….

다윗의 말이 끝나기도 전에 천둥과 같은 나단 선지자의 고함소리가 크게 울렸다.

"당신이 그 사람입니다."

또 다시 고함소리가 울려 퍼졌다.

"당신이 그 불의한 부자입니다."

성경은 "다윗이 여호와의 말씀을 업신여기고 여호와 보기에 악을 행하였다."고 말하고 있다. 그래서 나단 선지자가 다윗을 책망한 것이다.

다윗의 악행은 그야말로 소름이 끼칠 정도였다. 전쟁터에서 싸우고 있는 충성스런 부하 우리아의 아내 밧세바를 범하여 임신을 시켰다. 그리고 임신을 감추려고, 자신의 잘못을 감추려고 우리아를 전쟁터에서 불러들였다. 그리고 밧세바와 동침시키려 했으나, 우리아는 강력하게 거부한다. 전쟁 중에 자신만 쾌락을 즐길 수가 없다고 말이다. 세상에 이런 충성스런 부하가 어디에 있나? 다윗은 안절부절못했다.

'바보 같은 자식! 이 일을 어쩐단 말인가?'

다윗은 회개하지 못하고 더 큰 죄를 범한다. 충신 우리아를 최전선에 보내어 결국 죽게 만들었다. 그리고 밧세바를 바로 궁실로 불러들여 아내로 삼아버렸다. 인간의 탈을 쓰고 어찌 이럴 수 있는가? 더구나 하나님의 사람 다윗이 말이다. 성경을 읽으면서 다윗의 악행을 보고 경악을 금치 못했다.

"당신이 그 사람입니다."

나단의 고함소리가 들려왔다. 그 소리마저 외면해서는 안 된다. 그 소리는 다윗을 사랑하는 하나님이 다윗에게 주는 마지막 기회일지도 모른다. 다행히 다윗은 곧바로 회개하였다. 6일 밤낮을 금식하며 땅에 엎드려 눈물, 콧물을 쏟아냈다. 자신의 악행이 모두 떠올랐다. 부끄럽고 미안하였다. 그 참된 회개를 보고 주님은 다시 회복토록 기회를 주었다.

"당신이 그 사람입니다."

나단 선지자의 외침에 비추어 문 목사에게 실망했다.

"묻어두면 좋을 것을. 똥을 막대기로 쑤시면 더 악취만 풍기지 않겠어?"

나단 선지자와 같이 외치는 소리가 없는데, 누가 회개하겠는가? 커다란 악행을 범한 다윗도 나단의 외침이 없었으면 결코 회개하지 않았을 것이다. 그러면 다윗은 영원히 악인으로 남았다. 성경은 그렇게 기록할 것이다. 다윗이 악인이었다고.

"그게 잘못인 것을 모르는 사람이 누가 있겠어?"

부자와 가난한 자의 예화를 통해 다윗은 선과 악에 대한 분별력이 있음을 알 수 있다. 옳고 그름을 잘 안다는 것이다. 다 알고 있다. 그런데 정작 본인에게 그 분별력을 적용하지 않는다는 것이 큰 문제이다. 불법을 저지른 목회자, 크리스천도 마찬가지이다. 잘못임을 알고 있다. 그런데 왜 회개하지 않을까? 나단 선지자의 외침이 없기 때문이다. 많은 사람들이 지금의 교회는 스스로 자정능력을 상실했다고 지적한다. 그래서 언론 등 외부에서, 세상에서 교회를 향해 큰 소리로 외친다는 것이다. 그나마 그 간절한 외침마저 외면한다면 교회는…….

"당신이 그 사람입니다."

지금도 여전히 계속 "당신이 그 사람입니다."고 울리는 소리들이 있다. 듣기 싫을 수도 있다. 창피하기도 하다. 때론 너무 많은 소리들을 들어서 무감각하기도 하다. 그러나 여전히 울려 퍼지는 나단의 음성에 귀 기울이는 교회이기를 소망한다.

서울에 근무하면서 주일에 교회를 자주 나가지 못했다. 건설현장 특성상 주일에도 근무하였다. 그러던 어느 날, 교회 예배를 마치고 집으로 가는데 청년이 된 진옥이가 불렀다.

"선생님!"

"어! 진옥아! 오랜만이다."

낯선 서울 땅에서 진옥이를 만나다니 무지 반가웠다.

"선생님! 같은 교회에 다니면서도 정말 오래간만에 뵙네요. 솔직히 선생님에게 실망이에요. 요즘 선생님의 모습을 보면 옛날 광주 중고등부에서 저희를 가르치던 그 선생님이 전혀 아닙니다. 주일 예배도 빠지시고요. 왜 그러세요?"

진옥이의 표정은 무서웠다. 아이를 심하게 꾸짖는 엄마의 표정이었다. 순간 무지 창피하고 부끄러웠다. 신입사원일 때에 순전히 직장 업무 관계로 주일을 지키지 못하면 심한 죄책감에 괴로워했다. 차츰 주일을 빠지는 횟수가 늘어나고 언제부터인가는 타성에 젖어 무감각하기 시작하였다. 교회 담임목사로부터 진옥이와 같은 말을 들었으면, 회사일 핑계로 그냥 무시했을 것이다. 그런데 진옥이의 말은 달랐다. 가르쳤던 제자로부터 이런 말을 듣다니 그 자리에서 녀석의 얼굴을 마주하며 도저히 있을 수가 없었다. 하루 종일 진옥이의 말이 귓가에 윙윙거렸다. 죄책감이 다시 살아나고 반응하였던 것이다.

그 후로 진옥이의 적극적인 추천으로 교회에서 중고등부 교사로 봉사하였다. 여전히 주일성수에 어려움은 있었지만, 맡은 중학생 아이들이 목에 가시처럼 남아있어 주일 예배를 어떻게든 지키려고 노력하였다. 그러면서 무너진 신앙이 조금씩 회복되었다.

'저 아줌마가 나의 은인이다.'

가끔 아줌마가 된 진옥이를 볼 때마다 드는 생각이다.

"소장님! 드릴 말씀이 있습니다. 제가 이번에 교회에서 중고등부 교사를 맡게 되었는데, 일요일에는 교회 갈 수 있도록 배려해주세요. 토요일에 근무하겠습니다."

"그래라! 일요일은 쉬어!"

직장 상사의 대답은 단지 그 말뿐이었다. 간단하고 명료하였다. 이렇게 쉽게 해결될 일을 한 달 동안 끙끙 앓았다. 중고등부 교사가 되어 주일성수는 어떻게든 해야겠고, 직장상사에게 말을 꺼냈다가는 심한 꾸지람을 받을 것 같았다.

'너는 하위직급 주제에 일요일에 쉬겠다는 말이 나오냐? 교회 다닌다고 해서 직원들의 형평성을 깰 수는 없잖아.'

그런데 의외로 너무나 쉽게 허락을 받았다. 이렇게 쉬운 것을 부딪쳐보지도 않고 그동안 걱정만 했으니…….

주님이 원하는 것

중학생인 딸 친구들이 동성애자 퀴어축제를 구경하러 갔다. 호기심에 몰려간 것 같다.

"애들아! 동성애는 나쁜 것이야."

"동성애가 뭐가 나쁜데?"

"어~ 어~ 교회에서 나쁘다고 했어."

"교회가 나쁘다고 하면 다 나쁜 것이냐?"

막내딸이 친구들과 크게 싸웠는가 보다. 씩씩거리면서 내게 따지듯이 물었다. 동성애가 왜 나쁘냐고.

"……."

할 말이 없었다. 준비가 전혀 안되었다.

미국, 캐나다 등은 동성애가 만연하고 있는 실정이다. 캐나다 허요한 선교사로부터 직접 들었다. 초등학교에서부터 성소수자들을 차별해서는 안 된다고 교육을 한다. 그런 학교 교육이 싫어서 자녀들에게 홈스쿨을 하는 캐나다 크리스천 가정이 의외로 많다고 한다. 크리스천 아이들이 학교에서 가정으로 쫓겨나고 있는 현실이다. 그것도 기독교 국가인 캐나다에서 말이다.

꽤 오래전에 KBS에서 '성소수자와 차별금지법' TV토론이 있었다. 평소 동성애에 관심이 많아 끝까지 시청하였다. 열띤 토론이었다. 토론은 동성애 반대가 우세하였다. 우리 사회가 유교사회이다 보니 아직까지는 동성애에 반대하는 정서가 매우 강하다. 동성애 반대에 대한 국민여론은 거의 일방적이다. 다만, 걱정스러운 것은 다음 토론, 또 다음 토론은…….

교회 중고등부 연합수련회에 교사 자격으로 참석하였다. 특강의 주제는 '동성애와 에이즈' 였다. 강사는 학생들에게 동성애를 반대해야만 하는 이유를 열정적으로 설명하였다. 물론 에이즈였고, 그 에이즈 환자들은 모두 동성애자였다. 에이즈 환자의 비참한 말로를 보여주었고, 어떤 경로로 에이즈에 감염되는지 자극적인 사진을 통해 자세히 설명하였다. 참석한 우리 모두는 동성애자들을 경멸하였다. 강의를 들은 사람이라면 분위기에 압도되어 그럴 수밖에 없었다.

그런데…….

우연한 기회에 에이즈 관련 자료를 찾아보았다. 공신력이 있는 질병관리본부에 접속하였다.

'2018년 HIV/AIDS 신고현황' 을 보면 2018년 신규 HIV(인체면역결핍바이러스) 감염인은 1,206명이고, 성별은 남자 91.2%(1,100명), 여자 8.8%(106명)이다. 그리고 내국인은 989명이며, 외국인이

217명이다. 내국인의 감염경로는 응답자의 답변에 의하면 모두가 '성 접촉'이다. 이 중 여자 감염인 33명은 모두 이성 성 접촉에 의한 감염이고, 남자 감염인의 48.8%(374명)는 동성 성 접촉에 의한 감염, 51.2%(392명)는 이성 성 접촉에 의한 감염이다. 2018년 기준 HIV 생존 감염자는 12,991명이다.

질병관리본부 자료를 보면서 놀랐다. 우리나라 에이즈 환자의 감염경로는 대부분 HIV 감염자와의 성 접촉이다. 동성애자가 일반성인보다 HIV 감염 위험이 매우 높은 것은 사실이지만, 동성애 자체가 에이즈 감염원은 아니다. 에이즈 환자의 감염원은 HIV이며, 동성애자이든 일반인이든 간에 HIV 감염자와의 성 접촉으로 감염된다. 따라서 동성애자이든 일반인이든 문란한 성생활, 콘돔 미착용 등이 원인이라 할 수 있다.

동성애를 기독교인으로서 적극 반대하지만, 접근방식에 있어서 오류가 많다는 것을 확인하였다. 동성애는 에이즈라는 논리는 분명 오류가 있다. 감염경로에 대한 잘못된 상식과 편견이 대표적인 예이다. 동성애를 반대하는 이유가 에이즈 밖에 없어서 그런 것은 아닐까? 의구심마저 든다. 동성애를 반대하는 거짓 만화와 가짜뉴스들이 우리 사회에 홍수처럼 넘쳐났다. 누가 만들었겠는가? 그 심정은 이해한다. 그러나 그런 방법으로는 오히려 상황을 악화시킬 뿐이다. 거짓이 아닌 정당한 방법으로 대응해야 한다. 그것이 지극히 기독교적인 방법이다. 동성애 반대 등을 외치는 각종 기독단체가 상당부분 정치적이라는 것도 문제이다. 그러니 사람들에게 동감을 얻을 수가 없는 것이다.

비유가 적절한지 모르겠다. 영화 '1987' 이 생각났다. '1987' 은 '박종철 고문 치사사건' 을 다룬 영화이다. 1987년 전두환 독재시절에 전국적으로 민주화운동이 일어났다. 경찰은 당시 서울대생인 박종철을 빨갱이로 몰아 고문하다가 사망에 이르게 한다. 그리고 이를 은폐하기 위해 거짓으로 조작하려다가 이 사실이 세상에 알려져 6월 항쟁의 도화선이 되었다.

영화에서 경찰의 수장인 박처장이라는 인물이 나온다. 그의 가족들이 6.25 때에 공산당에 의해 몰살당하였다. 그는 공산당을 싫어했다. 아니 증오했다. 빨갱이들을 없애는 것이 그의 사명이자, 애국이었다. 그를 이해할 수 있었다. 그러나 그는 목적을 위해 수단과 방법을 가리지 않았다. 목적을 위해서 거짓을 사용하였다. 결과는 처참한 실패였다.

동성애를 바라보는 정일선 장로의 진심어린 시선에 깊이 동감하였다.

"혐오감과 적대감을 조금만 줄이고 긍휼의 마음으로 바라보면 답을 얻을 수 있을 거예요. 이 시대가 갈등과 대립을 조장하고 힘겨루기 상황을 만들어 진영싸움을 하며, 자기편을 구축하고 그 힘으로 권력을 행사하고 자기 이권을 누리려는 속성을 드러내야 마치 성공한 것처럼 착각하게 합니다. 정치를 비롯한 모든 분야가 이런 패턴을 벗어나지 못한 채, 교회마저도 대적을 만들고 교인들을 결집하는 수단으로 긍휼보다는 혐오정서로 뭉치게 하는 아주 효과적인 수단이 가짜뉴스, 세뇌된 편견과 맹목적 믿음이었던 것 같아요. 내 안에 뿌리박고 있는 이런 혐오감과 맹신이 주님이 주신 자유와 평안을 빼앗아가고, 사회적 갈등과 반교회적 정서를 불러일으키고, 오히려 까닭 없는 비난까지 자처하고 있지는 않은지 돌아보게 됩니다. 혐오를 기반으로 가짜뉴스를 전달하고 정죄하며 우리끼리 똘똘 뭉쳐 믿지 않는 이들이 우리를 걱정하는 이런 사태보다는 주의 긍휼을 앞세우며 성경의 가르침으로 상황을 바라보고, 복음의 진리와 사랑으로 한 영혼이 구원의 길을 걷게 하는 방편과 그들을 구제하는 제도적 장치도 마련해 나가는 사회적 노력의 진정성을 만들어가야 하지 않을까요?"

현재 많은 기독교인들이 동성애 이 문제에 대해서 서로 다른 시각을 갖고 있다. 그렇다고 다른 시각을 무조건 폄하해서는 안 된다. 단지 관점이 다르고 접근방식에서 차이가 있을 뿐이다. 다양한 목소리를 듣지 않으면 결국 소외될 수밖에 없다. '동성애 반대!' 목표는 하나이지만, 올라가는 길은 다양할 수 있다.

"왜 교회가 갑자기 동성애, 난민, 양심적 병역거부 문제 등을 가지고 목소리를 높이나요? 그러면서 왜 교회가 교회 세습, 부정부패, 각종 비리 등에 대해서는 침묵하고 있습니까?"

일부 목사들이 이와 비슷한 말을 해서 큰 곤욕을 치렀다. 동성애가 교회에서는 매우 민감한 문제이기 때문이다.

"예수님이라면 어떻게 하셨을까?"

가끔 그런 생각을 해보았다. 답을 못 찾았지만, 누가 뭐래도 아직 우리 사회는 희망이 남아 있다. 바로 교회가 있기 때문이다. 교회가 희망이 될 수 있다. 교회가 바로 서면 의외로 문제를 쉽게 해결할 수도 있다. 지금 우리의 교회 상태로는 도저히 어렵다고 안 된다고 하면 처음부터 다시 시작하면 된다. 나는 소망한다. 교회에서 반대하기 때문에 사회에서 인정하는 날을 고대한다.

분명 '동성애'는 하나님이 싫어하는 죄임에 틀림없다. 그리고 하나님은 '부정부패' 또한 싫어한다. 크리스천들이 '동성애'에 목소리를 높인 것과 마찬가지로 동일하게 '부정부패'에 대해서도 목소리를 높이기 시작하면 된다. 거기서부터 답을 찾을 수가 있다. 그것이 바로 주님이 원하는 것이 아닐까?

텅 빈 유럽교회

유럽에 가면 교회가 텅 비었다는 말을 자주 들었다. 교회를 다니는 성도가 없다는 말이다. 교회가 비었다. 노인들만 겨우 자리를 지키고 있다. 믿기지 않지만, 교회에 성도가 없으니 교회 건물들은 통합되거나 술집 또는 이슬람 사원 등으로 팔린다고 한다.

이유는 간단하다. 유럽 사람들은 대부분 하나님을 믿는 기독교인이지만, 교회에 가서 더 이상 얻을 것이 없어 그렇다고 한다.

사회는 점점 발달하고 있다. 정치, 경제, 문화, 예술 등 차원이 점점 높아지는데 교회가 그 속도에 못 따라 온다는 것이다. 그러니 자연스럽게 성도들이 교회를 외면하는 것이다. 특히, 교회에 젊은이들이 없는 이유이기도 하다.

사회현상을 연구하는 전문가들의 분석이 100% 맞는 것은 아니지만, 교회가 뒤처지고 있다는 분석은 어느 정도 일리가 있다. 유럽교회가 쇠퇴하는 이유는 여러 가지가 있다. 아무튼, 우리 교회들도 반면교사로 삼아야 한다.

예를 들어볼까? 중국 우한지방에서 발병한 전염병 코로나19 바이러스가 2020년 연초부터 세계를 팬데믹 공포의 도가니로 만들었다. 여기서 '팬데믹'은 전염병이 전 세계적으로 크게 유행하는 현상을 말한다.

학교, 회사 등 사회 전체적으로 '사회적 거리두기' 운동이 일어났고, 너나 할 것 없이 고통분담에 동참해야만 했다. 정부는 코로나19 집단 감염을 우려하여 종교활동 자제를 교회에 요청하였고, 코로나19의 강력한 대응조치로 초중고 모든 학교의 교육과정을 온라인교육으로 대체하였다.

"선배님! 이번 코로나사태에 교회 중고등부는 어떻게 관리하고 있나요?"

친한 선배에게 물었다.

"어른은 온라인예배를 드리고 있고, 학생들은 방치 상태야."

"거의 대부분 교회가 마찬가지네요."

학생들 신앙교육에 대한 문제의식은 갖고 있었지만, 뾰족한 방법이 없었다. 조금 정직하게 말하자면 고민조차 없었다.

크리스천 교사로부터 들은 말이다. 채찍질처럼 들렸다.

"코로나사태로 학교에서 온라인수업을 준비하며 느낀 것이 많습니다. 교사들의 네트워크에 깜짝 놀랐어요. 컴퓨터를 못해 온라인 수업을 어떻게 할지 불안했는데, 교사 네트워크를 통해 해결할 수 있어 감사했어요. 어려움을 당하고 보니 우리 교육체계가 참 잘되어 있다는 것을 실감했어요. 그러면서 주일학교 교사로서 교회 아이들이 생각나더군요. 우리 아이들은 거의 방치된 상태입니다. 교회가 사회시스템에 한참 뒤지는 것 같아 답답했어요."

맞다. 개교회 중심적인 교회 현실이 안타깝다. 교단이 있고, 노회도 있는데, 교육 네트워크가 없다는 것은 뼈아픈 현실이다. 최소한 같은 지역에서 교회 주일학교만이라도 네트워크가 형성되어 서로 교류를 하면 얼마나 좋을까? 갑작스런 코로나사태에 준비가 되어있지 않은 것은 어떻게 보면 당연하다. 그렇지만, 가정에서 게임만 하고 카톡을 하는 아이들을 그저 두고 볼 수만은 없지 않은가? 이 기회에 가정예배가 회복되면 좋은데, 한숨이 나온다. 나도 개인 신앙생활을 잘 못하고 있는데 누굴 탓하랴? 그래도 교회 교사들이 감사하게도 공감대가 형성되어 일단 뭐든지 해보기로 하였다. 아이들이 교회의 미래잖아!

또 하나의 예만 소개한다. 사회는 이제 모든 곳에서 민주주의가 일반화되었다. 심지어 어린 초등학생들도 자기의사표현이 분명하고, 가정에서 비민주적일 경우에 아이들의 반격이 매우 거세다. 가정의 육아문제도 마찬가지이다. 이제 육아는 엄마에게만 해당하지 않는다. 아빠도 엄마와 동일하게 육아에 책임이 있다. 젊은 사람들의 고충을 들어보면 사회가 급속도로 바뀌어가고 있다는 것을 실감한다.

교회의 발전도 성도들의 생활과 맞물려 있다. 젊은 성도들의 애환과 문제를 함께 고민하는 교회는 발전하고, 그렇지 못하는 교회는 쇠퇴할 수밖에 없다. 성도들의 목소리에 더 세밀하게 귀를 기울여야 한다. 성도들은 가정과 사회에서 민주적으로 살고 있는데, 교회에 가 보니 답답하다고 느끼면 자연스럽게 교회를 멀리 할 수밖에 없다. 실제로 교회에 나가지 않는 기독교인이 점점 많아지고 있다. 답답하다는 것이다. 교회가 답답하고, 목사도 답답하고, 성도들도 답답하다는 것이다. 속도가 빠른 사회현상을 간과하면 우리 교회도 머지않아 유럽교회처럼 될 수 있다.

드라마에 푹 빠진 적이 있다. '허준' 이라고 2000년에 방영된 드라마이다. 벌써 20년이 지났지만, 생생하게 기억이 난다.

"안 서방! 나 오늘 돈 벌었어! 뭐 사줄까?"

순천에 사는 장모로부터 전화가 왔다. 시골에 매실나무 한그루가 있는데, 매실을 따서 장에 내다 팔았다. 보통 매실 kg당 1,000원 정도 팔았는데, 갑자기 매실값이 뛰어서 2,000원에 팔았다. 200만원을 더 벌어 장모가 기분이 좋았다. 매실 값이 갑자기 뛴 이유가 있다. 허준 드라마 때문이다. 조선시대에 전염병이 창궐하여 많은 백성이 죽었다. 허준이 치료약을 발견했다. 매실이었다. 그 영향으로 그해 매실음료 소비량이 코카콜라를 추월하였다.

중세시대 흑사병은 실로 어마어마하였다. 중세 유럽에서 흑사병이 크게 유행하여 전 유럽인구의 30%이상의 사망자가 발생하였다. 신부들도 흑사병 사망자의 장례를 처리하다가 전염되어 많이 죽었다. 성당에서 신부가 턱없이 부족하자, 무자격자 사람들을 대거 신부로 채용하였다. 그 결과 무분별한 신부들의 타락이 종교개혁을 촉발

한 주요 요인이었다.

'총균쇠' 라는 책이 있다. 1532년 불과 스페인 군대 168명이 잉카제국 8만명을 전멸시킨 이야기가 나온다. 바로 바이러스 때문이다. 바이러스는 동물을 통해 특히 가축을 통해 사람들에게 전염된다. 잉카제국에는 가축이 없었다. '라마' 라고 겨우 한 종류만 있었다. 스페인 군인들이 자신들의 몸에 있는 천연두, 홍역, 장티푸스 등 바이러스를 전염시켰다. 천연두에 대한 면역력이 없는 잉카제국 사람들은 바이러스로 인해 전멸을 한다. 무려 95%가 균에 의해 죽었다.

'기독교의 발흥' 이란 책에도 전염병 이야기가 나온다. 로마제국에 A.D 165년과 250년 두 차례 큰 전염병이 창궐한다. 국민의 1/3 이상이 전염병으로 죽었다. 많은 사람들이 전염병을 피해 다른 곳으로 이주하였다. 그 당시 로마에서 기독교인은 0.4%에 불과했다. 그런데 두 차례 전염병 이후 로마에서 기독교인의 숫자는 크게 증가하였고, 기독교 발흥의 결정적인 계기가 되었다. 무서운 전염병이 로마제국을 휩쓸자 사람들은 두려웠다. 그런데 기독교인들은 달랐다. 두려워하지 않았다. 전염병에 걸린 사람들을 치료해 주었다. 그 당시 치료가 무엇이 있겠는가? 따뜻한 물과 수프 정도이다. 그런데 이런 간단한 치료만으로도 회복된 사람들이 많았다. 기독교인을 제외하고 아무도 전염병에 걸린 사람들에게 찾아가지 않았기 때문이다. 환자들은 그렇게 죽어갔다. 전염병으로 많은 기독교인들도 마찬가지로 죽었지만, 그들의 헌신으로 전염병 이후에 많은 사람들이 기독교로 개종하였다. 사람들은 전염병으로 인해 나약한 자신을 발견하였다. 그 사람들에게 유일하게 전염병의 해답과 희망을 제시한 것은 기독교뿐이었다.

조선 말기 우리나라도 마찬가지이다. 콜레라가 창궐하고 결핵 등으로 무수한 백성이 죽었다. 이러한 때에 조선선교사가 등장한다. 선교사들은 병원을 세우고 헌신적으로 사람들을 치료해 주었다. 유교 사회인 우리나라에 급속도로 기독교가 흥왕한 이유는 초기 조선선교사들의 헌신에 있음을 부정할 수 없다.

역사적으로 전염병은 항상 있었다. 그리고 전염병에 따라 어떤 나라는 망하고 또 어떤 나라는 흥하기도 한다. 역사가 말해주고 있다. 역사 속에서 교훈을 얻었으면 한다. 맞다. 코로나19 바이러스 무섭다. 사람들이 두려워 떨고 있다. 경제는 파탄에 이를 정도이며, 우리 생활 모든 것이 엉망이다. 위기이다. 그런데 역사는 기회라고 말한다.

교회가 코로나19 앞에 서 있다. 코로나19로 이단 사이비 집단인 신천지가 세상에 공개되었다. 앞으로 탈퇴하는 사람들이 속출할 것이고, 신천지의 몰락이 눈앞에 보인다. 그럼 교회는? 현재 상태로는 교회의 퇴보도 어렵지 않게 예상이 된다. 뭔 소리냐고? 젊은이들이 점점 교회를 떠나고 있다. 전염병에 두려워하는 사람들이 희망을 찾아 교회에 와야 하는데 오히려 등을 돌리고 있다. 그 이유는 뭘까?

·다섯 번째 이야기·

목사님!
뭐가 달라요?

"누구든지 주의 이름을 부르는 자는
구원을 받으리라"

로마서 10장 13절

참 따뜻한 손

문영천 집사에게는 두 조카가 있다. 태호와 진호이다. 부모님을 일찍 여읜 고아이다. 두 아이를 노총각 삼촌인 문 집사가 키웠다. 마땅한 거처가 없어 조그만 개척 교회 쪽방에서 함께 살았다.

태호는 교회에서 부잡한 아이로 유명하였다. 그 누구도 태호를 통제할 수 없었다. 말을 함부로 하고, 행동도 거칠고, 정말 심난한 녀석이었다. 교육을 제대로 받을 수 없었으니 그랬을 것이다. 당연하다.

동생 진호는 초등학교에서 아이들을 많이 괴롭혔다. 힘이 장사였다. 그래서인지 또래 아이들과 어울리지 못하고, 거의 대부분 교회 중고등부 형, 누나들과 놀았다. 교회 누나들이 진호를 잘 보살폈다. 민정이, 영주와 진옥이, 그리고 기화가 좋은 누나들이었다. 태호와 진호는 감사하게 단 한 번도 주일 예배만큼은 절대 빠지지 않았다. 두 꼬마 녀석들이 교회에서 잘 자랐다.

오랜 타향살이 후에 광주로 다시 돌아왔다. 태호와 진호를 다시 만났는데 깜짝 놀랐다. 멋있는 성인이 되어 있었다.

태호와 진호는 공업고등학교를 다녔다. 학교에서 형제를 모르는 사람은 아무도 없다. 싸움 짱으로 유명하였기 때문이다. 고1은 진호가 짱이었고, 고3은 태호가 학교짱이었다. 형제가 매일 같이 다녔는데, 그야말로 두려울 것이 없었다. 한마디로 학교를 주먹으로 평정하였다. 학교 폭력써클에서 형제를 가만히 둘 리가 없다. 폭력써클에 가입시키려고 졸업한 선배들까지 동원하여 태호와 진호를 몹시도 괴롭혔다.

"우리는 하나님을 믿는 사람잉께 건들지 마라."

형제는 단칼에 거부하였다.

하나님께 감사하였다. 교회에서 늘 말썽만 일으키는 문제아로만 알았는데, 그래도 이 녀석들에게 하나님이 누구인지, 신앙이 무엇인지 분별할 수 있는 믿음이 있어 감사하였다. 이 녀석들이 자라면서 많은 유혹을 잘 이기고 어엿한 성인이 되어 감사하였다. 태호는 일식집 최고요리사로, 진호는 공공시설 엔지니어로 열심히 일하고 있다.

"샘요! 진호와 제가 교회를 위해 큰 일 하나 해부러써라."

"뭔데?"

"울 교회에 맨날 오는 거지 있잖소. 거지를 델꼬 약국으로 갔어라. 글고 박카스 사줄 텐께 쳐 묵을 만큼 집으라고 했죠. 아따! 요것이 박카스 2병이나 고르대요. 조용한 곳으로 살살 끌고 갔당께요. 앞으로 울 교회 오면 디지게 때려분다고 살짝 겁만 줬써라. 안 오겠다고 철통같이 약속을 받았당께요. 잘했지라?"

"잘했는데, 협박까지 할 필요가 있을까?"

"워메! 샘은 거지 근성을 하나도 모릉께 그런 소리 한당께요. 딱 부러지게 혼내줘야 다음부터 안 오지라."

"그래! 잘했다. 니 말이 맞다."

교회에 거지가 동냥을 하러 왔다. 여성도들이 깜짝 놀랐다. 비명을 질렀다. 교회 문을 열었는데, 거지가 바로 서있었던 것이다. 이 모습을 태호와 진호가 보았다. 거지를 불러 따로 데려갔다. 약국에 가서 박카스를 사주었다. 그리고 다시는 교회로 오지 말라고 혼을 내고 멀리 쫓아버렸다. 그 영향 때문인지 가끔씩 찾아오는 거지를 좀처럼 볼 수가 없었다.

태호와 진호는 거지를 쫓아냈다고 자랑했다. 비록 형제의 행동이 바람직하지 않지만, 그 녀석들 방식대로 교회를 사랑하는 마음이 있음을 느낄 수 있었다. 태호와 진호! 어려서부터 보아온 아이들이라 유달리 정이 많이 간다. 어찌나 쾌활하고 씩씩하던지 에너지가 넘쳤다.

형제가 교회를 떠났다. 교회를 개척한 삼촌을 따라갔다. 최근에 직장관계로 신앙생활을 잘 못한다고 들었는데, 하나님 안에서 굳건한 믿음을 지키며 충성되게 살아가기를 기도한다.

교회는 상처받은 아이들의 안식처가 되어 주어야 한다. 1900년대 조선선교사들의 확장주일학교가 생각이 난다. 그 열매가 지금의 우리 교회이다. 아이들에게 관심을 갖는 곳에 희망과 소망이 있다. 교회의 성장은 아이들에 대한 관심에서 좌우된다. 엄청 간단하고 쉬운데 말이다.

이슬람교와 유대교를 예로 들어본다. 두 종교는 거의 100% 부모의 신앙이 자녀들에게 계승된다. 100%라니 왜 그럴까? 반면에 한국의 기독교는? 최근 조사에 따르면 매우 낮은 수치라고 들었다. 교회의 모든 시스템과 조직을 과감할 정도로 주일학교에 맞추어야 한다. 그래야 교회가 성장할 수 있고, 우리 아이들을 살릴 수 있다. 크리스천 부모들도 자녀교육에 있어서 어디에 가장 큰 가치를 두었는지 깊이 회개해야 한다.

라면 끓여 줄게요

"잠깐! 임동준 씨!"

문 목사가 누군가를 향해 큰 소리로 불렀다. 차를 멈추고 내렸다. 지나가는 사람을 불러 세웠다.

"목사님! 안녕하셔유?"

어눌한 목소리였다. 행색이 남루한 50대 중반의 아저씨가 고개를 숙이고 인사를 하였다.

"임동준 씨! 이번 주일날 왜 교회 안 나왔어요?"

"자다가 깜박 해부렀소. 다음에는 꼭 나갈게라."

폐지를 모아 생계를 유지하는 아저씨이다. 폐지를 많이 모으기 위해서는 리어카가 필요했다. 문 목사에게 사달라고 했다. 비 오는 날이었다. 비를 맞으면서 반나절 동안 양동시장을 같이 돌아다녔다. 드디어 찾았다. 15만원을 주고 중고리어카를 샀다. 그런데 이 아저씨가 5만원에 리어카를 다른 사람에게 팔아버렸다. 단지, 술을 마시기 위해 팔아버린 것이다.

그가 교회에 출석하는 이유가 있다. 교회에서 무엇인가 또 해주겠거니 바라는 마음이 있다. 다정한 사람들을 만나고 밥도 공짜로 먹을 수 있다. 흑심도 있었다. 교회는 지적장애인 여자애들이 있다. 그 중에 마음에 두고 있는 여자가 있었다. 남들이 안보는 구석지로 그 여자애를 몰래 데려가서 몸을 만지려고 했다. 아저씨는 오십이 넘은 나이에 혼자 살았다. 자세히 보니 장애를 갖고 있었다. 몸이 불편하였다. 그는 가정을 이룰 형편도 여력도 없었다. 그에게 인생은 고통이다. 그래서 마신 것이다. 술을! 죽고 싶었다. 하루에도 수십 번씩 자살하고 싶은 충동이 들었다. 혼자 외로워서 그랬다.

예수사랑교회가 이런 아저씨에게 관심을 가지는 이유가 무엇일까? 이해할 수 없었다. 교회에 전혀 도움이 되지 않고, 오히려 나쁜 영향을 끼치는 사람을 왜 두고 보는 것일까? 나는 그 아저씨를 처음 보면서부터 불편한 마음이 들었다. 솔직히 싫었다.

"따르릉! 따르릉!"

"임동준 씨! 축구장에 갑시다. 라면 끓여 줄게요."

문 목사는 새벽기도가 끝난 후에 곧바로 전화를 하였다. 어제 독서모임을 했다. 독서모임에서 읽은 책이 '오방 최흥종' 이었다. 최흥종은 목사이며, 일평생 나환자와 거지들을 사랑으로 보살핀 사람이다. 문 목사는 최흥종을 읽고 느낀 것이 있었다. 새벽기도 중에 갑자기 임동준 성도가 생각이 났다. 그래서 바로 전화를 하였다. 감사하게 그가 전화를 받았다. 항상 술에 쩌들어 자고 있었는데, 그 날은 온전히 깨어있었다. 함께 냄비와 국자를 들고 축구장에 왔다. 축구 후에 축구회원들과 만두라면을 먹었다.

"아저씨! 안녕하세요?"

"어따! 저번에 길거리에서 만난 선상님이네요. 잉!"

나를 기억하고 있었다. 악수를 했다. 아저씨는 인사를 5번이나 계속 하였다. 미안할 정도로 고개를 많이 숙였다.

"선상님! 나도 이참에 정신 차리고 열심히 살아불라요."

아저씨가 내게 왜 이런 말을 하는지 모르겠다. 하지만, 아저씨의 얼굴이 무척 밝아보였다. 그 날 만큼은 행복했나 보다.

내게 웃어주는 그를 보자 미안하고 부끄러웠다. 교회는 부자와 가난한 자가 함께 공존할 수 있는 유일한 장소이다. 배운 자와 못 배운 자가 서로 이야기하고, 각 개인의 환경과 상관없이 서로 사랑하는 그런 곳이지 않는가? 그런 의미에서 문 목사의 따뜻한 마음에 감사하였다. 모두가 외면한 그런 부류의 사람들에게 먼저 손을 내밀었다. 참 따뜻한 손이다.

교회에 찾아오는 거지들

교회에 한 달에 한번 정도 찾아오는 거지가 2명 있다. 한 사람은 행색이 남루하고, 또 한 사람은 겉보기에 멀쩡하였다.

"멀쩡하게 생기신 분이 왜 구걸을 합니까? 돈 주지 마세요. 자꾸 주니까 버릇 되죠."

새댁 김민강 집사였다. 어찌나 당차고 거침이 없든지 속이 시원하였다. 그 말을 똑같이 하고 싶었는데, 주위 눈치가 있어서 그렇게 하지 못했다.

"아니, 이걸 진짜 씨이!"

거지는 김민강 집사의 말에 자존심이 상했나 보다. 주먹을 높이 들었다. 거친 욕을 지껄였다.

"아저씨! 여기 돈 가지고 가세요."

얼른 천 원짜리 지폐 두 장을 집어주었다. 그가 나를 째려보았다. 지갑을 다시 뺐다. 지갑 안에 가득한 만 원짜리 지폐는 주기가 싫었다. 뒤적이다 찾은 천 원짜리 지폐 세 장을 꺼냈다. 거지 아저씨는 돈을 받더니 바로 돌아갔다.

행색이 남루한 거지가 교회 안을 기웃거렸다. 천 원 두 장을 주었다. 돈을 받고도 그대로 있었다. 또 한 장을 주었다. 그래도 가지 않고 누군가를 찾고 있었다.

"아저씨! 누구 찾으세요?"

거지는 교회 안을 한 번 더 들여다보더니 아무 말 없이 갔다.

"문영천 목사님을 찾나 봅니다."

거지의 행동을 지켜본 강현 권사가 궁금증을 풀어주었다.

"아니, 우리 교회에 없는 문 목사님을 왜 찾아요?"

이유가 있었다. 문 목사가 집사, 장로 시절에 교회에 찾아온 거지들을 따뜻하게 대해 주었다. 먹을 것도 주고, 돈도 주었다. 유일하게 밥을 같이 먹었다. 유일하게 대화라는 것도 하였다. 그래서 그를 찾았던 것이다. 목사가 되어 교회 개척을 위해 문흥장로교회를 떠난 후에도 꽤 오랫동안 거지는 그를 애타게 찾았다.

거지들이 교회를 찾아 올 때마다 구걸을 하므로 여성도들이나 아이들에게 피해를 줄까봐 불편하였다. 그래서 거지를 처음 본 성도들이 소액의 돈을 주고 얼른 돌려보냈다. 이게 일상적으로 반복되는 월례행사였다. 거지들은 그것을 바라고 각 교회들을 돌아다닌 것 같다. 일부 성도들은 따뜻한 밥 한 그릇 먹여 보내고 싶기도 했지만, 같은 식탁에서 함께 식사를 하는 것이 성도들에게 불편을 줄까봐 마음뿐이지 실행하지는 못하였다. 우리의 마음은 주님의 말씀대로 가난한 자들에게 복음을 전하고 사랑하기를 원하지만, 같이 옆자리에서 식사하고 예배를 드리는 것조차 불편해한다. 이것이 우리 교회와 믿는 우리들의 솔직한 자화상이다.

> "주의 성령이 내게 임하셨으니 이는 가난한 자에게 복음을 전하게 하시려고 내게 기름을 부으시고 나를 보내사 포로된 자에게 자유를 눈먼 자에게 다시 보게 함을 전파하며 눌린 자를 자유케 하고 주의 은혜의 해를 전파하게 하려 하심이라 하였더라" (누가복음 4:18-19)

이 말씀은 예수님이 이 땅에 오신 목적을 잘 설명해주고 있다. 또 이 말씀은 믿는 자들에게 동일하게 행하라 말씀하신 것이다.

자꾸 눈물이 난다

"모세 엄마! 무슨 일 있어?"

"말 걸지 마세요. 짜증나니까!"

"어! 지금 우는 거야?"

"몰라요. 보기 싫으니까 저리 가세요."

개척 교회에 한 가정이 왔다. 얼마나 힘이 되었겠는가? 텅 빈 예배당에서 혼자 주일 예배에 있어보았나? 아무리 전도를 해도 사람이 오지 않는다. 드디어 왔다. 텅 빈 예배당을 보더니 슬그머니 나갔다. 다음 주도 혼자다. 그 다음 주도 혼자다. 드디어 사모가 전도해서 한 가정이 왔다. 개척 교회 사역자가 아니고서는 그 기쁨을 알 수 없을 것이다. 목사와 사모에게는 가족보다 더 귀하고 귀한 성도이다. 그런데 세 자녀들이 문제였다. 성도는 자녀들에게 더 좋은 환경에서 신앙 교육을 받게 하고 싶었다. 개척 교회 주일학교가 얼마나 열악한가? 결국 교회를 옮겼다. 사모는 3일 밤낮을 울고 또 울었다. 목사는 5년 동안이나 개척 교회를 섬겨주어 감사하다고 하였다. 남편 목사가 미웠다. 성도가 교회를 떠나서 사모는 심장이 찢어질 정도로 아프고 저린데, 목사라는 작자는 그저 감사하다고만 한다. 사모의 심정을 조금이라도 이해한다면 그런 말은 하지 않았을 것이다. 사모 혼자서 교회 식사를 준비하는 일이 얼마나 힘든지 알까? 사모에게는 교회에서 함께 차를 마시며 잠시 대화할 수 있는 여자 성도가 필요하였다. 여름성경학교, 성탄절 등 교회 큰 행사가 다가오면 사모는 두려웠다. 경험이 없어 어쩔 줄 몰라 발만 동동 굴렀다. 그 때마다 여자 집사가 기쁜 마음으로 섬겨주어 큰 힘이 되었다. 그런데 그녀가 교회를 떠난다고 하니 숨이 막히고 눈물이 쏟아졌다. 교회를 왜 개척해서, 왜 목사가 되어서 사모를 힘들고 아프게 하는지 남편이 미웠다.

"사모님! 저희 가정이 다른 교회로 가기로 했어요. 아이들 신앙생활을 위해 고민 끝에 결정했네요. 끝까지 함께 하지 못해 송구하지만, 저희 가정이 올바로 세워지기 위해 고민하고 고민한 결정입니다. 그동안 베풀어주신 사랑 잊지 않겠습니다. 사모님! 울지 마세요. 그러면 제 마음이 힘듭니다. 웃어주세요."

"사랑하고 사랑하는 집사님! 집사님의 문자를 받고 숨이 턱 막히고 눈물이 쏟아졌어요. 한참을 울며 기도했어요. 가족을 믿음으로 세워가기 위해서 고민하고 결정하였다는 말에 공감이 가요. 우리 교회는 여러모로 열악하고, 부족하잖아요. 교회에서 힘들어하는 자녀들을 지켜보며 마음이 편치 않았을 텐데 오랫동안 섬기게 해서 죄송합니다. 사랑으로 섬겨주신 집사님에게 늘 감사했어요. 자녀들이 예쁘게 성장하는 모습을 가까이서 지켜보며 계속 기도하고 싶었는데,

제 욕심이었던 것 같아요. 얼마동안은 집사님 가정이 많이 그립고 보고 싶을 거예요. 기도하면 주님께서 이겨낼 힘도 주시겠지요. 집사님! 사랑하고 축복합니다."

아내에게 미안하였다. 그렇지만, 목사도 남몰래 눈물을 흘렸다. 차마 아내에게 보이고 싶지 않아 참았다. 기도하였더니 하나님께서 마음의 평안을 주셨다. 그래서 감사한 마음으로 보내주었다.

문 목사는 아내가 마음에 걸렸다. 교회 개척을 하면서 아무리 힘들어도 버티고 버텼는데, 의지했던 여집사 가정이 떠나자 주저앉아버렸다. 무슨 말로 위로해줄 수 있겠는가? 할 수 있는 일은 아내 곁에서 잠시 사라지는 것이다. 사모는 목사가 말을 해도, 보이기만 해도 미웠다. 아내를 위해 기도하였다. 눈물이 흘렀다.

'모세 엄마! 미안해. 나 같은 사람 만나서 정말 미안해.'

두 렙돈을 드린 과부

'첫 월급을 그대로 고스란히 헌금했어요. 눈물이 볼을 타고 흐릅니다. 가슴 설레는 첫 월급이었을 텐데, 쓰고 싶은 곳이 많이 있을 텐데. 하나님께서 기뻐 받으셨을 것입니다. 그 누구보다도 하나님이 그 마음을 아셨을 것입니다.'

문 목사는 한 자매의 헌금봉투를 두 손으로 잡고서 하나님께 눈물의 기도를 하였다.

첫 월급을 하나님께 온전히 드린 성도는 안세은 자매이다. 학생 시절 참 힘들게 학교를 다녔다. 형편을 아는 심순덕 사모가 자주 반찬을 싸주었다. 세은은 그 반찬에 밥을 먹으면서 하마터면 눈물이 쏟아질 뻔하였다. 눈물을 참기 위해 아랫입술을 꽉 깨물었다.

드디어 힘겨운 학생시절을 벗어나 공무원이 되었다. 그리고 그렇게 기다리던 첫 월급을 받았다. 주님께 기도했다. 감사한 마음으로 온전히 첫 월급을 주님께 드렸다. 두 렙돈을 바친 가난한 과부처럼 자신이 가진 전부를 드렸다. 그녀의 첫 월급은 아름다운 그리스도의 향기가 되어 교회 가득 채웠다.

"목사님! 요즘 공무원 자매가 안보이네요. 항상 축구 응원하러 왔잖아요?"

"갔어. 교회 떠난 지 꽤 됐는데."

"왜요? 꽉 잡지 그랬어요."

"왜 안 잡고 싶겠어? 그냥 보내 주었어. 그럴만한 사정이 있었거든. 그동안 작고 초라한 우리 교회에 다녀줘서 얼마나 감사한지 몰라. 그 자매를 위해 하나님이 복 주시길 간절히 기도했어."

"목사님! 뭔 일이네요? 꼭 예수님 같은 말씀을 하시네요. 그런데 봉수도 안보이네요?"

예수사랑교회 역대 최고의 골키퍼인 김봉수 형제가 직장 관계로 갑자기 순천으로 떠났다.

"봉수 같은 신실한 성도가 떠나니 가슴 아프고 개척 교회로서는 큰 타격이지만, 좋은 직장을 얻어 갔으니 감사하고 있어."

"워메! 또 예수님 같은 말씀을 하시네요."

"근데, 하나님은 참 좋은 분이셔. 봉수가 떠나 딱 하나 마음에 짐이 있었는데, 그것을 하나님이 바로 해결해 주시더라고. 새로운 골키

퍼 초신자 원빈이가 왔잖아. 하하!"

"목사님! 긍께, 결국 축구 이야기네요."

"뭔 소리여? 그게 나한테 얼마나 중요한데……."

심순덕 사모의 헌신

우연히 심순덕 사모에 대한 칭찬을 들었다.

"예수사랑교회에서 예배를 드릴 기회가 있었어요. 참 은혜로운 예배였습니다. 개인적으로 심순덕 사모님을 보고 깜짝 놀랐어요. 옛날에 알던 심순덕 사모님이 아니었어요. 헌신적으로 성도들을 섬기고, 밝게 웃는 모습이 참 아름답더군요."

개인적으로 심순덕 사모와 인연이 있다면 같은 교회에 다닌 정도이다. 하지만, 그녀와 같은 교회 성도였다는 것을 까맣게 잊고 있었다. 왜냐면 그녀는 항상 교회 맨 뒷자리에 앉아 예배가 끝나는 동시에 번개같이 사라졌기 때문이다. 그랬기에 그녀가 남편의 교회 개척을 목숨 걸고 반대한 것은 어찌 보면 당연하다. 남편은 본인이 좋아 신학교를 갔고 또 목사가 되었지만, 그녀는 본인의 의지, 신앙과 아무 상관없이 한순간에 교회 사모가 되어버렸다.

문 목사가 목회를 엄청 자유분방하게 본인이 하고 싶은 대로 할 수 있는 원동력은 거의 100% 사모의 헌신이 있기에 가능하다. 개척교회 문 목사의 월급이 40만원이라고 들었다. 그런데 돈 쓰는 것을 보면 거의 초대형 교회 목사라는 생각이 든다. 학생들에게 통닭을 사주고, 모임마다 아이들에게 만원씩 용돈 주는 장면 등을 자주 보았다. 그게 가능한 것은 그녀가 우체국 국장으로 열심히 일하여 가정과 교회에 재정을 충당하기에 가능한 것이다.

그녀는 갑상선암 수술을 받았다. 그 수술을 받은 여성들의 이야기를 들어보니, 본인의 감정제어가 잘 안되고 일상이 매우 피곤하다고 한다. 바쁜 직장생활로 인해 몹시도 피곤할 텐데, 쉬는 날도 없이 식사 준비 등 교회를 위해 헌신적으로 섬기는 모습에서 초인간적인 모습을 본다.

청년으로만 가득한 개척 교회, 주는 삶에 익숙한 목사! 사모는 초인이 되어야만 했다.

"성도님! 저는 다시 태어난다면 심 사모님과 결혼할 겁니다."

예수사랑교회 수요예배 설교였다.

"모세 엄마! 오늘 설교에서 내가 다시 태어나더라도 모세 엄마와 결혼한다는 것은 진심이야!"

"목사님은 언제나 이기적입니다. 아니! 어떻게 당신은 당신만 생각해요? 저는 한 번 실수로 족해요. 두 번 실수는 절대 하지 않을 겁니다. 아셨어요?"

심 사모의 굳은 의지가 담긴 말이다.

"……. 모세 엄마!"

가장 큰 기적

문 목사는 자주 노상에서 전도한다. 축구복을 입고 학교운동장으로 갔다. 운동장에는 축구하는 아이들이 많았다. 그런데 아이들의 눈에는 그가 우습게 보였다. 환갑이 넘은 나이에 절뚝거리며 축구하러 나온 어른이 아이들의 눈에는 이상했던 모양이다.

"애들아! 나 이상한 사람 절대 아니야! 왕년에 축구선수였어. 그리고 유명한 학원 강사였다."

문 목사는 아이들의 의심을 지우고 싶었다. 그래서 학원에서 명강사였던 이력을 아이들에게 쉬지 않고 재잘거렸다.

"거짓말! 그 말을 어떻게 믿어요. 증거를 보여 주세요."

"증거! 요것들이 어른의 말을 못 믿고. 아! 있다."

인터넷에 학원 강사를 하면서 펴낸 책들이 있었다. 아이들에게 보여 주었다.

"와! 진짜다. 아저씨 엄청 유명한 사람이네요."

핸드폰을 돌려보는 아이들이 사랑스러웠다.

문 목사가 학원 강의를 그만둔 지가 벌써 15년이나 지났다. 가끔 꿈속에서 강의하고 있는 자신을 발견한다. 학원교재 '영천 국어'는 전국 3대 베스트셀러 중 하나였다. 덕분에 수입도 짭짤하였다. 학원가에서 인기가 좋았다. 쉬는 시간이면 학생들이 서로 커피를 권하였다. 수업시간마다 웃음소리가 많이 터져 옆 반에서 수업하는 강사들이 질투를 많이 했다.

수강을 하는 학생들에게 언제나 유혹하고 싶은 강사 1위였다. 벌써 까마득한 과거이다. 영천의 이름을 '안개'라고 지어놓고 날마다 일기를 쓴 여학생도 있었다.

"오늘은 안개의 넥타이가 빨간색이다. 표정이 조금 굳어 있다. 어디 아픈가?"

영화배우보다 더 예쁜 여학생이 영천에게 사랑고백을 했다. 영천은 결혼한 것을 딱 한 번 후회하였다. 진짜 딱 한 번!

담배 한 대 피워도 되지?

1986년, 새 학기 캠퍼스에는 신입생들로 활기가 넘쳤다. 영천은 ESF에서 성경공부를 통해 예수님을 영접하였고, 제자훈련도 받았으므로 이제 신입생 전도를 해야겠다고 결심했다. 그것이 하나님의 사랑을 받은 자로서 최소한의 예의라고 생각했다. 먼저 쉬운 대상부터 전도해야겠다고 생각하고, 학과 신입생 중에서 촌놈 출신들을 물색하였다. 그 중에 제일 어수룩해 보이는 남자 후배를 불러 세웠다. 그리고 그 후배를 데리고 맨 먼저 술집으로 갔다.

"반갑다. 나 문영천이라고 해. 너 이름은 뭐냐?"

"예. 저는……. 고윤찬입니다."

잔뜩 겁을 먹은 표정이었다.

"그래. 고윤찬이라고. 나 알고 보면 좋은 선배야. 겁먹지 말고 편하게 있어. 자! 우리 한 잔 하자. 쭈~욱 마셔."

강제로 술잔을 부딪치면서 처음 본 신입생에게 술을 권하였다.

"윤찬아! 나 담배 한 대 피워도 되지?"

"예! 예에~~~ 그러세요. 선배님!"

"술 한 잔 했더니 갑자기 담배가 땡겨서. 후우!"

영천은 담배를 쭈욱 빨더니 힘차게 담배연기를 후배의 얼굴로 내뿜었다. 후배는 담배 연기에 고개를 숙이고 '콜록콜록!' 기침을 하였다.

"윤찬아! ESF라는 좋은 곳이 있는데, 나 따라서 가볼래?"

"예! 선배님! 가겠습니다."

후배는 어쩔 수 없이 승낙을 하였다. 가기 싫었지만, 도저히 연신 줄담배를 피워대는 선배의 말을 거역할 자신이 없었다.

"그래! 고마워. 자! 한 잔 마시자. 술을 남기면 아까우니 남은 것 마저 마셔야지."

문 목사는 대학에 오기 전에 예수님을 전혀 알지 못했다. 술은 기본이고, 담배도 상당히 피웠다. 담배를 꽤 오랫동안 끊지 못했다. 주일날 교회 가기 전에 미리 맘껏 담배를 피웠다. 몸속에 니코틴을 충분히 저장하였다. 그리고 양치질을 하고나서 교회에 갔다. 고향에서는 아는 사람이라도 만날까봐 담배를 절제하였고, 타지에서 학원 강의할 때는 마음껏 담배를 피웠다. 예수님을 영접한다고 해서 금방 담배를 끊을 수 없었다. 조금씩 줄였다. 교회 장로가 되어서도 금연을 하지 못해 늘 성도들에게 미안하였다. 결국 신학교에 입학하고서 담배와는 영원히 이별을 고하였다.

기적 중에서 가장 큰 기적은 예수님을 믿는 것이라고 한다. 영천이 전도한 고윤찬! 그 촌놈이 엄청난 기적을 만들었다. 예수님을 믿고 ESF에서 제자훈련을 받아 M국 선교사로 20년을 사역하였다. M국에서 사역의 열매는 풍성하였다.

우리 누나가 집사가 됐어요

“부장님! 우리 누나가 교회에서 집사가 됐대요.”

일용이가 보내온 짧은 문자이다.

일용이는 약 10년 전에 충청도 오송 건설현장에서 친하게 지냈던 직원이다. 입바른 소리를 잘해서 주위 사람들로부터 성격이 사납다는 이야기를 자주 들었는데, 반대로 생각하면 정의감이 불타는 멋있는 녀석이다. 같은 숙소에 살고 있어서 가끔 교회 다니라고 이야기를 했는데, 그 때마다 ‘교회’라는 말을 꺼낸 내가 무안할 정도로 거절을 당하였다.

그러던 어느 날, 일용이가 상담을 할 것이 있다고 내 방문을 두드렸다. 사연인즉, 일용이에게는 다운증후군 병이 있는 누나가 있다. 주위 사람들로부터 놀림을 받다 보니 매일 집에만 있었다. 그러다보니 심한 우울증까지 생겼다. 부모는 장사를 하여 누나를 돌볼 형편이 못되고, 이래저래 일용이는 누나 걱정으로 마음이 편치 못하였다. 그래서 퇴근 후에나 주말이면 누나와 함께 시간을 같이 보냈다. 그런데 문제는 지방으로 발령을 받아 누나와 멀리 떨어져 있어야만 하였다. 한 달에 1~2번 정도만 누나를 돌볼 수밖에 없게 된 것이다. 그래서 일용이가 생각한 것이 교회였다.

"안 과장님! 우리 누나를 교회에 보내면 어떨까요?"

박수를 쳤다. 누나에게 가장 필요한 것은 교회이며, 예수님이라고 말해주었다. 교회도 소개하고, 누나를 위해서 함께 교회를 다니도록 권유하였다. 일용이는 결심을 하고 누나와 함께 쉬는 일요일마다 교회를 빠지지 않고 잘 다녔다. 그렇지만, 교회에 갔다 오면 항상 나에게 불평을 늘어놓았다.

"과장님! 목사님 설교시간이 왜 그렇게 길어요? 짜증납니다."

"헌금을 왜 강요합니까? 매주 헌금 이야기를 하는데 교회가 마음에 들지 않아요."

"성경 이야기가 믿겨집니까?"

처음에는 잘 참고 답변해 주었는데, 불평불만이 가득한 놈에게 어떤 답변으로도 이해시킬 수가 없었다.

"야! 이 새끼야. 작작 좀 해라. 귀찮아 죽겠다."

"과장님은 왜 욕을 하고 그러세요. 교회 다니시는 분이 참고 잘 가르쳐 주셔야죠."

그러던 어느 날, 일용이가 밝은 표정으로 내 방에 들어왔다.

집에만 있던 일용이 누나에게 교회는 항상 기다리는 곳이다. 교회 가는 일요일이면 아침 일찍 일어나 세수를 하고, 옷도 고르고, 머리도 다듬고 마음이 한껏 들떠 있었다. 하지만, 누나는 교회 입구에 서면 교회 안으로 들어가는 것을 몹시도 주저하였다. 옆에서 그런 누나의 모습을 지켜보는 일용이 마음은 속상하였다.

그런데 그 날은 놀랄 만한 일이 벌어졌다. 초등학교 2학년 남자아이가 누나를 보더니 "누나~"라고 소리치며 뛰어오더니 누나에게 푹 안기는 것이다. 그리고 누나의 손을 잡고 교회 안으로 데리고 갔다. 일용이는 누나의 얼굴을 보았다. 환하게 웃고 있었다. 이렇게 행복하게 웃는 누나의 모습을 일용이는 본 적이 없었다. 가슴이 메이고 눈물이 핑하니 나오려는 것을 참으려고 무지 애썼다. 얼른 지갑을 열었다. 지갑 안에 20만원이 있었다. 가게에 가서 20만원치 과자를 다 사서 주일학교에 나눠주었다. 그 꼬마가 누나에게 정답게 대해 주어서 너무나 사랑스럽고 너무 고마웠다.

그 후로 일용이는 교회를 잘 다니고 있다. 교회에서 결혼까지 하였다. 그 얼어붙은 마음을 그 꼬마아이가 모두 녹인 것이다. 내가 아무리 복음을 전하고 밥을 사주어도 효과가 전혀 없었는데, 그 꼬마의 작은 행동이 그를 하나님께 붙들리게 만들었다.

일용이에게서 또 문자가 왔다.

"신민경님께서 소천을 하여 부고를 알립니다."

깜짝 놀랐다. 불과 얼마 전에 일용이로부터 문자를 받았다. 누나가 교회에서 집사가 되었다고. 일용이가 정말 좋아했다. 그런데 갑자기 소천이라니 놀랐다.

인천으로 문상을 갔다.

"일용아! 누나가 어떻게?"

"갑자기 하늘나라로 갔어요. 2~3일 전부터 잠을 많이 잤어요. 그렇게 하나님 품으로 갔습니다. 나이가 들다보니 우울증이 심해졌어요. 그래도 감사해요. 교회에서 집사 직분도 받았으니 말입니다. 누나에게는 교회가 유일한 안식처였어요. 아무런 고통 없이 편안하게 더 좋은 곳으로 갔으니 누나에게는 잘 되었어요."

일용이 표정이 의외로 정말 밝았다. 믿음이 생긴 것 같았다.

"부장님! 저희 누나 문상 오셔서 감사합니다."

일용이에게서 전화가 왔다.

"이번에 상을 치르면서 느낀 것이 많아요. 찾아온 문상객 중에 누나 손님이 제일 많았어요. 교회에서, 복지센터 등에서 누나를 기억하고 많은 분들이 오셔서 눈물을 흘려주셨습니다."

"일용아! 너희 누나는 이 땅에서 선한 영향력을 끼치고 하늘나라로 갔단다."

맞다. 선한 영향력이다. 일용이와 다운증후군 누나 이야기를 듣고 많은 사람들이 은혜를 받았다.

"요즘 교회 꼴이 말이 아니야. 오죽하면 개독교라고 그러겠어. 나는 사람들이 그런 말을 하면 정말 속상해. 교회가 얼마나 좋은 곳인데, 일부 몰지각한 기독교인 때문에 전체가 욕을 먹고 있잖아. 그런데 일용이 누나 글을 읽고 바로 이거다. 교회가 이런 곳이다. 희망을 보았어. 하늘나라로 간 그 누나에게 참 감사했어."

내가 들은 이야기를 그대로 일용이에게 전해 주었다.

"일용아! 누나는 선한 영향력을 끼쳤어. 상갓집에 내가 왜 희용이와 창욱이를 데려갔겠냐? 누나 이야기를 들려주었어. 감동이라고 하더라. 일부러 전도하려고 데려간 거야. 그리고 누나 이야기를 교회 밴드 등 여러 곳에 전하였다. 성도님들에게 예수님을 영접하는 것이 얼마나 복된 일인지 알려주려고 말이다."

세상에 일용이와 이런 대화를 하리라고는 상상도 못했다.

"일용아! 세상에 너와 이런 이야기를 하다니."

"그러게요. 과거에는 교회에 대해서 부정적이었는데, 제가 바뀌고 있는 것이 느껴져요. 누나가 하늘나라로 가서 우울했는데, 누나가 사람들에게 선한 영향력을 끼쳤다고 하니 감사하네요."

교회 생활! 성도들에게는 은혜이다. 예수님을 아는 것이 정말 큰 축복이다.

함께 가볼래요?

ESF 학사수양회에서 특강이 있었다. '농촌선교'를 주제로 전남 곡성에서 온 젊은 목사가 열정적으로 강의를 하였다.

"혹시 이 자리에 서미경 사모님이 계시면 일어나 주실래요?"

그는 서미경 사모에게 공개적으로 감사하다고 고백하였다.

그가 예수님을 믿지 않고 방황한 적이 있다. 휴학하고 세차장에서 일하였는데, 서미경 자매가 심방을 와서 2~3시간을 아무 말도 않고 옆에 서서 기다렸다. 그 기다림이 하도 미안해서 성경공부를 시작했고, 또 예수님을 영접했고, 그러다보니 목사가 되었다.

서미경 자매는 자신을 예수님께로 인도한 박현숙 선교사에게 그대로 보고 배운 것이다. 그 목자의 심령까지도 무섭도록 그대로 따라한 것이다. 농촌선교 목사의 이야기를 들으면서 작은 거인 박현숙 선교사가 떠올랐다.

박현숙 선교사는 가장 복음이 닿기 힘든 지역의 소수부족을 위한 성경번역 선교사이다. 박현숙은 W국에 선교사로 갔다. 혼자여서 외로웠다. 외로움이 익숙하지 않았다. 같은 땅에서 선교중인 ESF 선배를 찾아갔다. 현지어가 서툴러서 긴 여행을 떠나는 것이 무서웠지만, 외로운 것보다는 참을 수가 있었다. 처녀의 몸으로 용감하게 이틀거리의 기차를 탔다. 자기 기차표에 써진 번호의 침대칸으로 갔다. 한 청년이 앉아있었다.

"제 자리이니 일어나 주세요."

현숙은 서툰 현지어로 당당하게 말하였다.

"당신이 잘못 보았습니다."

청년은 어이가 없었다. 작은 체구의 여인을 뚫어지게 쳐다봤다. 가엾게 보였다. 그녀에게 표를 달라고 했다. 그리고 그녀의 자리로 인도해주었다. 비로소 제자리에 앉은 그녀는 부끄러워 두 손으로 얼굴을 가렸다. 처음에 그 청년에게 교양 있게 말하지 못한 것을 후회하였다. 너무나 큰 소리로 당당하게 말했다. 언어 때문이었다. 서투른 현지어를 들키고 싶지 않았다. 용기를 내어 그에게 찾아갔다. 그리고 음식을 주고받으며 이틀간 대화를 하였다. 서툰 현지어로 말했지만, 청년이 인내심을 발휘하며 그녀의 이야기를 다 들어주었다. 의외로 청년은 호기심인지 관심을 갖기 시작했다. 그러자 그녀는 자신이 하는 일에 대해서도 말하였다. 시간이 빨리 지나갔다. 벌써 도착해버렸다.

"제가 가려는 선배 집에 함께 가볼래요?"

현숙은 다시 한 번 용기를 내었다. 이렇게 헤어지는 것이 너무 아쉬웠다. 복음을 전했지만, 그 청년은 아직 예수님을 영접하지 않았다. 이렇게 헤어지면 청년은 영원히 무신론자로 살 것 같았다. 청년은 국립이공대학에 다니는 학생이었다.

"가보죠."

정말 감사하였다. 이승준 선교사 가정에 데리고 갔다. 그리고 그 청년은 이승준 선교사와 성경공부를 시작하였고, 예수님을 영접하였다. 현재 W국 명문 국립대학의 교수가 되었다. 청년은 이승준 선교사를 형이라 부르며 자주 문자를 주고받았다.

"형! 제가 학과 신입생들의 지도교수가 되었습니다. 그 중에 가난한 학생들을 초대해서 피자파티를 했어요. 그리고 예수 그리스도를 전했습니다. 그들의 구원을 위해 중보기도 해주세요."

너 교회 다니냐?

지금은 연락이 안 되지만, 대학선배 중에서 윤지환 선배가 가장 보고 싶다. 윤 선배는 초신자였다. 군대를 가면서 ESF 모임과 자연스럽게 멀어졌다. 대학식당에서 그를 우연히 만났다. 그가 미안해하였다. 그리고 걱정 말라고 짧지만 긴 이야기를 들려주었다.

지환은 밤늦게 도서관을 나와 자취방을 향해 골목길을 걸어가고 있었다. 으슥한 곳에서 갑자기 시커먼 남자가 나오더니 앞길을 막았다. 그는 주위를 두리번거리더니 돈을 요구했다. 심한 욕설로 협박하였다. 지환은 처음 당하는 일이라 당황스럽고 놀랐다. 돈 요구에 시골 어머니에게서 받은 용돈이 생각나 겁이 났다. 동시에 가난한 자취생에게 생명 같은 생활비를 빼앗기고 싶지 않았다.

'정신을 차려야 한다.'

마음을 진정하고 상대방을 자세히 보니 덩치가 크지 않았다. 그리고 혼자라는 것을 확인하니 용기가 생겼다. 평소 운동에는 자신이 있어 싸워보기로 했다. 상대방을 제압하려고 발로 복부를 가격했는데, 상대가 힘없이 푹 쓰러졌다. 싱거웠다. 이런 녀석에게 겁을 먹다니 창피하였다. 무릎을 꿇게 하고, 뒤통수를 손바닥으로 때렸다. 그는 재수생이었다. 고개를 푹 숙였다. 그 모습을 보니 지나가는 사람 삥이나 뜯고 한심하고 불쌍하였다.

"야, 임마! 너 교회 다니냐?"

"아뇨. 초등학교 때에 몇 번 가본 적은 있어요."

"나도 교회는 잘 다니지 않지만, 꼭 교회 다녀라. 교회만큼 좋은 곳은 없다. 앞으로도 이렇게 살래?"

지환은 진심을 다해 처음으로 전도라는 것을 하였다. 그런데 신기하게 지환에게도 신앙생활을 다시 하고픈 마음이 생겼다.

재수생의 흐느끼는 소리가 들렸다.

"형님! 용서해 주십시오. 흑흑! 앞으로 교회 다니도록 노력해 볼게요. 흑흑! 저도 이렇게 살고 싶지 않습니다. 흑흑!"

"그래! 공부 열심히 해서 전남대 들어가라. 그리고 ESF라고 기독교 동아리가 있는데, 잊지 말고 그 곳에 가봐."

"예. ESF 꼭 기억할게요. 형님! 죄송한데요. 담배 한 대 피워도 될까요?"

"담배! 피고 싶겠지. 이제 그만 일어나고, 담배 피워라."

지환은 재수생의 윗주머니에 담배가 있는 것을 보았다.

"형님도 담배 피우실래요?"

그 녀석이 갑자기 지환에게 담배를 권하였다.

"그래, 줘봐."

그 녀석 혼자 담배 피는 것이 어색할 것 같아 지환도 담배를 입에 물었다. ESF에 나가면서 끊었던 담배를 다시 피웠다.

윤 선배! 참 멋있었는데 지금은 어디서 무엇을 하며 살고 있는지 보고 싶다. 선배는 믿음이 전혀 없는 것이 아니었다. 콩나물에 물을 주다 보면 물이 밑으로 다 빠져 물을 주는 것이 쓸데없는 짓 같지만, 콩나물은 어느새 자라고 있었다.

선교사처럼 살기를 소망합니다

최정희 권사 큰 딸 이름은 임애린이다.

애린이는 고등학교 2학년 1학기를 마치고 다니던 학교를 자퇴하였다. 유학을 결정하였다. 엄마와 딸에게는 힘들고 어려운 시간이었다. 엄마는 마음속에 딸을 향한 간절한 바람이 있었다. 애린이에게 어렵게 말을 꺼냈다. 딸에게 성경공부를 제안하였다.

"지금까지는 엄마가 너를 보살폈지만, 앞으로는 그럴 수 없게 됐으니 네가 말씀을 통해서 하나님을 만나면 좋겠다."

딸은 엄마의 제안을 흔쾌히 받아들였다. 성경을 공부하면서 놀랍게 변화되었다. 기쁨이 가득하였다. 친구를 전도하였다. 성경을 배운 대로 그대로 친구에게 전해주었다. 가르치면서 신앙이 더 성장하였다. 전도하고 성경을 가르치는 일이 재미있었다.

애린이는 헝가리로 유학을 떠났다. 그 곳에서 '디나' 라는 친구를 사귀었다. M국에서 유학을 온 친구였다. 마음이 맞아 친하게 지냈다. 그런데 갑자기 디나의 할머니가 많이 아파서 M국으로 돌아가야 했다. 애린이는 마음이 급해졌다. 디나를 다시는 볼 수 없을지도 몰랐다. 디나를 생각하면 마음이 울컥했다. 복음을 전할 기회만 엿보고 있었는데, 더 이상 미룰 수가 없었다. 친구를 전도하기로 굳게 마음을 먹고, 요한복음 1장을 함께 읽으면서 예수님을 소개하였다. 디나가 감사하게 복음을 잘 받아들였다.

감사한 일이 또 하나 있었다. 세상에 M국 디나의 고향집이 바로 고윤찬 선교사가 사역하는 곳이었다.

"엄마! 내 친구 디나 집이 M국이라네요. 고윤찬 선교사님에게 연락 좀 해 줘요."

"세상에 이런 일도 다 있다냐? 감사한 일이다."

디나는 고윤찬 선교사와 일대일 성경공부를 하였다. 예수님을 영접하였고, 세례도 받았다. 할머니 건강이 많이 좋아졌다. 디나는 다시 헝가리로 돌아갈 수 있게 되었다. 애린이는 디나와 서로 두 손을 잡고 반갑게 뛰었다. 애린이는 더 이상 헝가리에서 복음을 전하는 혼자가 아니었다. 디나가 있었다. 함께 친구들에게 복음을 전하였다. 후배들을 전도하고 양육하고 즐거운 나날이었다. 다들 유학생활이 힘들다고 하는데, 애린이는 너무나 즐거웠다. 감사하였다.

엄마와 딸은 헝가리 유학을 떠날 때에 하나님께 기도하였다.

"주님! 애린이가 헝가리에서 선교사처럼 살기를 소망합니다. 하나님께서 주의 도구로 애린이를 사용하여 주시옵소서. 아멘!"

신앙생활을 하고 있었구나!

1990년 전남대 공대, 사범대 캠퍼스에는 초신자들이 유난히 많았다. 새 학기 초에 정유식, 이종래, 임형주, 박부현, 송미영, 고경옥 등이 주축이 되어 많은 신입생들을 전도하였다. 우리는 전도라고 할 것도 없이 주위에 아는 사람을 ESF에 데려오기만 하였다. 데려오기만 하면 모임에서 전도한다는 확신이 있었다. 그만큼 우리 공동체는 강력한 사랑의 힘이 있었다. 그 힘에 의해 우리 모두가 하나님을 믿기 시작하였기에 절대적인 신뢰를 갖고 있었다.

공대생 초신자 중에 효찬이가 가장 기억에 남는다. 정말 좋은 후배였다. 재미있고, 예의가 바르고, 머리가 똑똑한 녀석이었다. 초신자라 신앙생활에 어려움이 많았지만, 그래도 약속을 지킬 줄 아는 녀석이었다. 술에 잔뜩 취했으면서도 잊지 않고 모임에 와서 성경공부를 하였다. 술에 취해 잠이 오는지 고개를 자꾸 꾸벅이면서 정유식 선배와 일대일 성경공부를 하던 모습이 지금도 눈에 선하다. 심방도 자주 갔다. 정유식, 이종래 선배와 효찬이 자취방에 심방 가서 밥을 얻어먹었던 기억이 난다.

효찬이는 성경공부를 열심히 하고 있는 도중에 집안형편상 군대를 일찍 가야만 했고, 또 제대 후에는 학과 학생회장을 하였으므로 점점 ESF와 멀어졌다. 좋아했던 녀석이라 많이 아쉬웠지만, 함께 할 수 있는 공간과 시간이 달라 어쩔 수 없었다.

그 후 10년 만에 효찬이를 친구 결혼식장에서 우연히 만났다. 그동안 너무 보고 싶었으므로 반가웠다. 효찬이는 결혼해서 지금은 교회 차량봉사를 열심히 하고 있다고 자랑하였다. 다니고 있는 교회 목사와 성도들에게 ESF 형제, 자매의 사랑을 통해 신앙생활을 시작하였다고 자랑하였다. 대학 1학년 짧은 사랑이었지만, 그 사랑이 밑거름이 되어 결혼 후에 신앙생활을 다시 시작하였고, 지금은 교회 집사로 누구보다도 열심히 신앙생활을 하고 있었다.

'역시 너도 신앙생활을 하고 있었구나! 효찬아! 고맙다.'

마음이 뿌듯하였다. 집으로 돌아오는 내내 행복하였다.

찾아 가고, 또 찾아 가고

"따르릉! 따르릉!"

금요일 이른 저녁에 핸드폰이 울렸다.

"여보세요."

모르는 번호라 힘없이 대답하였다.

"저, 신해성이라고 합니다. 혹시 모르시겠어요?"

예의바른 말투에 잠자리에서 벌떡 일어났다.

"신해성요? 전혀 기억이 없는데요."

"모르는 것이 당연합니다. 벌써 30년이나 지났으니까요. 전남대 ROTC였고, 우리는 1학년일 때에 만났어요."

기억을 더듬었다. 신해성을 생각하려고 몸부림을 쳤다. 상대방이 기억할 수 있도록 도와주자 드디어 생각이 났다.

"아! 그 형제. 이게 얼마만입니까? 반갑습니다. 그런데 제 연락처는 어떻게 알았습니까? 집은 어디세요? 결혼은 했겠죠?"

반가움에 질문을 쏟아냈다.

"해성 씨! 그런데 직업은 뭐예요?"

"조그만 개척 교회 목사입니다."

"목사님이세요? 죄송합니다. 제가 말을 함부로 했네요."

'목사' 라는 말에 놀랐고, 바로 주종관계로 바뀌었다. 군신관계 뭐 그런 느낌이었다. 주로 내가 질문하고 상대방이 대답하였는데, '목사' 라는 말에 그저 그의 말에 경청만 하였다.

"궁금한 게 있어요. ESF를 다시 알게 되었는데, 한 사람이 떠오르더군요. 혹시 박부현 선배님의 연락처를 알 수 있을까요?"

신해성 목사는 대학 1학년 때에 교회를 다니고는 있었지만, 쉽게 말하면 못된 양과 같았다. 적어도 내가 보기에는 그랬다.

여름수양회는 ESF의 가장 큰 행사이다. 그 못된 양을 찾아 참석시키고자 많은 선배들이 신해성 형제를 찾아 갔지만, 모두 포기하였다. 그 고집을 꺾을 수가 없었다. 그런데 박부현 자매만은 달랐다. 도서관으로 찾아 가고, 자취집으로 찾아 가고, 찾아 가고 또 찾아 가서 드디어 신해성 형제의 고집을 꺾었다. 그 여름수양회에서 해성 형제는 큰 은혜를 받고 목회자로 서원하였다. 군 장교 제대 후, 그 서원을 잊지 않고 지켰다. 해성은 목회자 서원을 생각할 때마다 박부현 집사의 심방을 떠올렸다.

아빠! 그러시면 안돼요

채미나 집사의 언니상으로 순천에 갔다. 장례식장에서 만난 채미나 집사는 생각보다 얼굴이 밝았다. 평온하였다.

채미나 집사의 언니는 53세 젊은 나이에 암으로 하늘나라로 갔다. 참 아까운 나이였다. 세 아이를 남겨 두고 떠났다. 대학생인 두 딸과 이제 초등 6학년인 아들 하나가 있었다.

채 집사의 언니는 믿음이 좋았다. 뇌까지 몸 전체에 암이 전이되었지만, 나을 수 있다는 희망을 버리지 않았다. 고통스러울 것인데, 잘 참았다. 정신력이 대단했다.

임종 1시간 전에 모든 가족들이 모였다. 세상에, 죽어가는 언니가 마지막 예배를 주도하였다. 언니의 인도에 따라 함께 찬송을 불렀다. 예배를 마치고 언니가 가족 한 명 한 명씩 눈을 마주쳤다.

"이모! 저 지영이에요."

"지영이도 왔구나. 이모가 우리 조카들에게 잘해 주지 못해서 미안하다. 우리 하늘나라 잔치에 꼭 함께 참여하자. 알았지?"

교회를 다니지 않은 조카는 이모의 손을 두 손으로 꼭 잡고 고개를 끄덕였다. 언니는 생사의 마지막 순간에 행복하였다. 그리고 언니는 앞을 막고 있는 가족들에게 비키라고 하였다. 세 명이 기다리고 있다고 하면서. 그렇게 하늘나라로 갔다.

"제 생각에 세 명은 천사인 것 같아요. 천사가 우리 언니를 하늘나라로 데려 갔어요."

채 집사의 언니는 가족들에게 유언을 하였다. 교회를 다니지 않는 남편에게 꼭 교회에 나갈 것을 당부하였다. 그리고 두 딸들에게 어린 남동생을 잘 돌봐주라고 당부하였다.

장례식은 기독교식으로 거행하였는데, 약간의 다툼이 있었다.

"문상객 대부분이 아빠 지인들이니까 향을 피워야겠다."

"아빠! 절대 안돼요. 하늘나라 가신 엄마 뜻대로 장례식을 치러야 합니다. 엄마는 우리 가족들이 예수님을 잘 믿고 교회 잘 다니기를 원합니다. 아빠 그러시면 절대 안돼요."

결국 두 딸이 아빠를 이겼다. 두 딸은 겨우 어린 대학생이다. 그런데 두 딸은 엄마가 무엇을 원하는지 정확히 알고 있었다.

채미나 집사는 두 조카를 자랑스러워하였다. 믿음이 있다고. 두 딸은 매우 예쁘게 생겼다. 두 딸들에게 "잘했다."고 두 손을 꼬옥 잡아주었다. 표정이 밝았다. 엄마를 잃은 자녀들의 표정이 아니었다.

두 딸은 엄마 간호를 위해 대학교 휴학을 하였다. 병상에 누워있던 엄마와 깊은 교감을 하면서 믿음이 성장하였다. 이제 알았다. 엄마가 어린 남동생을 아빠가 아닌 두 딸에게 부탁했는지 말이다. 막내도 믿음을 계승하기를 원했던 것이다. 믿음이 좋은 누나들이 동생을 교회로, 진리의 길로 인도하기를 바랐던 것이다.

계속 중얼거렸다

"내 머리 어때? 이발해야 된가?"

문 목사가 머리를 긁적거렸다.

"그 정도면 괜찮은데요. 왜요?"

"아내가 자꾸 이발하라고 해서."

이발하기 싫은 표정이었다.

"하기 싫으면 하지 마세요. 괜찮은데요."

"아니야. 꼭 이발을 해야 돼."

"혹시 사모님이 이발비를 주시나요?"

"어떻게 알았어? 줄 때 해야지. 아내가 돈을 준다고 할 때 얼른 받아야 돼."

문 목사는 교회에서 집으로 오갈 때마다 성경을 암송하였다. 새벽에도 암송하고, 저녁에도 암송하고, 낮에도 암송하며 걸었다. 하늘을 쳐다보며 뭐라 중얼거리고, 땅을 보고 뭐라 중얼거렸다. 계속 중얼 중얼거렸다. 주위 사람들이 보았다. 동네 사람들이라면 그를 모르는 사람이 없다.

"자네도 봤제? 혼자 중얼 중얼거리며 걸어가는 사람 말이야."

"당연히 알죠. 이 일대에서 모르는 사람이 있당가요. 정신이 좀 이상한 것 같지 않아요?"

"근데, 그 사람이 심 국장님 남편이라고 하던데."

"우리 국장님의 남편이라고요? 설마? 국장님 남편이 목사님이신데, 그 사람은 머리가 엉망이고, 행색도 심난하던데요."

우체국 직원들끼리 하는 말을 심 국장이 들었다. 우체국 국장은 심순덕 사모였다. 속에서 천불이 났다. 남편에 대한 원망이 부글부글 끓어올랐다. 직원들에게 창피하였다. 쥐구멍이라도 들어가고 싶은 심정이었다.

"국장님! 남편분이 참 수수하대요."

"그게 무슨 말입니까?"

그녀는 화가 났다. 아랫입술을 꽉 깨물고 간신히 참았다.

"직원들이 걸어가는 목사님을 보고 저에게 말하던데요."

국장의 눈빛이 예사롭지 않았다. 말을 잘못 꺼내었다. 우체국 직원은 곧바로 후회했지만, 돌이킬 수 없어 얼른 핑계를 댔다. 위기를 모면하고 싶었다.

"목사님! 내일 당장 이발하세요!"

사모의 화난 목소리였다. 목사는 사모가 갑자기 왜 그런지 도무지 영문을 몰랐다.

"아직 이발 할 때가 안 된 것 같은데."

"뭐라고요? 이발비를 줄 때에 하세요. 그리고 체육복만 입고 다니지 말고 제발 양복 좀 입고 다니세요. 양복 두었다가 어디에 써요? 목사님 품격이 있지. 반바지도 입지 말고요. 제발요."

"알았어. 내일 이발할게. 모세 엄마! 이발비는 줄 거지?"

아내의 화난 목소리에 대꾸는 치명적이다. 이유를 물어서도 안 된다. 얼른 알겠다고 대답하였다.

"자, 여기 있어요."

사모는 지갑에서 얼른 만원 지폐 2장을 꺼내었다.

문 목사는 기분이 좋았다. 이발비를 벌었기 때문이다. 첨단병원에 근무하는 최하영 집사가 무료로 이발하는 곳을 알려주었다.

성경암송

"하루에 성경 몇 구절 암송하세요?"

문 목사는 이 질문을 가장 좋아한다. 그가 가장 잘하는 것이기 때문이다.

2013년도부터 성경을 암송하였다. 신학교에서 좋은 성적을 얻기 위해 치열하게 성경을 암송하였다. 치열하게 외운 성경암송이 아까웠다. 까먹는 것이 억울했다. 외우고 또 외웠다. 틈만 나면 외웠다. 그리고 매년 52구절씩 암송했다. 합하여 약 350구절이다. 어떻게 외웠겠는가? 약 7년 동안 거의 매일 외웠다. 2013년은 500번 이상, 2014년은 300번 이상, 2015년은 200번 이상 반복했다. 해마다 수백 번씩 외웠다. 외우고 또 외웠다.

집에서 교회까지 걸어서 약 30분 정도 걸린다. 문 목사는 처음에는 차로 다녔는데, 성경암송을 위해 일부러 걸어 다녔다. 새벽 3시에 일어나 교회로 걸어가면서 매일 암송하였다. 어쩔 때는 성경암송이 입에서 저절로 나왔다. 신기해서 혼자 웃었다. 처음에는 사람들이 지나가면 쑥스러워서 속으로 암송하였다. 언제부터인가 큰 소리로 암송하였다. 담대함이 생겼다. 사람들이 옆으로 지나가면 더욱 큰소리로 암송하였다. 사람들이 성경말씀을 들으라고. 혹시 이 말씀으로 '예수님을 알 수도 있겠다.' 는 믿음을 가지고 큰 소리로 담대하게 암송하였다.

예수사랑교회 성도들도 성경암송을 하고 있다. 매주 설교 본문 중에서 정한 요절을 전 교인이 일주일 동안 암송한다. 성경을 암송한 성도만 점심식사를 할 수 있다. 누구든 예외는 없다. 그렇게 1주일에 성경 한 구절을 암송하고 있다.

편함이 습관이 되었다

'내일 아침에는 기어코 새벽기도에 가야겠다.'

문 목사는 신학교에 다니면서 단 한 번도 새벽기도를 하지 않은 날이 없었다. 주님의 종으로 준비하는 자라면 당연한 일로 여겼다. 목사가 되고서 천일새벽기도를 이루었다. 그런데…….

"따르릉! 따르릉!"

스마트폰 알람이 시끄럽게 울렸다.

'에라, 그냥 자자. 오늘도 아무도 안 올 것인데……'

그렇게 각오를 했건만, 다시 이불을 머리 위까지 덮었다. 이렇게 날마다 반복되는 습관이 되고 말았다.

"모세 아빠! 이러려고 교회 개척했어요? 제발 정신 좀 차리세요. 날마다 늦잠 자는 모습을 이제는 더 이상 못 보겠네요. 지긋지긋합니다."

아침 일찍 우체국으로 출근하는 아내는 게으른 남편의 모습에 몹시도 답답하였다. 전에는 이런 남편이 아니었는데, 교회 개척을 하면서부터 부쩍 게을러졌다.

'그래! 하나님 보기에 부끄럽고 아내 보기도 부끄럽다. 모세는 비록 말은 않지만, 나를 바라보는 눈빛이 요즘 심상치가 않다.'

목사는 아내의 잔소리에 담긴 아들의 음성이 들렸다.

'진짜 우리 아빠는 참 편하게 산다.'

아들에게 부끄러운 아빠는 도저히 참을 수가 없었다. 그런데 몸이 말을 듣지 않는 것을 어떻게 하겠는가? 개척 교회 목사가 되고 보니 참 편하였다. 감독하는 사람이 없다. 눈치 볼 사람도 없다. 이렇게 편한 직장은 지구상에 없을 것이다. 정해진 시간에 출근하는 것도 아니고, 모든 것이 목사 마음대로였다. 그런데 이렇게 편함이 오히려 독이 되었다. 편함이 습관이 되었다.

'에라, 조금만 더 자자.'

그러다 보면 어느덧 오전 9시가 넘었다. 늘어지게 자고 교회에 가서 잠깐 기도 하면 오전 시간이 확 날아갔다. 이렇게 습관은 무서운 거다. 아무리 일어나려고 발버둥을 쳐도 빠져나오지 못한다. 문 목사는 아들의 말에 처음으로 위기의식이 들었다.

'오메! 이러다 내가 어떻게 될까?'

게으른 육신이 완전히 그를 지배하였다. 아무 것도 제대로 할 수가 없었다. 그 때 번뜩 암송한 말씀이 떠올랐다.

> "너희가 육신대로 살면 반드시 죽을 것이로되 영으로써 몸의 행실을 죽이면 살리니" (로마서 8:13)

'그렇다! 이렇게 살다가는 내가 죽겠구나. 영으로써 몸의 행실을 죽이지 않으면 죽겠구나.'

말씀이 소름 끼치게 그의 마음을 요동치게 하였다.

'그래, 회개를 하자! 육신에게 패할 수는 없는 노릇이다.'

문 목사는 설교 중에 눈물을 펑펑 쏟으면서 회개를 하였다. 며칠 동안은 지적장애인 효은이와 예준이가 잠시 새벽기도에 동참해 주었다. 그리고 또 다시 혼자가 되었다.

'에이! 오늘도 아무도 안 올 것인데. 오늘 하루만 쉴까?'

죄인이라 늘 반복한다. 옛 습관으로 돌아가려고 한다.

'어떻게 해서 육신을 이겼는데……'

아무도 그를 잡아 주지 못했는데, 결국 암송한 말씀들이 위기의 순간순간에 떠올라 그를 단단히 붙잡아 주었다.

'나 같은 놈은 관리가 필요해. 말씀 외우기를 잘 했당게.'

"저희 교회 주일학교에서 성경을 암송하고 있어요."

교회 주일학교의 한 교사가 다른 교회에서 '학가다' 를 배워왔다. '학가다' 는 성경을 작은 소리로 읊조리다는 뜻이다. 주일학교 어린이들이 계속 성경 말씀을 중얼거렸다. 분반별로 암송대회도 하고 보기에 참 좋았다.

'학가다' 를 좀 더 효율적으로 해보려고 중고등부에서는 어렵게 '큐티' 를 계획하였다. 큐티(Q.T)는 Quiet Time의 약자로 경건한 시간을 말한다. 조용한 시간과 장소에서 기도와 말씀묵상으로 하나님과 일대일로 교제하는 시간을 말한다.

토요일 오전에 모여 함께 큐티를 하였다. 중고등부용 큐티책도 샀다. 내용이 알차고 좋았다. 적용은 매우 실제적이었다. 교사들이 일주일간 아이들의 큐티 현황을 체크하였다. 그리고 순서를 정하여 소감도 발표하였다. 큐티 카톡방도 만들었다. 고등학생 지후가 리더가 되어 관리하였다. 그렇게 네 달이 지났다. 큐티가 방학 동안에는 잘 이루어졌으나, 새 학기가 되자 금방 시들어졌다. 큐티의 한계가 드러났다.

큐티! 정말 좋은 프로그램인데, 정착하지 못해 아쉬웠다. 교사들이 반성했다. 교사들도 하지 않은 큐티를 유익하니까 학생들에게 하라고 했으니 그 자체가 이율배반이었다. 결론은 교회 전체 프로그램으로 하지 않는다면 한계가 있다는 것을 깨달았다.

"문영천 목사님! 해보니까 안 되더라고요. 큐티 정말 좋은 프로그램인데, 아쉬워요."

"그럼, 우리 교회에서 해보면 안 될까? 도와줄 수 있어?"

"물론입니다. 교회에서 해보시게요. 하면 대박입니다. 그리고 성도들을 위해서라면 큐티 꼭 하셔야 합니다."

교회 모든 성도들이 날마다 큐티를 한다고 생각해보라. 이것은 실로 엄청난 일이다. 교회로서는 엄청난 파워를 갖는 일이다. 그런데 이 엄청난 큐티를 교회에서 왜 안하는지 모르겠다. 일단, 어렵고 힘들다는 인식이 팽배해 있다. 큐티를 성도 개인에게 맡기는 것에서 한계가 드러난다. 개인은 아무래도 신앙의 굴곡이 있다 보니 큐티를 꾸준히 실행하기가 어렵다. 그럼, 교회에서 개인이 할 수 있도록 배려 또는 관리하면 어떨까? 모범을 보이는 교회가 많다고 들었다.

"문 목사님! 혹시 교회에서 큐티하고 있나요?"

"응! 하고 있는데."

"헉! 정말입니까? 우와 대단하네요."

"하라고 했잖아? 해보니까 역시 어려움이 많더라고. 성도님들이 무지 힘들어해. 큐티가 완전히 정착할 때까지는 시간이 많이 걸릴 것 같아."

열린 교회는 어떤 교회일까? 교회는 당연히 목사가 중심이지만, 목사와 더불어 성도 또한 교회의 중심이어야 한다. 말씀은 선포해야 한다. 하지만, 말씀은 일방적인 선포가 아니라 공감이어야 한다. 그렇다. 그래야 성도가 움직인다. 그래야 성도가 말씀으로 변화된다. 그래서 큐티(QT) 하는 교회! 그 교회를 주목한다.

예수사랑교회는 과연 꾸준히 잘할까?

작은 것이 더 소중하다

아버지가 폐암으로 71세에 하늘나라로 가셨다. 아버지의 마지막 유언이 있었다. 돈이었다. 아버지가 숨겨둔 돈을 장남인 나에게 꼭 알려주고 싶었다.

"아들아! 헉헉헉~ 너에게 할 말이 있다. 헉헉헉~"

아버지는 산소호흡기를 착용하고 있어야만 했다. 숨을 쉬기가 어려웠다. 나에게 자꾸 산소마스크를 벗겨달라는 손짓을 하였다. 뭔가 말하고 싶었던 모양이다. 잠시 산소마스크를 들었더니 아버지는 숨을 헐떡이며 간신히 한마디씩 나지막하게 말을 하였다. 아버지는 아들에게 마지막 말을 남기기 위해 온 힘을 쏟아냈다. 그 말을 듣기 위해 얼굴을 숙여 귀를 대었다.

"아버지! 힘드시니까 말씀하지 마세요."

"아냐! 너에게 꼭 해줄 말이 있다. 헉헉헉~ 우리 집 거실에 헉헉헉~ 거실 장판의 왼쪽 가장자리 알지? 헉헉헉~"

"예! 아버지!"

"거기 장판 밑에 내가 숨겨둔 돈이 있다. 헉헉헉~ 잘 챙겨라. 잊지 말고 챙겨라. 헉헉헉~"

아버지는 생사가 오락가락하는 순간에 아들에게 반드시 해 줄 말이 있었다. 그게 마음에 걸렸던 모양이다.

"아버지! 잊지 않을게요. 이제 그만 말씀하세요."

"아들아! 잊지 말고 꼭 챙겨라. 헉헉헉~"

아버지가 하늘나라로 가시고 장례를 치른 후에 장판 밑을 확인하였다. 역시나 아버지 유언대로 돈이 있었다. 돈을 세어보니 정확히 25만원이었다. 아버지는 하늘나라로 떠나기 전에 장판 밑에 숨겨두었던 25만원이 눈에 아른거렸나 보다. 자식에게 알려주지 않으면 가족들이 그 돈을 영영 찾지 못할 것 같았다.

나는 25만원을 유언으로 남겨주신 아버지를 존경한다. 사람들은 겨우 25만원이라고 할 수도 있다. 아버지는 25만원이 아까운 게 아니라, 소중히 모았던 25만원이 버려지는 게 안타까웠다. 혹자는 그것이 그게 아니냐고 말할 수 있다. 맞다. 엄밀히 따지면 차이가 없다. 그러나 나는 아주 작고 미세하지만, 분명한 차이를 알고 있다. 내게는 그 작은 차이가 얼마나 소중한지 모른다. 그 차이를 아는 사람은 행복한 사람이다. 감사하게 그 차이를 알기에 아버지를 존경하는 것이다. 25억을 유언으로 남겨주셨다면 과연 아버지를 더 존경하였을까? 돈을 싫어하는 사람이 어디 있겠는가? 그러나 아버지는 돈 보다도 더 소중한 것을 아들에게 남겨주었다.

아버지는 작은 돈에도 성실하였다. 작은 돈에도 감사할 줄 알았다. 작은 것에 성실하고 감사하는 인생이었다. 아버지는 시장에서 어머니와 함께 채소가게를 하였다. 채소를 팔고 남긴 이윤이 50원, 100원, 200원이었다. 그 작은 돈들을 모아 삼 남매 대학교육까지 뒷바라지를 하였다.

폐지 값이 적다

"이 책들은 다 뭐야?"

"아~ 폐지 줍는 할머니가 가져갈 거예요. 이렇게 모아두면 할머니가 무지 좋아하세요."

아내는 폐지를 아파트 현관입구에 자주 쌓아두었다. 이진서 할머니는 폐지를 가져갈 때마다 아내에게 고맙다고 하였다. 그래서인지 할머니 주위에는 폐지를 모아주는 사람들이 많았다.

회사에서 사무실 이사를 하였다. 버려야 할 자료가 산더미처럼 쌓였다. 모두 쓰레기였다. 이사를 계기로 오랫동안 캐비닛 안에 묵혀둔 자료들은 모두 쓰레기통으로 던져졌다. 갑자기 아내가 말한 폐지를 줍는 할머니가 생각났다. 폐기처분할 종이가 아깝기도 하고, 할머니를 도와주고 싶었다.

"장원축 과장! 우리 폐지 좀 모아보자."

직원들과 함께 버릴 종이만 따로 모았다. 소각해야 할 종이는 구분해 놓아야 하므로 시간이 많이 걸렸다. 종이와 비닐을 따로 분리하는 작업이 만만치 않았다. 네 명이서 반나절이나 걸려 여섯 박스를 가득 채웠다. 한 박스도 워낙 무거워 도저히 혼자 들 수가 없었다. 여섯 박스를 차량 두 대에 나누어 실었다. 장원축 과장과 둘이서 낑낑대며 폐지가 가득한 여섯 박스를 교회 교육관에 옮겨놓았다.

"여보! 교회 교육관에 폐지 여섯 박스 갖다 놓았네. 이진서 할머니에게 가져가라고 하소."

개선장군처럼 의기양양하게 목소리를 멋있게 깔고 말하였다.

"아니! 그것을 교회에 두면 어떡해요?"

아내가 갑자기 버럭 큰 소리를 쳤다. 칭찬을 기대했는데, 갑작스런 고함에 깜짝 놀랐다.

"아니 왜 그래?"

"생각을 해보세요. 생각을! 할머니가 그 무거운 폐지 여섯 박스를 어떻게 운반합니까? 차에 실렸을 때에 바로 고물상으로 갖다 줘야죠. 안 그래요?"

"대체나 그러네. 내일 고물상에 갖다 줄게."

"어휴! 답답해. 답답해."

나는 졸지에 답답한 사람이 되었다. 다시 토요일 아침에 여섯 박스를 낑낑대며 옮겼다. 하필이면 혼자였다. 박스를 보니 한 숨이 푹 나왔다. 쉬는 토요일에 누굴 부르겠는가? 혼자서 옮기려니까 몇 배나 힘들었다. 두 번에 걸쳐 폐지를 차에 실고 고물상으로 옮겼다. 폐지 여섯 박스의 무게는 220kg이었다.

"여기 폐지 값 24,200원입니다."

"예! 24,000원이라고요? 아저씨! 무슨 폐지 값이 이렇게 적어요. 여섯 박스나 되는데."

예상보다 폐지 값이 매우 적어 당황스러웠다.

"뭔 소리요? 종이 질에 따라 kg당 100원 또는 110원 하는데, 특별히 모두 110원으로 쳐주었는데."

"아~ 그래요. 죄송합니다. 제가 잘 몰라서요. 폐지 값이 이 정도인줄 몰랐어요. 엄청 싸네요."

폐지 가격이 kg당 110원이라는 말에 놀랐다. 장원축 과장을 포함하여 직원 네 명이 폐지를 모으려고 반나절 동안 열심히 일한 가격이 겨우 2만원이라니 허탈하였다. 사전에 2만원인줄 알았다면 이 미친 짓을 절대 하지 않았다. 이럴 바에는 차라리 내 용돈에서 2만원을 주고 말았을 것이다. 네 사람이 땀을 흘리며 폐지를 만들고, 또 그 폐지를 차량 두 대로 옮기고, 또 고물상에 혼자서 낑낑거리며 갖다 주고, 이게 겨우 2만원이라니 어이가 없었다.

할머니가 하루 종일 이 곳 저 곳을 기웃거리며 줍는 폐지 양은 결코 많지 않을 것이다. 하루에 만원을 벌기 위해서는 얼마나 많은 폐지를 주워야 하는가? 직접 경험을 해보니, 폐지를 줍는 할머니에 대해 깊은 경외감이 들었다.

"애야~ 이리 오렴."

폐지 줍는 할머니였다. 그녀가 교회에서 한 아이를 조용히 불렀다. 그러더니 주위를 살폈다. 한 손에 꽉 쥔 무엇인가를 어린 아이의 작은 손에 옮겨주었다. 호기심에 곁눈질로 뚫어지게 쳐다보았다. 아이가 얼른 손에 든 것을 주머니에 넣었다. 익숙한 행동이었다. 아이의 행동으로 짐작컨대, 할머니가 자주 아이에게 무엇인가를 준 것 같았다. 분명 돈이었다. 3,000원이었다. 2,000원일 수도 있고,

4,000원일 수도 있다. 할머니는 생활이 어려운 아이에게 지속적으로 용돈을 주었던 것이다. 그녀에게는 용돈이라고 말할 수도 없다. 전부라고 말하는 것이 더 어울린다. 남들에게는 작은 금액이지만, 그녀에게는 전부였다. 그 돈을 벌려고 얼마나 많은 수고와 땀을 흘렸는가? 그런데 값없이 그 돈을 불쌍한 아이들에게 나누어주었다.

다시 한 번 할머니에게 경외감이 들었다.

"이진서 할머니! 타세요. 집에 모셔다 드릴게요."

허리를 구부리며 걸어가는 할머니를 보았다.

"됐시유. 뭐 하러 아깝게 기름을 낭비한다요. 두 다리 씽씽한께 걱정 마쇼."

학생! 나 좀 도와줘!

아침이었다. 산수오거리 근처였는데, 학생들이 분주하게 등교하고 있는 중이었다. 정체중인 차안에서 물끄러미 밖을 쳐다보았다.

"꽈당!"

순간 깜짝 놀랐다. 건너편 차도에서 자전거가 넘어졌다. 헬멧을 쓴 할머니였다. 차문을 열고 나가려고 하는데, 할머니가 일어나려고 해서 멈칫했다. 그런데 할머니가 자전거의 무게를 이기지 못하고 다시 쓰러졌다. 남자 중학생이 할머니 옆을 지나갔다. 할머니를 쳐다보았다. 할머니가 학생에게 도움을 요청하였다.

"학생! 나 좀 도와줘?"

거리가 멀어 들리지 않았지만, 할머니가 학생에게 그렇게 말하는 것처럼 보였다. 중학생이 고개를 숙여 인사를 두 번 하더니 그냥 지나쳤다. 미안하다는 표정이었다. 학교 지각 때문에 빨리 가야한다는 말투였다. 중학생은 빠른 걸음으로 그 자리를 떠났다.

다시 차문을 열고 나가려 했다. 할머니가 일어났다. 이제는 넘어지지 않았다. 다시 차문을 닫았다. 그리고 교통 정체가 풀렸는지 앞차가 쑥 빠져나갔다.

운전을 하면서 어린 중학생에 대해서 생각을 해보았다. 왜 할머니를 도와주지 않았을까? 어린 중학생을 비난할 생각은 추호도 없다. 그런 생각이 들었다. 그 녀석은 마음이 여린 아이였다. 그러니 도와주지 못해 미안해서 두 번이나 고개를 숙였던 것이다.

내가 내린 결론은 훈련이 되지 않았다는 생각이 들었다. 그러면서 반성을 했다. 내 아이는 어떨까? 내 자녀는 이런 상황에서 어떻게 해야 하는지 가르쳤나? 내 자녀를 어떻게 키울 것인지 많은 부모들이 고민한다. 당연히 똑똑하고 잘난 아이로 키우고 싶어 한다. 그리고 손해를 보더라도, 지각을 하더라도 남을 위해 봉사하는 그런 아이로 키웠으면 한다. 이제부터라도 작은 것 하나씩 가르쳐야 한다. 우리의 작은 노력으로 우리 사회가 조금 더 따뜻해지지 않을까?

거룩한 고민

축구장에서 한 난민 청년을 만났다. 그의 이름은 '쿠쉬' 이며, 동남아시아 난민이다. 동남아시아 한 나라의 내부사정으로 한국까지 도망쳐 왔다. 그는 축구를 매우 좋아하며, 대학교육까지 받은 엘리트 기독교인이었다.

한국에서 쿠쉬의 형편은 비참하기 짝이 없다. 불법체류자 신분으로 정상적인 일자리를 구할 수가 없어 매일 일용시장을 찾아다녔다. 겨우 구한 일자리도 하루살이에 불과하고, 또 그에게 주어진 일은 매우 힘든 일이었다. 갑작스런 환경변화로 인해 고통 속에서 하루하루를 보내야만 하였다. 그래도 교회는 꾸준히 출석할 만큼 매우 신실한 청년이다.

"쿠쉬를 도울 수도 있을 것 같습니다. 이주민 건강센터로 주일 오후 4시경에 오세요."

최창옥 집사의 반가운 전화였다. 내용은 이렇다. 동남아시아 난민인 쿠쉬 부부에게 어려움이 생겼다. 아내 샤시가 많이 아프다. 수술을 해야 하는데, 수술비가 없어서 형편상 차일피일 미루고 있었다. 샤시를 위한 기도제목을 최창옥 집사가 알게 되었다. 최창옥 집사는 이주민 건강센터(NGO 봉사단체)의 센터장이었다. 정말 기쁜 소식이었다.

쿠쉬 부부 외에 이주민 건강센터에 동행한 사람이 있었다. 바로 고소명 집사이다. 쿠쉬 부부의 '코리아 맘' 이다. 쿠쉬가 낯선 이국 땅에서 가장 믿고 신뢰할 수 있는 사람이다. 그녀는 쿠쉬 부부를 위해 끊임없이 기도하였고, 그들의 기쁨과 아픔을 늘 함께 하였다. 그녀가 이주민 건강센터에 온 이유는 또 하나 있다. 샤시의 문제를 직접 확인하고 싶었고, 그녀에게는 또 돌봐야 할 외국인 산모가 두 명이나 있었다. 두 산모도 이주민 건강센터에서 도움을 받을 수 있는지 알고 싶었다.

이주민 건강센터에 도착하였다. 그런데 기대와는 달리 샤시에게 지원할 수 있는 방법이 없었다. 샤시의 비자가 여행비자였다. 불법체류자에게는 인도적인 차원에서 지원이 가능하나, 여행비자를 갖고 있는 외국인에게는 정부의 지원이 없었다. 허탈하였다.

"저희 단체가 산모까지 지원하지는 않습니다. 기금이 부족해요. 합법 외국인노동자는 의료보험에 가입하면 됩니다. 불법 근로자는 뾰족한 방법이 없어요. 죄송합니다. 도움이 못되어서요."

고소명 집사는 센터 담당자의 설명에 이해한다고 답하였다. 그러면서도 샤시와 두 산모에 대한 걱정을 계속 쏟아내었다. 그녀는 두 산모 문제로 잠을 제대로 이루지 못했다. 걱정과 고민으로 힘들다고 머리를 흔들었다. 혼자서 그렇게 애쓰는 모습이 짠하였다. 바로 어머니 마음이다. 분명 예수님의 마음이었다. 스스로 짊어진 그녀의 거룩한 고민에 은혜가 되었다.

다시 돌아오는 길에 그녀는 쿠쉬를 향해 계속 떠들었다.

"Kushe! Belive in God. you must pray to God always. Jesus help you……."

풀이 죽어 고개를 숙이고 있는 쿠쉬와 샤시에게 거의 1시간 동안 쉬지 않고 영어로 계속 떠들었다. 쿠쉬가 낙심했던 모양이다. 대답을 잘 안했다. 그래도 고 집사는 쿠쉬 어깨를 만지며 파이팅을 외쳤다. 보기에 안쓰러웠다.

그녀는 주위 지인들에게 전화를 하였다. 무작정 돈을 내놓으라고 말하였다. 샤시의 치료비가 필요하였다. 피 한 방울 섞이지 않은 이방인을 위한 그녀의 거룩한 고민은 진행 중이다.

그녀가 섬기는 교회에서 외국인 영어예배를 한다고 들었다.

"고소명 집사님! 쿠쉬가 몹시도 보고 싶네요."

"아니, 자주 축구를 하지 않으세요?"

"자주 만났었죠. 근데, 문영천 목사님 아시죠? 그 목사님이 앞으로 쿠쉬를 절대 데려오지 말라고 했어요. 쿠쉬가 워낙 축구를 잘해 저희 팀이 매번 이겼거든요."

"그런 일이 있었군요. 쿠쉬 부부를 보면 예뻐 죽겠어요. 전도도 잘하고 믿음이 많이 성장했어요. 영어예배가 쿠쉬 부부 2명으로 시작해서 지금은 20명도 넘어요. 쿠쉬가 다 전도했어요."

"아~ 그런 일이 있었군요. 대단하네요. 그런데 원래부터 영어예배가 있었던 것이 아닙니까?"

"저희 교회 표어가 세계로 복음을 전파하자는 것입니다. 담임목사님도 설교시간에 자주 말씀하시고요. 그런데 저희 외국인 영어예배는 교회에서 전혀 인정받지 못했어요. 겨우 예배장소만 사정해서 빌려 쓰고 있는 실정이었답니다."

"아니, 외국인 예배가 어떻게 보면 해외선교잖아요?"

"긍께요. 목사님이 세계로 복음을 전파하자고 하면 저는 속으로 노래를 불렀어요. 그건 거짓말~♪ 거짓말이야~♩"

그녀의 노래에 빵 터졌다. 웃음이 멈추지 않았다. 엄청 슬픈 노래인데, 자꾸 웃음이 나온 이유를 모르겠다. 당연하다고 한다. 교회에서 이방인들에게 관심을 갖고 지원할 리가 없다고 한다. 다 그렇지는 않겠지만, 솔직히 부정할 수 없는 현실이기도 하다.

"지금은 달라요. 그동안 교회에 서운한 감정이 있었지만, 최근 영어예배에 외국인들이 많이 모이니까 교회에서 관심을 갖기 시작했어요. 지금은 목사님을 비롯하여 성도님들이 얼마나 잘해주는지 모릅니다. 제가 옹졸했던 것 같아요. 교회에는 신실한 사람들이 많다는 것을 이제야 알게 되었어요. 감사해요."

아무튼, 귀한 그녀를 알게 되어 감사하였다. 그리고 교회가 달라졌다는 소식에도 감사하였다. 누군가 헌신하는 사람이 있다면 교회는 반드시 달라진다는 사실을 확인할 수 있었다. 사실 나는 귀찮은 것을 정말 싫어한다. 남의 일에 애매하게 끼어드는 것도 무지 싫어한다. 그런데 말이다. 그녀를 보면서 무지 부끄러웠다. 솔직히 그렇게 할 수도, 할 자신도 없다. 그런데 말이다. 하나님께서 마음을 조금씩 열어 주셨다. 거룩한 고민 말이다.

축구장에 쿠쉬를 초대했다. 낯선 이국땅에서 자신을 위해 기도해주는 사람들이 있다는 것을 알려주고 싶었다. 외롭지 않도록 함께 하고 싶었다. 같이 축구하는 사람들이 성금을 모았다. 그리고 우리는 축구장에서 한마음으로 기도하였다. 우리 모두는 "쿠쉬! 파이팅!"을 세 차례 힘차게 외쳤다. 쿠쉬가 "아멘! 아멘!" 그랬다. 그리고 서툰 한국말로 "감사합니다!"를 계속 반복하였다.

우리도 나그네가 될 때가 있다. 그 때에 따뜻하게 대해주는 사람이 없다면 얼마나 외로울까?

쿠쉬에게서 문자가 왔다.

"Good afternoon. I just want to inform you that my wife had a successful operation yesterday at 4:30. Thank you so much for the help."

"목사님! 발은 어떠세요? 괜찮아요?"

"응! 걱정하덜 말어!"

교회 대항 축구시합 도중에 문 목사의 발을 그대로 가격하여 그가 운동장에 쓰러졌다. 그의 신음소리가 들렸다. 두 손으로 아픈 발을 부여잡고 육중한 몸을 좌우로 비틀었다. 그의 아픔이 고스란히 느껴질 정도였다. 고의성은 전혀 없었다. 공을 잡은 청년이 그에게 패스할 것 같았다. 예상대로 적중하였다. 달려가서 그대로 힘차게 뻥 찼다. 크게 "퍽!" 소리가 났다. 헉! 공이 아니라 문 목사의 발이었다. 공을 잡으려고 발을 먼저 집어넣었던 것이다.

"어차피 다쳤어도 절대 비밀로 했을 거야! 축구에 축자도 모르는 아마추어에게 프로인 내가 다쳤다고 하면 얼마나 창피해. 얼굴이나 들고 다니겠어?"

내가 속으로 많이 웃었다.

'목사님! 어쩌죠? 11대 1로 이긴 것을 제가 사방팔방 소문내고 다닐 것인데요.'

그날 축구시합은 무려 11대 1로 대승을 거두었다.

푸른 5월에 경기도로 갑자기 발령이 났다. 오랫동안 정든 광주를 떠나야만 했다.

"목사님! 저 경기도로 떠납니다."

문 목사에게 전화를 하였다.

"안되는데……. 그럼, 우리 교회랑 축구 한 게임만 하고 가!"

"뜬금없이 웬 축구에요?"

"안재홍 가버리면 우리 교회가 영원히 문흥장로교회에 11대 1로 진 것으로 되잖아. 어떻게든 만회할 기회를 줘야지. 광주 시내에 우리 교회가 축구에서 11대 1로 진 교회로 소문이 다 났어! 말은 안했지만, 창피하고 속이 터질 것만 같아."

"목사님! 정말 너무하시네요. 제가 경기도로 간다는데, 고작 그것 때문에 축구하자는 겁니까?"

"나는 그게 제일 중요해. 한 게임만 하고 가! 부탁이야."

전화를 끊고 한바탕 크게 웃었다. 그의 간절한 부탁에 웃음을 참을 수가 없었다. 잠시 잊고 있었는데, 다시 생각났다. 11대 1 대승! 더 행복해졌다. 그의 간절한 부탁을 단칼에 거절할 것을 생각하니 또 웃음보가 터졌다. 경기도로 떠나는 발걸음이 한결 가벼워졌다.

"부장님! 무슨 좋은 일 있어요?"

사무실 앞자리에 앉은 장원축 과장이 물었다.

"장 과장! 인생은 말이야. 정말 아름다운 거다. 으하하하~~"

2019년 늦은 봄! 사회적으로 큰 이슈는 단연코 특권층의 마약, 성접대이다. 김학의 차관의 성접대, 재벌 3세들의 마약, 연예인 승리의 버닝썬사건, 장자연 사건, 미투 사건, 연예인 마약과 음란 비디오 등 우리 사회의 부끄러운 민낯들이 그대로 드러났다.

이유는 아주 간단하다. 사람이 성공하더라도 만족을 못한다고 한다. 높은 자리 명예를 얻으면 만족할 줄 알았는데, 돈을 많이 벌면 만족할 줄 알았는데 사람은 그렇지가 않다고 한다. 그래서 성공한 사람들 개중에는 뭐가 성공인지 모르겠지만, 다시 말해 돈과 명예를 얻은 일부 사람들은 성과 마약을 찾는다고 한다. 그들은 또 다른 만족, 또 다른 쾌락을 찾아 나섰다.

반면에 문 목사를 보자. 축구 한 게임 졌다고 저 난리이다. 식음을 전폐할 정도이다. 하나님께 기도하지 않고서는 그의 마음이 도무지 진정되지 않는다. 나도 마찬가지이다. 축구 한 게임 이겼다고 일주일이 넘도록 행복하다. 혼자서 자주 웃는다. 문 목사와 나도 사람이므로 늘 만족과 쾌락을 향해 달린다. 그런데 사회적으로 성공한 사람들과는 분명 다른 점이 있다. 작은 일에 행복하고 슬퍼할 줄 안다. 이것이 참 인생으로 여기며 살고 있다. 이것은 주님께서, 예수님이 주신 것이다. 예수님을 알고서부터 작은 것을 소중히 여기는 마음이 들었던 것 같다. 교회를 다니고서부터 작은 것에 감사한 마음이 들었다.

〈부록〉 연극대본

선한 사마리아인 포사이드 선교사

1막 (광주 제중병원)

[내레이션] 1900년 초 조선은 한마디로 암흑이었습니다. 주변 강대국들은 조선의 자원을 하나하나씩 침탈하였습니다. 궁궐은 호화 굿판으로 사치의 극에 달하였고, 나라를 다스리는 관리들에게 백성은 없었습니다. 그리고 콜레라가 창궐하여 많은 사람들이 죽어갔습니다. 조선은 미래가 없는 암흑 그 자체였어요. 이 때 조선에 한 줄기 빛이 찾아왔습니다. 이 나라 조선에 그리고 광주 땅에 선교사들이 예수님의 복음을 들고 찾아왔습니다. 선교사들은 병원을 세우고 학교를 세웠습니다. 그리고 이 땅 조선에 사랑을 세웠습니다.

[오 웬] (의자에 앉는다. 아픈 상태이다.) 콜록콜록! 도대체 여기가 어디지? 어휴~ 추워~ 왜 이렇게 몸이 으스스 춥지? 콜록콜록!

[윌 슨] (등장하면서 말한다.) 오웬 선교사님! 여기는 제중병원입니다. 장흥에서 폐렴으로 쓰러진 당신을 사람들이 3일이나 가마에 태우고 데려왔어요.

[오 웬] (윌슨을 보면서 말한다.) 윌슨! 장흥이라고 했나? 장흥에 사는 임씨 형제에게 복음을 꼬옥 전했어야 하는데…….
콜록콜록!

[윌 슨] (오웬을 살짝 쳐다본다.) 오웬 선교사님! 너무 무리하지 마세요. 몸도 생각하셔야죠. 당신은 지금 환자입니다. 환자! 그리고 우리는 의사지 전도자가 아니잖아요. 의사 생활만으로도 하루하루가 얼마나 바쁜데, 힘들게 전도여행을 하지 않았으면 합니다.

[오 웬] (말이 끝나고 의자에서 바닥으로 눕는다.) 아니야. 윌슨! 몸이 아픈 사람을 치료하는 것보다 마음이 아픈 사람을 치료하는 것이 더 급하고 중요하다네. 예수님을 알지 못한 조선 사람들이 너무나 불쌍해. 콜록콜록! 콜록콜록! 몹시 춥군. 좀 누워야겠어.

[윌 슨] (누워있는 오웬 선교사에게 이불을 덮어준다. 그리고 관중을 향해 걸어간다. 조선 선교사들의 삶에 대해서 설명한다.) 조선에 많은 선교사들이 와서 고통을 당하였습니다. 조선은 원시의 풍토병과 폐렴과 결핵, 콜레라 등 죽음의 각오가 필요한 땅입니다. 유진벨 선교사는 고향 어머니에게 쓴 편지에, 조선의 밥을 먹기 싫어도 친구가 되기 위해서 억지로 밥을 먹는다고 했습니다. 많은 선교사와 자녀들이 풍토병으로 조선에서 죽었습니다. 그렇다고 이들에게는 절망하고 있을 틈이 없었습니다. 조선에서 복음을 전해 줄 사람들과 해야 할 일들이 많았거든요.

[오 웬] (신음소리를 낸다.) 아야~~ 아~~~ 콜록콜록!

[윌 슨] (큰 소리로 오웬의 얼굴을 흔들면서 말한다.) 오웬 선교사님! 오웬 선교사님! 정신 차리세요. 어! 열이 매우 심하네. 어쩌지? 오웬! 오웬! 오웬 선교사님의 몸 상태가 심상치 않은데, 이것은 내가 치료할 수 있는 병이 아니야. 목포에 있는 포사이드 선교사님에게 얼른 연락해야겠다.

(전화벨 소리가 들린다.) 따르릉! 따르릉! 따르릉!

[포사이드] (녹음한 목소리로) 여보세요? 포사이드 선교사입니다.

[윌　　슨] (전화기를 들고 떨리는 목소리로) 포사이드 선교사님! 윌슨입니다. 지금……. 지금…….

[포사이드] (깜짝 놀란 녹음 목소리로) 윌슨! 왜 그러나? 무슨 안 좋은 일이라도 있어?

[윌　　슨] (울먹이며 말한다.) 포사이드 선교사님! 실은 오웬 선교사님이 매우 위급한 상황입니다. 폐렴인데, 상태가 심상치 않아요. 포사이드 선교사님이 오셔야겠어요. 급합니다. 급해요. 흑흑~~

[포사이드] (깜짝 놀란 녹음 목소리로) 뭐! 오웬이 위급하다고……. 주여~~ 주님~~ 오웬을~~ 윌슨! 최대한 빨리 가도록 하겠네.

2막 (길가)

[내레이션] 포사이드 선교사는 목포에서 사역하고 있었습니다. 당시 목포와 광주는 매우 먼 거리입니다. 포사이드 선교사가 오웬이 있는 광주까지 가기 위해서는 목포에서 영산강을 따라 배를 타고 가야합니다. 또 나주에 도착하여 광주까지는 말을 타고 달려야 했습니다.

[문둥병자] (지팡이를 짚고 추워서 떨고 있다.) 아이 추워~ 아이고~ 콜록콜록!

[포사이드] (길을 걸어가던 포사이드는 주위를 살펴본다.) 아니 이게 무슨 소리이지? 틀림없이 사람 소리 같은데.

[문둥병자] (몸을 웅크리며 벌벌 떨고 있다.) 아이 추워~ 콜록콜록! 콜록콜록!

[포사이드] (깜짝 놀라 문둥병자에게 다가간다.) 자매님! 추운데 왜 여기 있으세요? 괜찮아요? 이 여인의 몸이 엄청 차갑네. 안되겠다. 우선 뭐라도 따뜻하게 해야지. (포사이드는 윗옷을 벗어 문둥병자에게 덮어준다.)

[문둥병자] (포사이드의 옷을 거부한다. 힘들게 말을 한다.) 뉘신지 감사합니다만 지는 문둥병자라아~ 콜록콜록! 이렇게 귀한 옷을 천한 저 때문에 못쓰면 안되지라~ 먹을 것만 쬐까 주고 그냥 가시랑게요. 콜록콜록!

[포사이드] (문둥병자를 일으켜 세워 부축한다.) 당신은 매우 위험한 상황입니다. 죽을 수도 있어요. 얼른 병원으로 가서 치료를 받아야 합니다. 자! 제 어깨를 잡으세요.

[문둥병자] (정신을 잃으며 짚고 있던 지팡이를 떨어뜨린다.) 저는 괜찮당게요. 콜록콜록! 저는…….

[포사이드] (쓰러진 문둥병자를 업으면서 지팡이를 집는다.) 정신 차리세요. 여기서 정신을 잃으면 큰일 납니다. 저에게 업히세요.

3막

[내레이션] 광주 선교사들의 부탁으로 최흥종이라는 청년이 포사이드를 마중합니다. 최흥종은 젊어서 '최망치' 로 불리며 싸움꾼으로 유명하였습니다. 하지만 유진벨 선교사와 김윤수의 만남을 통해 최흥종은 방황하던 청년시절을 청산하고 예수님을 영접하였습니다.

[최 흥 종] (등장하며 무대 오른쪽 가에서 말한다) 포사이드 선교사님이 왜 이렇게 늦는다냐? 오웬 선교사님이 지금 겁나게 위독하신디…….

[포사이드] (문둥병자를 업고 등장. 무대 중앙에서 멈춘다.)

[최 흥 종] (놀란 표정을 지으며) 저~기 계신 분이 선교사님인가 보네잉~ 근디 시방 업힌 사람은 누구여?

(헐레벌떡 포사이드 선교사에게 달려간다.) 포사이드 선교사님이시죠. 지는 최흥종이라고 합니다잉~ 선교사님을 뫼시려 왔당게요.

[포사이드] (손을 내밀다가 지팡이를 떨어뜨린다.) 최흥종 형제님! 반갑습니다. 저를 위해 이렇게 나와 주시니 정말 감사합니다.

[최 흥 종] (코를 막으면서 얼굴을 잠시 돌린다.) 저도 반갑구만요. 귀한 선교사님을 요로코롬 뫼셔부러 영광이지라이이~~ 근디, 뭔 썩은 냄새가 이렇코롬 지독해분다냐? 포사이드 선교사님! 시방 업힌 사람은 누구다요?

[포사이드] 길에 쓰러진 여인입니다. 생명이 위급하여 데려가려고요.

[최 흥 종] (여인 얼굴을 보더니 코를 막으면서 얼굴을 돌린다.) 아니 이게 뭐다냐? 세상에 문둥이 아니요? 워메~~ 뭔 냄새가 이렇게 지독하다냐? 근디, 선교사님이 왜 이 더런 문둥이를 업었다요?

[포사이드] (지팡이를 가리킨다.) 최흥종 형제님! 떨어진 저 지팡이를 집어주시겠어요?

[최 흥 종] (깜짝 놀라면서) 예~~ 뭐라고라~ 긍께 시방 나더러 문둥이의 지팡이를 집어 달라고라~

[포사이드] 형제님! 집어주세요. 여인이 위급합니다. 얼른 떠나야죠.

[최 흥 종] (시무룩하며 겨우 대답한다.) 네~~ 알았서라.

4막

(출연자들은 정지 자세로 있고 최흥종의 속마음이 관중을 향해 말한다.)

[최 흥 종] (관중을 향한다. 그리고 두 손을 벌린다.) 아니 시방 나더러 저 문둥이의 지팡이를 집으라고오. 이게 도대체 말이 되는 소리다냐! 저 지팡이에는 문둥이의 피와 고름이 허벌라게 묻어 있당게. 환장하것네에~ 더러운 지팡이를 집다가 혹시 문둥병이라도 옮기면 어쩔거여~~ 선교사 양반의 부탁이라 마지못해 대답은 했는데, 워메~~ 환장하것네에. 징해부네~~ 워메 주님! 일을 어쩐다요. 예수님! 환장하것소~~

[내레이션] 최흥종 형제님! 최흥종 형제님! 최흥종 형제님!

[최 흥 종] (머리를 감싼다.) 워메~~ 징하네! 징해! 예수쟁이로 산다는 것이 뭐가 이렇게 괴롭고 힘들다냐? 뭣땜시로 내가 저 지팡이를 집어야 하냐고오~ 시방 나를 부르는 저 목소리가 워메~ 허벌나게 부담스럽네이~

[최 흥 종] (뒤돌아서 포사이드 선교사를 쳐다본 후 멈춘다.)

[포사이드] (문둥병자를 안고 기도하고 있다.) 사랑의 주님! 이 여인을 불쌍히 여겨 주시옵소서. 주님! 이 여인은 문둥병자가 아니라 당연히 치료받아야 하는 환자입니다. 당신의 자녀입니다. 지금 불쌍한 이 여인이 극심한 추위와 굶주림으로 인해 죽어가고 있습니다. 주님! 도와주시옵소서. 주님! 도와주시옵소서.

[최 흥 종] (다시 관중을 향해 걸어가서 말한다.) 거시기하네잉! 저 선교사는 낯선 외국인인데도 뭣땜에 뭣땜시로 우리 조선인을 위해 헌신적으로 사랑을 베풀까잉! 더구나 이 추운 날 자기 옷을 벗어주면서까정 저 더럽고 썩어가는 문둥이를 저렇게 안아주고 말여! 근디, 나는 지금 뭐하고 있다냐? 뭐하고 있는겨? 나도 예수쟁이라고 자부했는디……. 저 지팡이 하나 못줍고 내가 지금 뭐하고 있는겨? 그래! 집어불자! 저 지팡이라도 집어불장게. 포사이드 선교사마냥 문둥이를 안아주지는 못하더라도 저 지팡이는 집을 수가

있는 것 아녀?

[최 흥 종] (지팡이를 집으며 씩씩하게 말한다.) 포사이드 선교사님! 어서 말을 타고 오웬에게 가장께요.

[포사이드] 최흥종 형제님! 감사합니다. 미안한데, 이 여인도 저와 같이 가야 합니다. 함께 말을 탈 수 있도록 도와주세요.

[최 흥 종] (큰 소리로 외친다.) 네! 알았당께요. 문둥이가, 아니 자매님이 말을 탈 수 있도록 당연히 도와야죠.

5막

[내레이션] 오웬 선교사의 순교, 포사이드 선교사의 사랑을 통해 조선 땅에 예수님의 복음과 사랑이 널리 전해졌습니다. 그리고 지금 우리가 다니는 교회까지 이어졌습니다. 그런데 우리는 포사이드 선교사를 전혀 몰랐어요. 너무나 죄송하고, 미안합니다. 오웬, 윌슨, 포사이드 등 수많은 조선 선교사들에게 감사합니다. 당신들의 수고와 사랑을 잊지 않을게요. 우리도 하나님 나라를 위해 힘차게 달려 나가겠습니다.

[문둥병자] (발랄하게) 처음이랑게요. 모두들 저를 외면했어라. 뭐냐면~ 당연하지라. 저는 하늘이 벌한 문둥병자였잖요. 그렇게 따뜻하게 안아준 사람은 포사이드 선교사님이 처음이었당게요. 평생 외롭고 따돌림 받고 살았었는디……. 뭐시기 뭐냐? 하늘나라 가면서 마지막은 정말 행복했어라~ 따뜻했당게요. 따뜻한 사랑을 받아서 허벌라게 감사하고 행복했당게요~

[오 웬] (비장하게) 너무 일찍 하늘나라에 가서 아쉬워요. 제가 조선에서 복음을 전해줄 사람들이 많았거든요. 또 하나 아쉬운 것은 딸에게 미안해요. 전라도 곳곳의 전도여행 때문에 어린 딸과 놀아주지 못했거든요. 하지만 아쉬움은 있지만, 그렇다고 후회하지는 않아요. 하나님 나라를 위해 일하다 순교했으니까 말입니다.

[최 흥 종] (씩씩하게) 거시기~~ 거시기~~ 저는 포사이드 선교사님의 사랑에 감동받아 냉중에 목사가 되었어라~ 평생 나환자와 가난한 사람들을 도우는 일에 힘썼당게요. 아! 독립운동도 했어라. 워메~~ 제 입으로 칭찬할랑게 쬐금 창피하네요잉~~

[윌　　슨] (부드럽게) 제중병원 지금의 기독병원 원장으로 일했어요. 저도 포사이드 선교사님의 사랑에 영향을 받아 여수애양원 설립 등 평생 나환자를 위해서 일했습니다. 그리고 사람들이 저보고 '고아의 아버지' 라고 부르더군요. 아무에게도 관심과 사랑을 받지 못한 조선의 아이들이 너무나 불쌍했어요.

[포사이드] (근엄하게) 풍토병으로 더 이상 조선에서 일할 수 없어 미국으로 돌아갔어요. 병 때문에 고통스럽고 아팠지만, 고향 미국에서도 죽는 날까지 조선의 나병 환자를 돕기 위한 성금모금과 조선 선교사 모집에 열심히 뛰어 다녔습니다.

(두 손을 높이 벌리고 큰 소리로 말한다.) 조선을, 조선을 사랑합니다.

[다 같 이] (두 손을 흔들며 큰소리로 말한다.) 선한 사마리아인! 포사이드 선교사니임~~ 사랑해요.